LI-KI

OU

MÉMORIAL DES RITES

TRADUIT POUR LA PREMIÈRE FOIS DU CHINOIS, ET ACCOMPAGNÉ DE NOTES,
DE COMMENTAIRES ET DU TEXTE ORIGINAL

PAR

J. M. CALLERY

SECRÉTAIRE-INTERPRÈTE DE L'EMPEREUR DES FRANÇAIS, MEMBRE DE L'ACADÉMIE ROYALE
DES SCIENCES DE TURIN, CHEVALIER DE LA LÉGION D'HONNEUR,
DE L'ORDRE CIVIL DE SAVOIE, DE CELUI DU ROI LÉOPOLD DE BELGIQUE,
DÉCORÉ DU GRAND COLLIER TARTARE ETC. ETC.

TURIN
IMPRIMERIE ROYALE.

PARIS
Chez Benjamin Duprat Libraire de l'Institut.
1853.

INTRODUCTION.

1. Un phénomène inexplicable signale les premiers âges des sociétés humaines. D'une part, tous les peuples de l'Occident et presque tous les peuples de l'Orient, montrent une complète insouciance pour leur histoire: une longue suite de siècles s'écoule, sans qu'ils songent à consigner ni l'origine de leur civilisation, ni les vicissitudes de leur politique: ils écoutent avec admiration les enseignements de leurs législateurs et de leurs sages, mais ils n'essayent pas de sauver de l'oubli les textes vénérés, et de les transmettre intacts aux générations suivantes: le souvenir des grands évènements, conservé seulement par les traditions orales, est mêlé de tant de fictions, que la vérité historique s'efface et disparaît dans les ténèbres de ce que nous sommes réduits à nommer les temps héroïques ou fabuleux.

D'autre part, tandis que ces antiques races négligent entièrement l'histoire et la chronologie, la nation Chinoise, séparée du reste du monde, autant par ses instincts que par les montagnes du Thibet et les déserts de la Tartarie, se montre préoccupée de

l'avenir, et prépare, avec une scrupuleuse fidélité, tous les matériaux dont la postérité pourra avoir besoin pour lire dans les
siècles antérieurs.

Ainsi, dans l'ordre historique, elle inscrit la naissance de son
empire, l'avénement et la chute de ses dynasties souveraines,
la généalogie de ses empereurs, le commencement et la fin de
chaque règne, les évènements qui se produisent, et jusqu'aux
phénomènes naturels qui se montrent accidentellement sur quelque
point de son territoire. Dans l'ordre philosophique et littéraire,
elle s'applique à conserver textuellement les leçons de sagesse
que lui donnent ses grands hommes, les odes et les chants que
ses poètes composent en honneur de la vertu et des faits glorieux,
les proverbes et les maximes que le bon-sens du vulgaire met en
vogue, et particulièrement aussi les formules énigmatiques au
moyen desquelles une science superstitieuse prétend découvrir
les secrets de l'avenir.

Mais ces notes chronologiques, ces documents variés, rédigés
par tant de mains différentes, restèrent longtemps à l'état de
mémoires ou de traités épars, dont, en l'absence de l'imprimerie,
la diffusion devait être lente, et la confrontation presque impossible. Ce ne fut qu'environ cinq siècles avant notre ère, que
Confucius songea à rassembler ces matériaux, à éliminer tout
ce qui n'était pas d'une valeur réelle, d'une authenticité incontestable, et à former un corps d'ouvrages fondamentaux où se
trouveraient fondus, ou réunis, tous les monuments vrais et utiles
antérieurs à son époque.

Dans cette vue, le grand philosophe compila ou rédigea lui-
même, quatre ouvrages qui devinrent, pour ainsi dire, le code
de la science, et la source de la législation chinoises, et auxquels la postérité donna le nom de Kiñ « Livres canoniques. »
Cette catégorie d'ouvrages se compose : 1° du I-kiñ, espèce de
traité théorique et pratique de l'art divinatoire ; 2° du Xe-kiñ,
recueil de poésies officielles et de chants populaires de différentes
époques ; 3° du Xu-kiñ, livre historique sur les personnages les
plus célèbres de l'empire, à commencer par l'empereur Iao ; 4° du
Chuen-tsieu ; chronique de la principauté de Lu, patrie de Confucius.

La grande vénération que les Chinois ont toujours professée

pour les Kiñ a fait croire en Europe qu'il existe une parfaite
analogie entre ces ouvrages antiques et les livres sacrés des
autres peuples, tels que la Bible, les Védas, le Coran etc. De là,
les auteurs qui ont écrit sur la Chine les ont généralement appelés *Livres sacrés des Chinois*, dénomination radicalement
faussé que les sinologues devraient abandonner, pour y substituer celle, beaucoup plus exacte, de *Livres canoniques*, c'est-à-
dire Livres dont le texte est fixé irrévocablement, de manière à
ne plus devoir subir aucune altération.

En effet, rien dans les Kiñ n'est regardé par les Chinois comme
« Sacré » dans l'acception religieuse de ce mot : leur origine n'a
rien qui les rattache, de près ou de loin, à la divinité : les sujets
dont ils traitent sont essentiellement profanes ; et si quelquefois
il y est question de l'Être suprême, des Génies tutélaires, des
Esprits ou des Ames, ce n'est que d'une façon tout à fait acci-
dentelle, et comme en passant, ainsi que cela a lieu dans les
ouvrages les plus étrangers aux matières religieuses. Je n'admets
pas non plus qu'il y ait l'idée de choses sacrées dans les pratiques
de la divination et du sortilège, parce que les Chinois n'y voient,
en général, qu'un effet du sort, qu'une espèce de fatalisme, et
nullement l'intervention de l'omniscience de Dieu.

II. Maintenant, est-il certain que les travaux de Confucius se
soient bornés aux quatre livres dont nous venons de faire
mention, et que, par conséquent, nous possédions l'œuvre complète de ce grand génie ? Quelques textes anciens semblent
prouver le contraire. Il est dit dans les Annales « qu'à l'avéne-
» ment du prince Tiñ, Confucius cessa de remplir des fonctions
» publiques, et qu'il se retira chez lui, où il fit la révision des
» Poésies Xe, du Livre Xu, des Rites Li et de la Musique Io (1). »
Un autre passage, répété par presque tous les historiens, dit également que « Confucius a revu les Poésies et le Livre, et a déterminé
» les Rites et la Musique (2). » Par les mots Li et Io on entend gé-

---

(1) **Tiñ-kuñ 11, Kuñ-tze pu jên ; juéi, œll sieu Xe, Xu, Li, Io.** Abrégé des 21 Historiens,
vol. 3, fol. 2.

(2) **Kuñ-tze xan Xe, Xu ; tiñ li, io.**

néralement deux ouvrages portant ces titres , comme par Xe et Xu
on entend le Xe-kiñ et le Xu-kiñ: mais lors-même qu'il ne s'agirait
que des rites et de la musique en général, et non pas de livres
qui auraient existé à une époque ancienne, comment admettre
que Confucius ait pu faire, comme le disent les passages ci-dessus,
la révision et le réglement des rites et de la musique, sans
láisser aucun écrit sur ces matières ? C'est d'autant moins cro-
yable, que les rites et la musique étaient regardés, de son temps,
comme les deux points les plus importants de la doctrine sociale.

Il est donc probable que Confucius a écrit sur les rites et sur
la musique quelque ouvrage perdu pour la postérité, ou que,
surpris par la mort, il laissa sur ces deux sujets des notes et
des fragments qui servirent depuis à la rédaction du Mémorial
des Rites Li-ki, et du Mémorial de la Musique Io-ki dont je donne
ici la traduction.

La seconde supposition est corroborée par le témoignage d'un
nommé Chao, auteur fort ancien, cité dans l'encyclopédie Wen-hièn-
tuñ-kao (1), lequel affirme que le Li-ki, ou Mémorial des Rites, (dont
le Mémorial de la Musique fait maintenant partie), a été composé
par les soixante-dix principaux disciples de Confucius après la
mort du maître, et que ceux-ci en ont puisé les matériaux tant
dans les manuscrits que Confucius avait laissés, que dans les
souvenirs des leçons orales qu'il leur avait données.

Quoiqu'il en soit, voici ce qu'on sait de positif sur ce livre
important que les Chinois ont classé parmi les Kiñ, peu après
son apparition. Parmi les frères de l'empereur Hiao-u-ti de la célèbre dynastie des Han, florissait, vers l'année 130 avant notre ère,
un prince nommé Lieu-tœ, seigneur du fief de Ho-kièn dans le pays
dont est formée la province actuelle du Pè-che-li. Ce prince, d'un
esprit très-cultivé, avait une noble et ardente passion pour les
lettres, pour les antiquités, les autographes des personnages
célèbres, ainsi que pour les objets d'art, et il employait son
immense fortune à encourager les hommes d'étude, à faire des
acquisitions d'objets rares, et surtout à recueillir les ouvrages

---

(1) Livre 181ᵉ, fol. 8.

anciens qui avaient échappé à la conflagration générale des livres, sous la dynastie des Tsin.

Son genre de vie était fort simple, et le costume sous lequel il aimait à se montrer hors des cérémonies officielles, était celui des philosophes du Xau-tuñ, la plupart descendants de Confucius, dont il cherchait à imiter les mœurs, et avec lesquels il entretenait des relations d'amitié contrairement à la coutume des personnages de son rang. Sa maison, véritable musée littéraire et archéologique, était le rendez-vous des lettrés et des hommes de goût, qui, des provinces les plus éloignées, venaient rendre hommage à ce Mécène, admirer ses collections et lui offrir le tribut de leurs découvertes bibliographiques.

Les fortes récompenses qu'il accordait à tous ceux qui lui apportaient une œuvre jusqu'alors inconnue, avaient excité l'émulation des gens les plus étrangers aux lettres, et de toute part on affluait à son palais, qui avec une inscription oblitérée, qui avec un manuscrit rongé des vers, ceux-ci avec un vieux bronze, ceux-là avec un jade antique.

Lorsqu'arrivait un livre qui manquait à ses collections, il en faisait tirer, avec beaucoup de soin et de luxe, une copie parfaitement conforme qu'il donnait en échange, gardant pour lui l'original, qu'il payait, en outre, un prix fort élevé en or, en argent, en soieries et en pierres précieuses.

La bibliothèque du prince de Ho-kièn acquit ainsi, en peu de temps, plus de valeur et d'importance que la bibliothèque impériale même, formée, d'ailleurs, par les Han avec un zèle et une générosité dignes aussi des plus grands éloges. C'est, en effet, à ses soins, à sa munificence, qu'on doit, au dire des annales contemporaines, la restitution des textes les plus précieux, tels que ceux du Xu-kiñ, du Xe-kiñ, du Chuen-tsieu, du Cheu-li, de Muñ-tze, du Tao-tœ-kiñ et de bien d'autres ouvrages anciens qu'on croyait perdus.

Or, il advint un jour que parmi d'autres raretés venues, on ne sait d'où, on porta au prince de Ho-kièn un livre traitant des Rites, et divisé en 131 chapitres, qu'on disait avoir été composé trois siècles auparavant par les disciples de Confucius. Selon les uns, c'était un manuscrit original qui, par un cas fortuit, avait été sauvé de la destruction générale des livres : suivant d'autres, il avait été écrit après la chute de la dynastie Tsin, sous la dictée d'un vieillard nommé Xao-tañ, qui dans sa jeunesse avait appris par cœur les livres rituels, et qui, durant la persécution des lettrés, les répétait sans cesse, mais en secret, afin de pouvoir, dans des temps meilleurs, les apprendre aux disciples qui se grouperaient autour de lui.

Quelle que fût l'origine du manuscrit, le prince de Ho-kièn était trop versé en matière de Rites, pour ne pas apprécier à toute sa valeur la trouvaille qu'on venait de faire : aussi, résistant à l'égoïsme du collectionneur, pour ne songer qu'à l'intérêt général et à la gloire littéraire de sa patrie, il fit cadeau du précieux manuscrit à l'empereur, afin que, par les soins des érudits qui abondaient à la Cour, il fût examiné et corrigé, au besoin, avant d'être classé parmi les grands monuments de la philosophie ancienne.

L'empereur se montra fort sensible au présent de son frère, et le confia à un directeur du ministère des Rites nommé Lieu, lequel, compulsant les mémoires anciens qu'on avait déjà découverts en assez grande quantité sur le même sujet, lui donna une grande extension, et porta le nombre des chapitres à 240, ou, suivant certains auteurs, jusqu'à 250.

L'ouvrage ainsi augmenté passa aux mains de Heu-tsañ, bibliographe du palais, lequel, tout naturellement, n'approuva pas le travail de son prédécesseur ; néanmoins, il ne voulut pas y toucher lui-même, et en abandonna la révision à ses deux principaux disciples Ta-tai, ou Tai l'oncle, et Siao-tai, ou Tai le neveu. L'oncle fit des retranchements assez considérables, réduisant le nombre des chapitres à 85 (1) : mais le neveu, homme dépravé, beaucoup plus adonné aux plaisirs qu'à l'étude, retrancha encore davantage, et fixa le nombre des chapitres à 46. Après les deux Tai, un nommé Ma-Iuñ, leur disciple, parvint, à force de dissertations, à faire rétablir les chapitres Iuě-Liñ, Miñ-Tan-I et Io-Ki, et l'ouvrage se

____

(1) On a cru, pendant plusieurs siècles, que le texte modifié par **Tai** l'oncle était perdu ; mais on en a retrouvé depuis des fragments renfermant 38 chapitres, parmi lesquels il en est qui ne figurent point dans le texte actuel du **Li-Ki**. Ces fragments ont été publiés sous le titre de **Ta-Tai Li-Ki**.

trouva ainsi définitivement composé de **49** chapitres, avec le titre de Li-Ki, c'est-à-dire Mémorial des Rites, ou du Cérémonial.

Le Li-Ki, tel qu'il est parvenu jusqu'à nous, remonte donc, au plus tard possible, à la fin du **1er** siècle avant notre ère, quoique, d'après le témoignage de l'historien Iüèn-sièn-chuū, il n'ait commencé à être généralement répandu que vers la fin de la dynastie des Han. C'est dès cette époque qu'on lui a donné le rang de Kiū, ou de 5ᵉ Livre canonique : il est même des auteurs qui ont voulu en faire deux Kiū, en séparant le Li-ki, ou Mémorial des rites proprement dit, du Io-ki, ou Mémorial de la musique ; mais cette division n'a pas prévalu, et le Io-ki a continué d'être un simple chapitre de l'ouvrage, ainsi que le Ta-hiô, ou la Grande étude, et le Chuū-iuū, ou l'Invariable milieu, qu'on est dans l'habitude de publier et de commenter séparément avec les autres livres appelés Classiques.

III. Pourquoi le Li-ki a-t-il été classé parmi les livres canoniques, de préférence à deux autres ouvrages fort anciens traitant aussi des rites, savoir le I-li et le Cheu-li que la tradition attribue à Cheu-kuū ministre de l'empereur U-waū, vers l'année **1120** avant notre ère ? D'abord, parce que le I-li est regardé comme très-incomplet, et que le Cheu-li n'est qu'une ennuyeuse nomenclature de charges et de fonctionnaires publics : ensuite, et c'est ici la raison majeure, parce que les doctrines et l'organisation administrative rapportées dans ces livres sont regardées comme subversives, tandis que le Li-ki se compose, en grande partie, des leçons de profonde sagesse données par Confucius.

Il faut avouer, néanmoins, que si, envisagé dans son ensemble, le Li-ki a constamment joui d'une haute réputation, examiné en détail et par parties, il a fourni matière à de nombreuses critiques. Ainsi, au dire de Chu-hi, le plus célèbre des commentateurs sous la dynastie des Suū, tout ce qui est relatif au temple des ancêtres et aux usages de la Cour est tiré de fort loin et fondé sur des raisonnements peu solides : une foule de chapitres, notamment ceux intitulés Kiū-li, Tan-kuū, Néi-tsœ, Iŭ-tsao et Xao-i, présentent de la confusion dans les idées, du désordre dans la phraséologie, et n'ont pas la moindre utilité pratique : les chapitres Ta-hio et Chuñ-iuñ renferment une doctrine sublime et pure, telle qu'un sage de premier ordre peut seul l'enseigner; mais, en revanche, les chapitres Io-ki et Ju-hiñ sont des productions vulgaires qui doivent avoir eu pour auteurs les philosophes obscurs de la principauté de Chèn, vers la fin de la dynastie des Cheu.

Cette inégalité incontestable de pensées, et même de style, est, à mes yeux, une preuve concluante que, semblable à presque tous les autres ouvrages de l'antiquité, le Li-ki a été compilé sur des mémoires et des traités divers, appartenant à des époques assez éloignées l'une de l'autre. Je pourrais citer à l'appui de cette assertion une foule de passages qu'on retrouve mot à mot, ou avec de légères variantes, dans le Li-ki, le I-li et le Cheu-li, et qui révèlent, à n'en pas douter, que ces trois ouvrages sont des compilations puisées à des sources communes.

Pour avoir méconnu cette variété d'origine, les auteurs dépourvus de critique ont été conduits à avancer avec une égale raison, tantôt que le Li-ki a été écrit sous les Cheu, tantôt qu'il a été écrit sous les Tsin, et tantôt qu'il l'a été sous les Han. Il est, en effet, impossible de ne pas reconnaître que certains passages n'ont pu être rédigés que sous les Cheu; mais comme d'autres passages portent l'empreinte irrécusable de temps postérieurs, on doit en conclure que la composition de l'ouvrage ne peut pas être logiquement circonscrite à une seule dynastie, ni attribuée à une seule main.

On objectera, peut-être, que des lettrés du temps des Han ont pu, à dessein, imiter le langage qu'on aurait tenu sous les Cheu, afin de donner à leur production une apparence trompeuse d'antiquité: mais cette hypothèse s'écroule devant les citations fréquentes que fait le Li-ki, de poésies connues de tout le monde à l'époque des Cheu, mais dont le texte était déjà perdu sous les Han, parce que Confucius ne les avait pas insérées dans sa compilation du Xe-kiñ. L'auteur aurait donc été le seul qui eût connu ces poésies, et il en aurait emporté le secret dans la tombe!

« A qui, d'ailleurs, dit le commentateur Hiñ, pourrait-on, sous les Han, attribuer la composition du Li-ki, si ce n'est à Tuñ-chuñ-xu, qui a été le plus savant lettré de cette glorieuse époque? Mais, si admirable que soit le style de cet écrivain fameux, il est bien loin d'approcher de la magnificence et de la beauté sublime de certains passages du Li-ki (1). »

Cependant, tout en reconnaissant la valeur que les citations tronquées de certaines poésies anciennes peuvent avoir, au point de vue chronologique, je suis loin d'admettre que, sous le rapport de l'authenticité, les citations sans nombre qu'on applique à Confucius aient une valeur égale. Les maximes qu'on met dans la bouche du grand philosophe sont, trop souvent, d'une trivialité ou d'une naïveté puérile, peu en harmonie avec la profondeur et la noblesse des œuvres qui sont incontestablement de lui. On pourrait, même, signaler des contradictions de principes et de véritables hérésies philosophiques, dont on ne saurait rendre Confucius responsable, sans faire injure à la mémoire de ce grand penseur. Je crois donc plus rationnel de supposer, qu'après avoir mis largement à contribution tout ce que Confucius avait laissé d'enseignements, soit par écrit, soit dans la mémoire de ses disciples, les compilateurs du Li-ki ont mis sur son compte leurs propres élucubrations, afin de les faire admettre d'autorité, et les soustraire ainsi à une discussion qui n'aurait pas toujours tourné à leur avantage.

IV. Les Chinois ont eu de tout temps un goût très-prononcé pour les commentaires. Leur littérature est extrêmement riche, et il n'est presque aucune branche des connaissances humaines qui n'ait été traitée dans des ouvrages spéciaux, souvent très-volumineux. L'histoire et le roman, la morale sévère et la facétie, le poème héroïque et l'épigramme, la science médicale et la pratique culinaire, les beaux arts et les humbles métiers, l'astronomie et les règnes de la nature, en un mot, tous les sujets, toutes les matières ont eu des auteurs qui y ont consacré leurs veilles et leurs recherches. Mais dans le nombre, ce sont toujours les commentateurs qui dominent, et qui comptent dans leurs rangs les intelligences les plus élevées.

Il n'est pas d'ouvrage ancien dont le texte n'ait été, à toutes les époques, l'objet de dissertations et de gloses plus ou moins

---

(1) Wen hien toû kao, Livre 181ᵉ, fol. 9.

contradictoires. Mais c'est particulièrement sur les Kiñ, ou Livres canoniques, que s'est exercée la verve des commentateurs. Celui des cinq Kiñ qui nous occupe, le Li-ki, compte à lui seul plus de mille commentateurs dans ses vingt siècles d'existence! A la vérité, la plupart de ces œuvres sont tombées dans l'oubli qu'elles méritaient : cependant, aujourd'hui il n'en reste pas moins de trois cents, imprimées toutes antérieurement à notre siècle, sans préjudice de celles que l'on compose journellement.

Au milieu de cette légion de littérateurs, trois hommes se sont élevés fort au-dessus de tous les autres par la sûreté de leur critique, par la profondeur et la clarté de leurs commentaires. Le premier, et le plus éminent, fut un philosophe nommé Wéi, qui vécut sous la dynastie des Suñ, vers l'an mille de notre ère. Il publia, sous le titre de Li-ki tsi-xô, un commentaire du Mémorial des rites, en 160 livres, qui passe pour un chef-d'œuvre. Là se trouvent réunis et discutés, au nombre de 144, les commentateurs qui avaient eu le plus de vogue depuis les Hàn, ainsi que les auteurs qui avaient traité accidentellement des principes ou des faits relatés dans le Li-ki. Les citations qu'il fait, les jugements qu'il rend témoignent d'un esprit lucide et parfaitement juste, qui ne se laisse imposer ni par l'autorité du nombre, ni par l'emphase de la parole. L'apparition de cet homme supérieur, est, disent les Chinois, un bonheur inappréciable pour les lettres et pour l'intelligence du Li-ki, et son ouvrage n'a d'égal, dans son genre, que le commentaire du I-kiñ composé par le savant philosophe Li-Tiñ-Tsu sous la dynastie des Tañ.

Trois siècles plus tard, parut un nommé Chèn-Hao, le second en renommée parmi les commentateurs du Li-ki. Pendant le règne des Mongols Iüèn, sous lesquels il vivait, son livre ne fit pas sensation; mais sous la dynastie suivante des Miñ il acquit une telle célébrité, que par un édit rendu en 1403, il fut enjoint de le prendre pour base des examens publics, et de n'admettre, sur les textes controversés, aucune explication qui lui fût contraire. Bien plus, le commentateur privilégié fut commenté à son tour par un habile académicien appelé Hu-kuañ, lequel, mettant à contribution vingt-quatre autres auteurs favorables à Chèn-Hao, fit paraître, aux frais de l'empereur, la grande édition Ta-Tsüèn,

Il faut avouer, néanmoins, que si, d'un côté, le travail de Chèn-Hao présente des idées neuves et des explications heureuses qui justifient, jusqu'à un certain point, la faveur dont il a joui durant une période de 300 ans; d'un autre côté, il renferme tant de paradoxes et de contresens, qu'on n'est pas surpris de la proscription dont il a été frappé sous l'empereur Kièn-lun. Ce monarque lettré, imitateur quelque peu servile de son illustre aïeul Kañ-hi, annula l'édit rendu par les Miñ, et dans l'année 1748, la 13e de son règne, il fit éditer par l'imprimerie du palais un nouveau commentaire auquel il avait travaillé lui-même, et qu'il intitula Li-ki I xu « Explication du sens du Mémorial des rites. » Ici, Chèn-Hao s'est trouvé confondu dans la foule des commentateurs ordinaires dont on cite les opinions en passant, pour les approuver ou les réfuter. Mais cette affectation de mépris a été cause qu'un lettré tartare nommé Narasinta fit une nouvelle édition du commentateur délaissé, en indiquant, toutefois, dans des notes fort judicieuses, les erreurs que tout le monde y reconnaît.

Le troisième commentateur de haut mérite vécut sous l'empereur Kañ-hi, et se nommait Chen. Comme ses prédécesseurs, il revit et compara tous les commentaires qui existaient de son temps (1); mais au lieu de les citer textuellement, il s'appropria les opinions qui lui parurent les plus rationnelles, et rédigea une sorte de paraphrase claire et concise, où le texte est développé d'une manière suivie, sans que la déduction soit interrompue par les opinions contradictoires qui ont été émises sur chaque passage. Son livre a pour titre Li Ki Ti Chu Ta Tsüen Ho Tsan, ce qui signifie « Combinaison des commentaires Ta Tsüen (le Grand complet) et Chu (l'Explication), d'après le sens original du Mémorial des rites. »

En présence de ces trois commentateurs et de plusieurs autres, tant anciens que modernes, qui pour n'avoir pas la même célébrité ne laissent pas que d'avoir du mérite, j'ai hésité quelque temps avant de choisir celui d'après lequel je ferais la présente

____

(1) Il dit avoir principalement tiré ses explications des commentaires Tsi-xo, Ti-kan, Xen-tu, Tsi-i, Tse-iao, Sin-tien, Xo-io, Ta-tsüen, Sin-i, Tsüen-ien, Ie-lu, I-piñ, Siu-tsai, I-wen et Chen-i.

traduction. Après les avoir soigneusement compulsés, je me suis décidé pour le commentaire de Cheu, non seulement à cause de sa lucidité, mais principalement parce qu'il a suivi un texte quelque peu abrégé, où ne figurent point certaines répétitions, certains passages vulgaires ou inutiles, qui rendent la lecture du Li-ki lourde et fatigante.

V. Dès le commencement, les critiques reconnurent la nécessité de faire dans le texte du Li-ki, tel que l'arrêtèrent Tai le neveu et Ma-iuñ, quelques coupures qui, sans diminuer l'intérêt de l'ouvrage, le débarrasseraient des longueurs fastidieuses qui ont toujours rebuté les étudiants. Sous la dynastie des Suñ, le savant Chu-hi auquel on doit des commentaires admirables sur les quatre livres classiques, disait positivement que celui qui veut étudier utilement les rites, ne doit que glaner dans le Li-ki, et faire un choix judicieux des passages qui renferment une saine morale et des enseignements pratiques. D'où vient, ajoute Cheu dans sa préface, que le Li-ki est souvent resté solitaire, et comme un orphelin délaissé de tout le monde? C'est que, pour la généralité de ceux qui en entreprennent l'étude, il est trop long, qu'il renferme trop d'articles détachés, et que, par conséquent, il est trop difficile à apprendre et à retenir de façon à pouvoir en faire utilement usage dans les compositions littéraires.

D'après ces idées et ces préceptes, on a fait, à différentes époques, des éditions abrégées qui ont obtenu le plus grand succès. Celles qui ont paru dans les commentaires Ti-kan, Xèn-tu et Tse-iao passent pour très-recommandables; mais au dire de Cheu, la meilleure qui existe a été faite par un savant lettré du temps des Iuen, nommé Fan, et c'est celle-ci qu'il a adoptée pour base de son travail.

Au point de vue européen, bon nombre de passages retranchés dans l'édition de Fan présentent plus d'intérêt que certains autres passages qu'on y a conservés: cependant, comme il fallait s'attacher à un guide, sous peine de s'égarer dans un dédale d'opinions et dans une multitude d'ouvrages où peu de sinologues auraient pu s'orienter, j'ai cru plus sage de suivre littéralement le texte de Fan, tel que Cheu l'a commenté. Si plus tard j'ai occasion de rééditer ma traduction, j'y ajouterai indistinctement et sans faire de choix, tous les passages retranchés, en me conformant à l'édition canonique du texte primitif, que les Chinois appellent Li ki tu pen, ou Li ki pai wen.

Ainsi qu'il a été dit plus haut, le Mémorial des rites complet renferme 49 chapitres ; mais comme il est d'usage que les deux chapitres intitulés Ta hio et Chuñ luñ soient publiés séparément, comme livres classiques, le nombre des chapitres se trouve réduit à 47. Dans son édition abrégée, Fan en a retranché onze, et sur les 36 qu'il a conservés, il a fait des coupures quelquefois considérables qui diminuent bien d'un tiers l'étendue du texte canonique.

Parmi les chapitres supprimés ou restreints, on voit principalement figurer les doctrines et les cérémonies relatives au deuil, sujet néfaste pour lequel les Chinois éprouvent une invincible répugnance. Les chapitres, au contraire, qu'on a conservés presque en leur entier, sont ceux qui traitent des principes fondamentaux de la morale, de la philosophie et de la politique chinoises, tels que la piété filiale, l'amour fraternel, l'obéissance aux supérieurs et l'harmonie nécessaire entre les divers ordres de la nature, toutes choses qui ont leur raison d'être et leur manifestation dans le cérémonial.

VI. Le cérémonial résume l'esprit chinois tout entier ; et, à mes yeux, le Mémorial des Rites, ou des Cérémonies, est la monographie la plus exacte et la plus complète que cette nation à part ait pu donner d'elle-même au reste du genre humain. Ses affections, si elle en a, sont satisfaites par le cérémonial ; ses devoirs, elle les remplit au moyen du cérémonial ; la vertu et le vice, elle les reconnaît au cérémonial ; les rapports naturels des êtres de la création, elle les rattache essentiellement au cérémonial ; en un mot, pour elle le cérémonial c'est l'homme, l'homme moral, l'homme politique, l'homme religieux, dans ses multiples rapports avec la famille, la société, l'état, la morale et la religion.

Quand je dis religion, c'est pour employer un mot qui rappelle les doctrines et les pratiques ayant pour objet les êtres surnaturels et invisibles dont les Chinois reconnaissent l'existence : car, en dehors de cette acception vague, on ne peut pas dire qu'avant la diffusion du Bouddhisme dans leur pays, les Chinois aient eu, à proprement parler, une religion, c'est-à-dire une doctrine arrêtée imposant des dogmes et réglant les devoirs de l'homme à l'égard d'une ou de plusieurs divinités, en vue des récompenses ou des châtiments avenir.

Le Li-ki, celui de tous les Kiū où les questions religieuses auraient dû être traitées tout naturellement, à propos des sacrifices au Ciel, aux Dieux tutélaires et aux ancêtres, glisse légèrement sur tout ce qui est de pure spéculation, et ne mentionne ces graves matières qu'avec une extrême indifférence. Selon moi, ceci prouve deux choses : la première, que dans les temps anciens les plus grands génies de la Chine n'ont possédé sur le Créateur, sur la nature et les destinées de l'âme que des notions obscures, incertaines et souvent contradictoires; la seconde, que les Chinois possèdent à un très-faible degré le sentiment religieux, et qu'ils n'éprouvent pas, comme les races de l'Occident, le besoin impérieux de sonder les mystères du monde invisible. Il n'y a pas jusqu'au Tiēn, le Ciel, au Xañ-ti, le Seigneur suprême, et au Tài-i, le Grand Principe, au sujet desquels on ne puisse douter s'il s'agit d'une divinité unique, origine de toute chose, ou de plusieurs divinités supérieures ayant des attributs distincts : tant il est vrai que, s'il n'est dirigé par une révélation vraie ou supposée, l'esprit humain livré à lui-même erre au hasard dans le désert des hypothèses, et modifie continuellement ses croyances suivant ses passions ou les circonstances dont il est environné.

Quant aux idées philosophiques ou morales qui abondent dans le Li-ki, elles sont en général saines et profondes; mais la forme dont on les a revêtues est souvent si excentrique que de prime abord on est tenté de repousser le livre. Si, cependant, on résiste à ce premier mouvement, et qu'on ait la patience de suivre l'auteur dans ses déductions, on ne tarde pas à découvrir des conceptions ingénieuses et des rapports logiques qu'on était loin de soupçonner. Il m'est arrivé à moi-même qu'ayant taxé d'incohérence certains passages du Li-ki devant des lettrés d'un grand savoir, ceux-ci me prouvèrent, par une suite d'arguments, à vrai dire tirés de loin, mais saisissables, que l'auteur n'avait pas manqué aux règles essentielles de la dialectique.

VII. L'obscurité inhérente aux matières abstraites effleurées par le Mémorial des rites, est encore augmentée par le style antique dans lequel le texte original est écrit. Les livres canoniques, et, en général, tous les ouvrages chinois dont l'origine remonte à plusieurs siècles avant notre ère, présentent une concision de langage qui en rend l'intelligence tantôt très-facile, tantôt impossible sans le secours d'un commentaire. Lorsque les caractères sont employés dans leur sens naturel, et ne renferment qu'une idée simple, le plus novice des sinologues peut, armé d'un dictionnaire, obtenir une traduction assez fidèle; et alors il peut, avec une apparence de raison, étaler une érudition boursoufflée sur la syntaxe et les formes grammaticales du chinois. Mais lorsque les caractères sont pris dans un sens figuré, ou qu'ils renferment des idées complexes, les difficultés augmentent en raison directe de la concision; et on est tout surpris de se trouver, après de longues études sinologiques, arrêté par une phrase dont le sens vous échappe absolument. On est alors tenté de croire que les anciens avaient des formules de convention qui laissaient sous-entendues certaines idées que les mots n'exprimaient point, et que c'est par suite d'une association constante d'idées complexes et de mots concis, que bon nombre de caractères isolés ont fini par prendre la valeur d'une phrase.

Ceci nous conduit à parler des difficultés qu'il a fallu vaincre pour faire cette traduction. Outre les mots à idées complexes, on trouve dans le Li-ki, et généralement dans tous les ouvrages de morale ou de philosophie, un certain nombre de caractères dont il est très-difficile de préciser le sens en français, soit parce qu'on manque de données certaines sur leur acception primitive, soit parce qu'ils ont été employés à dessein d'une façon très-large sujette à de nombreuses interprétations. Les Chinois eux-mêmes disent que les caractères philosophiques ne doivent pas être pris dans un sens absolu, mais qu'il faut leur laisser beaucoup de latitude (1).

______

(1) Voyez le Commentaire de Cheu, au chapitre Li-ki, livre 2, folio 24.

Parmi les caractères de ce genre nous devons citer ici en première ligne celui de Li, qui résume l'idée générale de notre auteur et sert de titre à l'ouvrage. Autant que possible, je l'ai traduit par le mot Rite, dont le sens est susceptible d'une grande étendue ; mais il faut convenir que, suivant les circonstances où il est employé, il peut signifier « Cérémonial, Cérémonies, Pratiques cérémoniales, L'étiquette, Politesse, Urbanité, Courtoisie, Honnêteté, Bonnes manières, Egards, Bonne éducation, Bienséance, Les formes, Les convenances, Savoir-vivre, Décorum, Décence, Dignité personnelle, Moralité de conduite, Ordre social, Devoirs de société, Lois sociales, Devoirs, Droit, Morale, Lois hiérarchiques, Offrande, Usages, Coutumes. »

Le mot I qu'on traduit habituellement par Justice, doit souvent être rendu par « Equité, Rectitude, Bonté, Vertu, Devoir, le Bien, le Droit, Ce qui est convenable, Ce qui est essentiellement bon, Ce à quoi l'homme est tenu, » et même par le mot « Signification. »

Le mot Tao auquel on attache l'idée primitive de Voie, ou Chemin, est employé au figuré dans le sens de « Conduire, Diriger, Enseigner, Doctrine, Théorie, » et dans une acception mystique pour désigner la Vérité, ou la Raison éternelle, le Principe du bien, la Vertu en abstraction, et suivant la secte des Tao-se, un Etre sans commencement et sans fin, sans forme et sans nom, qui rappelle en partie les attributs de Dieu.

Le mot Kuan que nous aimons à traduire en français par Magistrat, et en latin par *Praefectus*, s'applique, de la façon la plus large, à tous les fonctionnaires publics, chefs d'emploi, qui ont des subordonnés. Ainsi, dans l'ordre civil, on l'applique depuis le premier ministre d'état jusqu'au maire du plus humble village ; et dans l'ordre militaire, depuis le généralissime de l'empire jusqu'au moindre caporal. Les Portugais ont fort bien rendu cette appellation par le mot *Mandarim*, Celui qui commande, car en chinois, même, Kuan signifie originairement « Commander, Gouverner, Administrer, Surveiller. »

Les mots Tœ, Li, Jèn, Sin, Chun, Chen, Sieu, Che, auxquels on donne pour originales les significations respectives de « Vertu, Raison, Bienveillance, Franchise, Fidélité, Rectifier, Réformer, Gouverner, » correspondent, pour ainsi dire, à autant de catégories d'idées qui peuvent se traduire de vingt manières différentes. Il en est de même d'une foule d'autres expressions qu'il serait trop long et peu utile d'énumérer, attendu qu'on les retrouve à presque toutes les pages du Li-ki.

C'est donc à tort que certains sinologues prétentieux et exclusifs attachent aux caractères et aux locutions des Chinois une valeur, dirions-nous, mathématique, exigeant avec rigueur qu'on traduise toujours d'après la formule de leur adoption. J'ai souvent, et de très-bonne foi, cherché la preuve de cette exactitude synonymique; je l'ai trouvée rarement, et le contexte m'a toujours offert une latitude d'idées assez notable, pour que la traduction me parût susceptible d'une grande variété.

C'est donc aussi à tort qu'on accoutume son esprit à l'association constante d'une même idée à un mot ou à un signe graphique, comme si nulle autre idée n'y était applicable: ainsi, on lit Tao et on dit aussitôt Voie; on lit Xeù et on ajoute immédiatement Saint; on lit Xèn et on répète, sans hésiter, Esprit; et dans n'importe quelle phrase qui se présente, on cherche à faire entrer ces significations simples et primitives. Cette méthode est on ne peut plus vicieuse; elle pousse, sans qu'on s'en doute, dans un ordre d'idées préconçues fort souvent étrangères au texte, et donne lieu aux traductions les plus extravagantes: car, lorsmême que dans un passage donné l'idée primitive du mot se trouve conservée, il arrive souvent que le substantif se change en adjectif, ou en verbe, ou en adverbe, et *vice versa*, ce qui modifie considérablement le sens général de la phrase.

Pour éviter, autant que possible, l'exclusivisme funeste à la science, et la monotonie fastidieuse au lecteur, j'ai formulé de différentes manières la traduction de la même phrase, lorsqu'elle se trouve répétée plusieurs fois, m'efforçant, néanmoins, de conserver la pensée de l'auteur dans toute son exactitude. Et de peur que l'exemple des sinologues mes prédécesseurs ne m'entraînât à mon insu, je me suis abstenu, pendant ce travail, de lire aucune des traductions de livres chinois existantes. Le travail achevé, j'ai consulté les publications de mes devanciers, et il m'en est resté la conviction d'avoir suivi une méthode fort avantageuse, tant pour le fond, que pour la forme.

3

VIII. Quant à la nature de cette traduction, il est bon de déclarer qu'elle est littérale, autant que le sens le comporte, mais qu'elle n'est pas littérale dans un sens arithmétique, à l'instar de certains ouvrages connus des sinologues. Rien n'est plus facile que de traduire mot à mot le Li-ki et les autres ouvrages anciens, où les expressions dissyllabiques sont beaucoup moins fréquentes que dans les ouvrages modernes; il suffit pour cela de savoir feuilleter un dictionnaire, et d'avoir cette mémoire sûre qui est, en général, l'apanage des esprits dépourvus de jugement. Mais une traduction ainsi faite n'est pas une véritable traduction, car il est impossible qu'elle échappe à un de ces trois vices: ou bien elle ne renferme aucun sens, ou bien elle rend un sens qui n'est pas celui de l'auteur, ou, enfin, elle rend le sens de l'auteur sous des formes bizarres qui ne sont pas la reproduction de la même idée dans la langue du traducteur, et qu'on pourrait appeler la charge ou la caricature de l'expression chinoise. On obtient, du reste, les mêmes résultats, lorsqu'on fait une traduction servilement littérale d'une langue européenne quelconque, bien que, dans ce cas, les racines des mots, les formes grammaticales et la syntaxe aient des affinités intimes dont la langue chinoise n'offre pas la plus légère trace.

Cependant, tout en négligeant le nombre arithmétique des mots, j'ai fait mon possible pour distinguer les parties de ma traduction qui correspondent au texte canonique, des parties explicatives que j'ai empruntées aux commentateurs, ou que j'ai puisées à d'autres sources, afin de rendre intelligible ce qui différemment ne le serait pas. A cet effet, j'ai renfermé les additions entre parenthèse, ce moyen me paraissant préférable à l'intercalation d'un texte italique qui formerait un papillotage désagréable à la vue. Mais il est bon d'observer qu'avec les nombreuses particules de la langue française, la position de la parenthèse ne saurait être exactement définie, et qu'on ne doit s'arrêter qu'aux idées principales qu'elle renferme.

Au lieu d'intercaler les additions explicatives dans le texte même, j'aurais pu renvoyer à des commentaires placés au bas de la page, et donner, au besoin, sur chaque passage, l'opinion de plusieurs commentateurs: mais l'expérience de ce qui a été

fait déjà m'a prouvé que ces renvois constants font perdre de
vue à chaque phrase le sens principal, qu'ils fatiguent le lecteur,
et lui imposent encore la tâche, souvent très-difficile, de faire
par lui-même le choix et l'application du commentaire.

Il en est tout autrement des notes dont le but est d'expliquer
une allusion historique, un point de doctrine, une particularité
de mœurs, un doute philologique, ou tout autre difficulté acci-
dentelle. Celles-ci peuvent sans inconvénient être lues avant ou
après le texte, loin de l'obscurcir elles l'éclairent; et par ce
motif j'en ai fait largement usage, et me suis efforcé de leur
donner un intérêt qui en rende la lecture quelque peu at-
trayante.

A mon avis, les sinologues devraient prendre à tâche de rendre
les ouvrages sur la Chine plus agréables aux lecteurs européens,
qui généralement les goûtent fort peu. Ils y parviendraient en
supprimant, autant que possible, les noms peu harmonieux
auxquels notre oreille n'est pas accoutumée, et surtout en
élaguant les idées vraiment bizarres qui, dans les auteurs Chinois,
se trouvent souvent mêlées à une foule d'idées neuves et profondes, de faits curieux et d'observations instructives.

D'où est venue la réputation dont a joui Abel Rémusat? Certes,
il n'était pas très-fort sur la langue chinoise; mais il savait
présenter tout ce qui se rattachait à la Chine sous des formes
si attrayantes, qu'on l'écoutait et le lisait avec un grand plaisir.
Dans ce moment, le Dr Bowring traduit des poésies chinoises en
vers anglais pleins de charme; et si les évènements politiques
avaient permis à M. de Lamartine de rendre dans sa forme ini-
mitable le Livre des vers Xe-kiŭ, dont il m'avait demandé la
traduction, il y a dix ans, nul doute que les chants des poètes
chinois antérieurs à Homère n'eussent paru ravissants à tout le
monde, tandis que le P. Lacharme a trouvé moyen de faire,
avec ce même livre, la production la plus indigeste et la plus
ennuyeuse dont la sinologie ait à rougir.

Afin d'atteindre moi-même le but que j'indique aux autres, j'ai
évité avec soin les dénominations chinoises qu'il m'a été possible
de traduire raisonnablement en français; car, lors-même que le
nom français n'est pas exactement l'analogue du mot chinois, il a

toujours un grand avantage sur ce dernier, qui ne réveille, par lui-même, aucune idée dans l'esprit du lecteur étranger à la langue chinoise; et dont la prononciation plus ou moins barbare est toujours difficile à retenir. Toutefois, j'ai conservé, comme ne devant jamais être traduits, tous les noms propres, les noms de lieux, et ceux d'objets ou de fonctions qui appartiennent exclusivement à la Chine. On ne peut nier que, dans le principe, ces noms n'aient eu dans leur signification propre le motif de leur emploi, comme cela est arrivé dans toutes les langues et dans tous les pays du monde; mais dès qu'ils sont passés dans le langage comme appellatifs d'une individualité, il n'est pas plus rationnel de les traduire, que de leur substituer un synonyme.

IX. Au reste, pour mieux m'assurer de l'exactitude de mon travail, j'ai eu soin de consulter fréquemment le lettré Chinois qui devait m'assister dans la publication du *Dictionnaire Encyclopédique de la langue chinoise*, que les changements politiques m'ont forcé de discontinuer; car, je n'ai pas, comme certain personnage, la sotte prétention de savoir le chinois mieux que les Chinois eux-mêmes! Voici plus de vingt ans que j'étudie et parle cette langue; et chaque jour d'étude me confirme dans cette conviction que nous autres européens ne parviendrons jamais à posséder le chinois écrit, au même degré que les indigènes. Que tel fanfaron crie aux passants qu'il lit indistinctement tous les livres de la Chine ancienne et moderne, qu'il traduit tout, qu'il comprend tout, qu'il sait tout; laissez-le dire, mais n'en croyez rien. Ces gens-là savent le chinois à coups de dictionnaire, et peuvent être comparés à ces amateurs, des deux sexes, qui se croient botanistes, par la raison qu'en supputant minutieusement les pistils, les étamines, les pétales et les sépales d'une fleur, ils parviennent à trouver dans Linnée un genre auquel cette fleur peut appartenir.

Pour savoir le chinois à fond, il faut avoir été élevé dans le pays, il faut avoir vécu de la vie chinoise, être familier avec le costume, la nourriture, les ustensiles, les habitations, les métiers, les arts, les productions naturelles, les études, la politique,

ia poésie, la géographie et l'histoire de la Chine ; je dirais
presque qu'il faut être payen comme les Chinois, ou, si on
trouve ma proposition malsonnante, qu'il faut, du moins, connaître parfaitement la mythologie, les superstitions et les pratiques idolâtres propres à chacune des sectes qui règnent dans
l'empire. Les sinologues consciencieux qui ont habité la Chine
seront tous de mon avis, j'en suis sûr ; et ils admettront avec
moi que, selon toute probabilité, plusieurs siècles s'écouleront
encore avant qu'il en soit autrement.

Ajoutons que pour les sinologues qui ne sont pas en commerce
journalier avec les Chinois, il est indispensable de continuer
sans relâche ce qu'ils ont appris, sous peine de tout oublier en
fort peu de temps. Je me souviens, à cet égard, d'une anecdote
curieuse que me raconta un sinologue distingué, de mes amis,
M. Juaõ Rodrigues Gonsalves, actuellement premier interprète
du Gouvernement Portugais à Macao. Lorsqu'il se rendit à
Lisbonne, vers 1840, pour remplir dans les Cortès les fonctions
de député auxquelles l'avait appelé sa ville natale, un de ses
premiers empressements fut d'aller au collège des Lazaristes
faire visite à un vieux Père Rodrigues que, dans sa jeunesse, il
avait connu en Chine. Ce bon Père avait habité quinze ans
Pékin ; il avait servi pendant vingt ans le Sénat Macaïste, en
qualité d'interprète ; il avait donc possédé le chinois, parlé et écrit,
à un degré plus qu'ordinaire. Eh bien ! le Député de Macao lui
ayant parlé chinois en l'abordant, il le regarda avec surprise,
et après un moment d'hésitation il lui répondit: «mais, Monsieur,
je n'entends pas l'anglais.» C'est qu'en effet, le chinois était
devenu, pour le vieux Lazariste, de l'anglais, du russe ou de
l'iroquois, c'est-à-dire une langue dont il ne comprenait plus
un seul mot! J'ajouterai, non plus sur ouï-dire, mais pour l'avoir
vu de mes yeux, que mon illustre professeur, le P. Gonsalves,
n'allait jamais en visite, ni à la promenade, sans emporter un
petit livre chinois dont il lisait quelques pages dans les moments
perdus.

X. Nous voici arrivés à une question que nous considérons
comme fort importante, à la transcription du chinois, c'est-

à-dire à la manière d'écrire les sons chinois avec des lettres européennes.

Personne ne contestera, croyons-nous, qu'en transcrivant les mots chinois, on n'ait pour but de fournir au lecteur des éléments qui lui permettent de prononcer les mots de cette langue à peu près de la même manière que les naturels. Mais si tous les sinologues s'accordent sur ce point, ils diffèrent considérablement dans les moyens d'exécution. Il n'est pas nécessaire d'être versé dans la sinologie pour s'apercevoir de la confusion qui règne en cette matière. Suivant qu'il est écrit par un français ou par un anglais, par un espagnol ou un allemand, par un portugais ou un russe, le même mot chinois se présente dans les ouvrages européens avec une orthographe entièrement différente, et qui pourrait faire supposer aux inexpérimentés, qu'il s'agit de personnes, de lieux ou d'objets absolument distincts.

Ce chaos provient de ce que, au lieu de procéder par principes raisonnés et certains, applicables en tous pays, chacun cherche exclusivement à subordonner le chinois à l'orthographe de sa propre langue.

Le bon-sens le plus vulgaire dit, qu'afin que des mots d'une langue puissent être fidèlement transcrits dans l'orthographe d'une autre langue, il faut que celle-ci possède tous les sons propres à la première, car, comment exprimerait-elle des sons qui lui seraient inconnus, et que, par conséquent, elle n'aurait jamais eu occasion de traduire en signes graphiques !

Cela posé, quelle est la langue européenne qui renferme tous les sons de la langue chinoise ? Il n'en existe point. Donc, il n'est pas rationnel de vouloir exprimer toutes les valeurs phoniques de cette langue au moyen du système d'orthographe propre à un idiome européen quelconque, à l'exclusion des autres.

On croyait autrefois qu'avec les lettres de l'alphabet on pouvait rendre toutes les inflexions de la voix humaine : une connaissance plus pratique des langues de l'Asie et de l'Amérique a fait justice de cette opinion, admise de confiance. Les lettres n'indiquent aucun son par elles-mêmes ; le sourd-muet s'en sert pour échanger des idées, sans pouvoir y attacher aucune valeur phonique : elles sont des signes de pure convention qui ne se prononcent même pas d'une manière identique chez les différents peuples qui en font usage. Mais par cela même que ce sont des signes de convention, variables suivant les pays, on ne peut pas les employer d'une manière générale pour écrire une langue étrangère, sans préciser d'avance suivant quel système de prononciation on emploie individuellement chaque lettre.

Le bon-sens dit encore, que toutes les fois qu'on peut rendre un son simple au moyen d'un seul signe, il faut éviter d'en employer plusieurs; car, par la multiplicité des lettres on allonge inutilement l'écriture, on rend la lecture plus malaisée, on donne occasion à un plus grand nombre de fautes d'orthographe, on provoque des doutes sur la véritable prononciation, et on s'éloigne de l'esprit de notre alphabet qui est de rendre des sons simples par des lettres simples.

En faisant à la transcription du chinois l'application de ces principes irréfragables, nous en arrivons à conclure que pour qu'un système de transcription soit aussi parfait que possible, il doit réunir les conditions suivantes:

1° L'emploi de toute lettre destinée à rendre un son, doit être basé sur son emploi dans une langue européenne vivante, où elle rende un son identique.

2° Tout son simple et indécomposable doit être transcrit par une lettre unique, et non par une aggrégation de lettres.

3° Chaque lettre doit être employée selon la valeur qu'on lui attribue le plus généralement dans les idiomes européens.

4° La même lettre ne doit jamais être employée pour exprimer deux ou plusieurs sons différents, suivant les circonstances où elle se trouve placée.

5° Quand le même son chinois se retrouve simultanément dans plusieurs langues européennes, on doit l'exprimer suivant l'orthographe la moins compliquée.

6° Lors-même qu'une lettre n'est employée que dans un seul idiome européen pour exprimer un son simple qui se retrouve dans le chinois, on ne doit pas hésiter à en faire usage avec cette valeur exceptionnelle, plutôt que d'employer une combinaison de plusieurs lettres qui ne supporterait jamais une analyse raisonnée.

7° Lorsqu'un son propre au chinois ne se retrouve pas identiquement dans une des langues de l'Europe, on doit en donner une idée au moyen du son européen le plus approchant, mais on doit l'exprimer par un signe spécial, plutôt que par une lettre ordinaire pouvant indiquer une prononciation fautive.

J'avais déjà rempli la plupart de ces conditions dans le système de transcription longuement exposé au chapitre IX de mon *Systema Phoneticum scripturae sinicae* (1), et je persiste à croire qu'entre tous les travaux de ce genre publiés jusqu'à ce jour, le mien est encore le seul où l'on puisse apprendre à prononcer à peu près correctement les mots chinois, sans le secours d'un maître. Cependant, sur les observations qui m'ont été faites par quelques sinologues et par mon savant ami, le Dᴿ Richard Lepsius de Berlin, je me suis décidé à y apporter quelques légères modifications.

Ainsi, le *Chinese Repository* (2) a critiqué l'emploi de la terminaison en *m*, pour exprimer le son nasal que ses éditeurs, après beaucoup de sinologues, ont écrit *ng*.

Trois choses m'ont étonné dans cette critique: la première, qu'on me l'ait faite à propos du Dictionnaire encyclopédique de la langue chinoise, où j'avais déjà modifié mon système primitif de transcription: la seconde, qu'on l'ait adressée à moi plutôt qu'aux sinologues portugais qui ont marché constamment dans cette voie depuis trois siècles, et à la suite desquels est venu de nos jours le P. Gonsalves, une des plus grandes autorités en sinologie: la troisième, qu'on y manifeste le plus complet oubli de la valeur identique donnée à l'*m* dans la terminaison de certaines syllabes placées au milieu d'un grand nombre de mots, chez presque tous les peuples européens; j'avais indiqué cette particularité dans mon tableau comparatif des langues, page 58 et suivantes du *Systema Phoneticum*, 1ʳᵉ partie.

Mais enfin, cette orthographe était incontestablement vicieuse, en ce qu'elle donnait à l'*m* final une valeur différente de celle qu'il a comme initiale des mots; je l'ai abandonnée.

---

(1) *Macao* 1841, et à *Paris* chez Benjamin Duprat, libraire de l'Institut.
(2) Vol. XII, page 308: juin 1843.

De même, j'ai supprimé l'*ng* destiné à représenter un *g* nasal au commencement des mots, parce que ce son n'est point un son composé, mais simple, et qu'il doit, par conséquent, être représenté par un signe simple.

Les deux *ee* muets qui ne rendaient qu'un son approchant du son chinois ont été remplacés par le signe de convention œ dont la valeur n'est pas bien arrêtée dans les langues européennes. Le même signe a été adopté dans le son gras de la gorge que j'avais transcrit par *ell*.

A part ces modifications dont l'utilité m'a paru incontestable, mon système de transcription demeure ce qu'il était en **1841**; car, je dois avouer ici que je n'ai pu me décider à supprimer le *ch* espagnol, qui représente cependant un son simple, parce qu'il m'a répugné de créer pour cela un signe tout à fait nouveau qui aurait effarouché plus d'un sinologue, et dont, d'ailleurs, je n'aurais pu expliquer la valeur phonique qu'en prenant pour exemple ce même *ch* des Castillans. Dans cette circonstance j'ai enfreint sciemment une des règles posées ci-dessus, mais je suis prêt à supprimer cette anomalie, et à admettre, tel signe simple que les sinologues voudront accepter d'un commun accord à la place du *ch*.

Ce n'est pas ici le lieu d'expliquer en détail toutes les parties du système d'orthographe en question; quelques indications générales pourront suffire pour mettre le lecteur sur la voie de prononcer avec une exactitude satisfaisante.

Les consonnes *F*, *K*, *J*, *L*, *M*, *N*, *P*, *S*, *T*, *Z* se prononcent comme dans tous les commencements de mots en français, en italien, en portugais et dans la plupart des autres langues européennes : exemples, *Fantaisie*, *Kilogramme*, *Jouer*, *Labour*, *Marine*, *Nouvelle*, *Palais*, *Sinistre*, *Table*, *Zèle*.

L'*n* est la seule consonne dure qui termine les mots dans l'idiome qu'on appelle généralement la langue mandarine, et qui n'est autre chose que la langue chinoise primitive conservée sans trop d'altérations dans le langage vulgaire des provinces septentrionales de l'empire. Cette consonne garde, comme finale des mots, la valeur qu'elle a en tant qu'initiale, c'est-à-dire qu'elle se prononce dure, comme si elle était double, ou suivie d'un *e* muet ; ainsi Tan , Liu , Fen sonnent comme dans les mots *Platane*, *Praline* et *Fenaison*.

« L'*x* est emprunté au portugais ; il a la valeur du *ch* français, du *sh* anglais, et du *sch* allemand, comme dans *chose*, *shadow*, *schande*. Il a l'avantage d'exprimer à lui seul dans une langue vivante de l'Europe un son qui dans les autres langues s'écrit avec deux ou plusieurs lettres.

Le *w* est pris de l'anglais et remplace l'*ou* usité par quelques sinologues français. Les Espagnols, les Italiens et les Portugais l'ont remplacé par leur *u*, mais j'ai remarqué dans la pratique, que l'emploi de cette voyelle donne généralement une tendance à prononcer deux sons distincts au lieu d'un son bien lié. Ainsi, Wa doit se prononcer comme dans le mot anglais *Waggon* et dans le mot français *Ouate* : eh bien ! les prononciations analogues dans les mots *Suave* de l'italien, *Guapo* de l'espagnol, et *Quadrado* du portugais ne me semblent pas offrir la même unité.

J'ai conservé la combinaison *ts* que le Dr Lepsius m'engageait à écrire *c*, comme l'ont fait les Portugais et les Espagnols, en 1er lieu, parce que le son qu'elle est destinée à rendre est bien le composé des deux lettres *t* et *s*, et en 2e lieu, parce que le même caractère présente souvent le son dur *Tse* avec ou sans aspiration, et le son adouci *Tze* ou presque *Dze*, suivant l'acception dans laquelle on le prend.

Pour le son nasal qui termine un très-grand nombre de mots, et que je représentais autrefois par un *m*, à l'imitation des Portugais, ainsi qu'il a été dit plus haut, j'ai adopté le signe *ñ*. Ce signe a le double avantage de n'avoir aucune valeur déterminée dans les langues européennes (excepté dans l'espagnol dont il faut faire abstraction) et de rappeler graphiquement qu'il représente le son qu'en Europe on rend souvent par *n*. Exemples : Lañ, Tañ, Sañ, comme dans les mots français *Lanterne*, *Tangente*, *Sandale* ; Liñ, Miñ, Puñ, Suñ, comme dans les mots italiens *Lingua*, *Minchione*, *Pungere*, *Suntuoso*. En France et en Angleterre on exprime généralement cette terminaison nasale par le signe complexe *ng* qui ne se retrouve avec une valeur identique au chinois dans aucune de nos langues, et dont le premier inconvénient est de provoquer la prononciation finale du *g* qui ne doit cependant jamais se faire sentir.

Le son nasal qui commence une certaine catégorie de mots, et que je rendais, autrefois, ainsi que la plupart de mes devanciers, par la combinaison *Ng*, est transcrit maintenant au moyen du signe nouveau G̃. Il m'a paru utile d'adopter ce signe de préférence à tout autre, parce que le son dur du *G* simple, comme dans *Gâteau, Gosier*, se rapproche sensiblement du son nasal chinois, sans que cependant il lui soit identique. Le P. Gonsalves s'est contenté du *G* dépourvu de tout signe dans ses ouvrages imprimés, mais dans ses leçons orales, il avait bien soin de nous faire remarquer qu'on doit le prononcer nasal.

Au commencement des mots l'*H* indique une aspiration qui est gutturale devant les voyelles *a, e, o, u*, comme la *jota* des Espagnols; mais qui devient sifflante en contact avec l'*i*, comme l'aspiration qu'on retrouve dans certains mots allemands, tels que *Kindlich, Mädchen, Streichen* etc. Les oreilles peu délicates confondent souvent cette aspiration sifflante avec l'*s* dont elle diffère mécaniquement par la position de la langue plus éloignée du palais.

L'aspiration se retrouve encore au milieu d'une foule de mots chinois; mais comme alors c'est la consonne initiale qui prend seule une certaine âpreté gutturale, sans qu'il intervienne un son nouveau, il m'a paru plus simple de l'exprimer par une apostrophe que par un *h*, d'autant plus que c'est souvent sur le même caractère que l'aspiration de la consonne existe ou n'existe pas, suivant le sens qu'on y attache; Ta se change en T'a et *vice versa*. Si je faisais la critique des systèmes de transcription rivaux du mien, je citerais à cet endroit les orthographes barbares de *Tchhouang, Chwang* (!) *Thoung, Khioung* destinées à rendre les sons que j'écris *Ch'uaũ, Tuñ* et *K'iuñ*.

Les voyelles *a, i, o, u* sonnent comme en italien, en espagnol et en portugais. Les *é, è, ê, e* sont empruntés du français. L'*ü* est identique à l'*u* français; mais je l'emploie avec le tréma des Allemands, afin de pouvoir conserver l'*u* italien, et éviter ainsi les combinaisons *ou* et *oo* contraires aux vrais principes de la transcription.

J'ai négligé dans cet ouvrage d'indiquer les tons propres aux mots chinois, suivant la théorie que j'ai longuement exposée dans la 1ère Partie du *Systema Phoneticum*, page 67 et suivantes. Il m'a paru que cet oubli ne présenterait aucun inconvénient, attendu que le lecteur étranger au chinois oral ne peut prendre aucun intérêt aux tons, et que pour les très-rares sinologues qui s'en occupent sérieusement, les tons ne sont pas absolument nécessaires, lorsque les caractères chinois sont là pour indiquer, par leur forme, dans quel sens ils doivent être entendus.

Ceci ne veut point dire que je n'attache pas une grande importance à tout ce qui peut rendre la prononciation du chinois aussi correcte que possible. Toute personne qui aspire à comprendre le chinois, ne fût-ce que dans les livres, doit faire ses efforts pour arriver à le lire correctement; car, le son d'un caractère fait souvent découvrir des substitutions de caractères homophones, mais différents d'aspect, qui laisseraient la phrase inintelligible, ou lui donneraient un contresens, si on n'avait égard qu'à leur forme. Je n'oublierai jamais la peine que me fit, sans s'en douter, un sinologue peu soucieux de la langue orale, homme distingué d'ailleurs, lorsqu'il me dit un jour que tel ouvrage avait été publié sous les *Mains* (pour dire sous les Miñ) et que tel autre avait été commenté du temps des *Anes* (pour dire du temps des Han).

XI. La plupart des traductions offrent tout l'intérêt qu'on pourrait trouver dans l'original dont, par là-même, elles rendent la reproduction presque inutile. Si on n'a égard qu'au sens du Mémorial des rites, mon travail me paraît être dans ces conditions. Grâce à la paraphrase qui éclaire chaque alinéa, elle en apprend autant que le texte chinois le plus enrichi de commentaires. Mais lorsqu'on a en vue des études philologiques, une traduction n'a vraiment toute l'utilité désirable, qu'autant qu'elle est accompagnée du texte original. Par ce moyen, on peut juger en toute connaissance de cause de la valeur des mots, de la construction des phrases, de la couleur générale du style, et apprécier plus facilement la capacité réelle du traducteur.

Parmi les livres traduits du chinois, il en existe bien peu qui se présentent avec cet avantage. Les détracteurs de la sinologie diront que c'est fait à dessein, afin d'éviter une comparaison souvent trop fâcheuse pour le traducteur. Nous dirons, avec autant de raison, peut-être, que cela provient aussi des difficultés matérielles qu'on rencontre en Europe dans l'impression de tout texte chinois.

Quoiqu'il en soit, n'étant nullement influencé par le désir d'une réputation de savoir qui ne serait point méritée ; ayant, d'ailleurs, obtenu le généreux concours de l'Académie Royale des Sciences de Turin, qui a bien voulu admettre ce travail dans ses mémoires , je me suis décidé à accompagner ma traduction du texte original sur lequel je l'ai faite. Le lettré chinois Lieu-chen-hi, dont il a déjà été question, m'a été pour cela d'un grand secours. La sûreté et l'élégance de son pinceau, appliquées au procédé lithographique, ont permis d'obtenir des résultats que l'œil le plus habitué aux beaux caractères chinois trouvera satisfaisants.

N'ayant aucun rapport nécessaire avec le texte français, dont il peut, au besoin, être détaché, le texte chinois a été écrit selon la disposition des livres du Céleste Empire, c'est-à-dire par lignes verticales de caractères lesquelles se suivent de droite à gauche, la pagination allant également de droite à gauche, au rebours de la mise-en-page des livres européens. Nous avons indiqué les alinéas, en laissant en blanc l'espace d'un caractère ; mais ces divisions, nécessitées par les besoins de la glose , ne me paraissent pas toujours suggérées par le sens du contexte , et pourraient, sans grand inconvénient, subir de nombreuses modifications.

Le titre chinois signifie « Mémorial des rites abrégé par Fan : » une coïncidence fortuite a voulu que le nom de Fan fût, en même temps, celui que je portais en Chine, et celui du savant critique dont le texte a servi de base au commentateur Cheu ; coïncidence de bon augure, disent les pronostiqueurs chinois, mais qui est restée tout à fait étrangère à mon choix primitif, car je n'y ai fait attention qu'au moment où, l'ouvrage étant terminé, il s'est agi d'en rédiger le titre en langue chinoise.

Au revers du titre vient une courte préface que mon lettré a composée lui-même dans l'esprit des littérateurs de son pays, et dont voici le sens :

« Ce livre est l'abrégé arrêté par Fan-Tze-Ten. L'ayant trouvé ex-
» cellent, Cheu-che en a fait la base de ses recherches dans les
» commentateurs, et en l'année Sin-meu de l'empereur Kañ-hi, il
» a publié une compilation qui a pour titre : Li ki ti chu ta tsüen
» ho tsan. Plus de 140 ans se sont écoulés depuis, sans que per-
» sonne, d'une certaine autorité, ait fait la critique de ce texte,
» disant qu'il fût trop court : tout le monde, au contraire, s'est
» accordé à dire qu'il ne laisse rien à désirer. »

« Parmi les livres que les européens ont négligé de traduire,
» depuis qu'ils sont en relation avec la Chine, M. Callery a
» jugé que celui-ci était le plus important : il est, en effet, l'un
» des cinq livres canoniques dont la nation chinoise fait le plus
» de cas. C'est pour cela que dans ses moments de loisir il l'a
» étudié avec attention, afin de saisir toutes les beautés du
» sens, et le traduire ensuite en langue française. »

« Le but que M. Callery s'est proposé n'a été, ni la célébrité
» du nom, ni le profit : il n'a cherché qu'à fournir aux hommes
» sages de l'Europe qui aiment à s'instruire, le moyen de con-
» naître les rites et la musique pratiqués en Chine dès une
» haute antiquité. »

« Quand le travail fut achevé, le texte original de l'édition
» de Cheu-che fut transcrit en son entier, pour être ajouté à la
» fin de la traduction. De cette manière, non seulement les
» hommes studieux pourront méditer sur l'antiquité, mais ceux
» qui étudient le chinois y trouveront un grand secours, pour
» distinguer les variations que subit, suivant les circonstances,
» un caractère susceptible de plusieurs interprétations. »

« Dans l'édition originale il s'était glissé des expressions er-
» ronées, choquantes à la lecture, que nous avons corrigées
» d'après les explications fournies par les philosophes antérieurs.
» Cependant, pour les détails de chaque caractère, nous avons
» suivi l'orthographe usitée de nos jours. »

XII. Ainsi que le lettré chinois vient de le dire, je n'ai été guidé, en entreprenant ce travail pénible, que par le désir de défricher une portion négligée du champ immense et encore peu cultivé de la sinologie. Le soin apporté à l'étude de chaque phrase me donne la conviction intime d'avoir fait une traduction véridique exempte de contresens. Mais je n'ai pas l'orgueilleuse prétention d'avoir toujours employé le mot le plus choisi et la locution la mieux appropriée. Ceci veut dire, que si, d'un côté, je ne crains nullement les critiques injustes qui attaqueraient le fond, d'un autre côté je suis prêt à accepter celles qu'on pourrait légitimement adresser à la forme.

Au reste, quand un ouvrage aussi obscur que le Li-ki a été traduit une première fois, dans n'importe quelle langue, les plus grandes difficultés sont aplanies, et sans être fort sinologue, un littérateur habile peut en faire après une traduction aussi élégante que correcte. Si on voulait se permettre des personnalités à cet égard, ne pourrait-on pas citer des réputations facilement acquises par des traductions, soi-disant nouvelles, dont le mérite intrinsèque revient à celui qui, le premier, a dévoilé le sens caché de l'original chinois.

On pourrait même démontrer, sans beaucoup de frais d'érudition, que dans les traductions vraiment originales, et dans les dictionnaires chinois-européens, il n'est presque aucune page qui ne puisse fournir matière à de justes critiques. Mais, à mon avis, loin d'entamer des discussions qui finissent toujours par prendre un caractère fâcheux, on doit savoir gré à tous ceux qui apportent modestement une pierre à l'édifice inachevable de la science sinologique. Les matériaux défectueux se retrouvent partout, comme pour témoigner de la faiblesse de l'esprit humain, et servir utilement de contrepoids à son orgueil.

Il est incontestable que les études chinoises ont déjà produit beaucoup de travaux d'un mérite évident et d'une grande utilité: mais quand on jette les yeux sur ce qui reste à faire, on se demande, avec un sentiment de tristesse, combien de siècles il faudra encore pour que l'Europe n'ait plus rien d'important ou de curieux à apprendre de cette nation, la plus ancienne entre toutes, et qui forme, à elle seule, le tiers de la population du globe !

Cette considération devrait mettre un terme aux susceptibilités, tant individuelles que nationales, si nuisibles au véritable progrès de la science, et amener les sinologues de tous les pays à réunir et combiner leurs efforts, pour que le vaste champ auquel ils travaillent fût défriché simultanément dans toutes ses parties, et que tous les travaux se prêtassent un mutuel secours. J'ai en ma possession des autographes de Gonsalves, de Morrison fils, de Thom, de Gutzlaff qu'une mort prématurée a enlevés à la science, ainsi que de plusieurs sinologues vivants, qui prouvent que durant mon premier séjour en Chine cet accord de vues et de recherches a existé dans certaines limites. Puisse-t-il, sous l'impulsion de quelque génie supérieur aux petites passions humaines, revivre plus fort et plus unanime que jamais, et faire disparaître les barrières intellectuelles qui séparent encore la Chine du reste de l'univers.

Paris, juin 1853.

J. M. CALLERY.

LI-KI

OU

MÉMORIAL DES RITES.

••••••••••••

CHAPITRE I.

KIŬ-LI.

Xañ.

RITES DIVERS. — 1ère PARTIE.

Le recueil des Rites divers (1) dit: « Que rien en lui (2) n'aliène le
» respect; que son maintien soit celui d'un homme qui réfléchit; que
» son langage soit calme, et la tranquillité règnera dans le peuple. »

Ce sage est respecté même par ceux qui le fréquentent; il est aimé
par ceux-là même qui vivent sous sa dépendance. S'il affectionne quelqu'un, il ne laisse pas de reconnaître les défauts de cette personne; s'il
a quelqu'un en aversion, il ne laisse pas de reconnaître ses vertus. S'il
amasse, il sait aussi dépenser; s'il a une occupation bonne, il sait la changer
pour une meilleure.

Ne donnez pas comme certain ce qui est douteux, mais exposez-le
clairement sans arrière-pensée.

L'homme fidèle aux rites observe les convenances dans son pays, et,
s'il est envoyé à l'étranger, il se conforme aux coutumes locales (3).

---

(1) Cet ouvrage, perdu depuis fort longtemps, était, à ce qu'il paraît, un de ces recueils de
proverbes et de maximes par lesquels la philosophie a commencé chez presque toús les peuples.
Quoique l'auteur ne le dise pas, il est probable que ce chapitre et le suivant renferment une analyse de cet ancien recueil, car le grand décousu qu'on y remarque, s'accorde bien avec la variété
indiquée par le titre **KIŬ-LI**.

(2) Les commentateurs croient que ces préceptes s'adressent au souverain.

(3) Maxime analogue à l'adage vulgaire, de la basse latinité:

Si Romae fueris, romano vivito more,
Si fueris alibi, vivito sicut ibi.

5

C'est par les rites qu'on fait ressortir la proximité ou l'éloignement de parenté, qu'on tranche les doutes, qu'on établit une différence entre les semblables et les dissemblables, et qu'on met au grand jour le vrai et le faux.

Conformer sa conduite à ses discours, cela s'appelle une vertu éminente: ayez atteint cette vertu, et alors vous pourrez parler des devoirs de chacun. Tels sont les principes essentiels de la bienséance.

En matière de bienséance, on entend bien dire que l'homme vertueux est pris pour exemple; mais on n'entend pas dire que lui-même se donne pour modèle aux autres. De même, on entend bien dire que les disciples viennent apprendre auprès du maître; mais on n'entend pas dire que le maître aille imposer son enseignement (1).

Sans les rites, la droiture, la vertu, la bonté et la justice ne sont point parfaites; l'instruction et la réforme des mœurs ne sont point complètes.

Qu'il s'agisse de séparer des gens qui se disputent, ou de mettre fin à un procès, on ne saurait y réussir, sans de bonnes manières.

Supprimez les rites, et il n'y aura plus qu'incertitude dans les rapports sociaux entre le souverain et les magistrats, le supérieur et les inférieurs, le père et les enfans, le frère aîné et les frères cadets.

Supprimez les rites, et toute sympathie cessera d'exister entre ceux qui gouvernent, ceux qui apprennent et ceux qui suivent un maître.

Que vous soyez en rang dans la salle du trône, ou que vous discipliniez des troupes; que vous exerciez l'autorité, ou que vous fassiez connaître les lois, vous ne déploierez jamais un air majestueux qui impose, si vous n'observez les rites.

Il n'y a rien, non plus, de sincère ni de grave dans les prières, dans les actions de grâce, les sacrifices et les bénédictions en usage dans le culte des Esprits et des Dieux, si on n'y observe les rites.

C'est pour cela que le sage fait grand cas du respect; qu'il se tient toujours dans le devoir, et qu'il cède humblement aux autres, afin de mettre les rites en relief.

Dans les temps primitifs (2), on estimait la vertu en elle-même: dans les âges suivants, on s'est appliqué à répandre des bienfaits et à les payer

____

(1) En chinois, ce passage est fort remarquable par son laconisme; on pourrait le latiniser ainsi : *De urbanitate, audivi imitationem ex hominibus, non audivi imitabilem hominibus : audivi venire discendum, non audivi ire docendum.*

(2) On veut parler du temps des premiers empereurs, depuis **Fu-hi** jusqu'à la dynastie des **Hia.**

de retour. En effet, les rites exigent qu'il y ait réciprocité dans les rapports des hommes entre eux; et ces convenances sont également blessées, soit qu'on donne toujours sans jamais rien recevoir, soit qu'on reçoive sans jamais rien donner (1).

L'urbanité veut qu'on ait de la modestie pour soi, mais qu'on traite avec honneur les autres (quelle que soit leur fortune); car, parmi ceux-là-mêmes, qui colportent (des marchandises dans les rues), il ne laisse pas que de se trouver des gens qui méritent d'honorables égards. A combien plus forte raison les riches (ne méritent-ils pas ces égards, leurs richesses n'étant le plus souvent que la récompense de leurs bonnes qualités personnelles). A dix ans de sa naissance, l'homme s'appelle Ieu (jeune); il étudie. A vingt ans il s'appelle Jo (faible); il reçoit le chapeau viril. A trente ans il s'appelle Chuan (fort); il se marie. A quarante ans il s'appelle Kiañ (capable); il entre dans les fonctions publiques. A cinquante ans il s'appelle Ğai (grisonnant); il a l'expérience des choses politiques. A soixante ans il s'appelle Ki (atteignant la vieillesse); il dirige ceux qui sont chargés d'agir. A soixante et dix ans il s'appelle Lao (vieillard); on le mande à la cour (2). A quatre-vingts et à quatre-vingt-dix ans il s'appelle Mao (affaibli dans ses facultés intellectuelles). A l'âge de sept ans (3) il s'appelle Tao (enfant). Ceux qu'on nomme Tao et ceux qu'on nomme Mao sont exempts de châtiment, lors-même qu'ils commettent un crime. A cent ans l'homme s'appelle Ki-i (décrépit).

Si quelqu'un vient d'un royaume voisin pour s'instruire, il faut lui faire connaître les règles primitives de son pays (4).

Un fils respectueux n'accepte point (du vivant de son père) le char et

---

(1) J'ai dû donner un peu de développement à ce passage afin de le rendre intelligible, car, qui comprendrait la traduction littérale que voici: *Ritus requirit ire, redire: ire et non redire, minime ritus; redire et non ire, nequidem ritus.*

(2) Les ministres et les conseillers de l'empereur étaient tenus de se rendre chaque jour au palais pour recevoir les ordres de leur souverain; mais quand ils avaient atteint un âge avancé, ils n'étaient plus astreints à cette assiduité journalière, et l'empereur les faisait appeler quand il voulait avoir leurs conseils.

(3) En suivant l'ordre naturel, l'enfance aurait dû commencer les différents âges de la vie humaine; mais on a préféré la rapprocher de l'âge octogénaire, afin de ne pas citer deux fois la disposition de la loi qui assimile ces deux âges dans le cas de culpabilité.

(4) On fait ici allusion à l'époque où la Chine était divisée en plusieurs royaumes ou principautés tributaires, dont les peuples, agités sans cesse par la guerre et les révolutions, finissaient par oublier les lois fondamentales léguées par l'antiquité.

les chevaux qui constituent la 3ᵉ faveur impériale (1): aussi, le public l'appelle-t-il « Doué de la piété filiale » ; ses frères et ses parents l'appellent « Affectionné » ; ses collègues l'appellent « Condescendant » ; les amis qui sont animés des mêmes sentiments que lui l'appellent « Bon » ; ceux qui le fréquentent l'appellent « Sincère. »

Il a toujours l'oreille attentive, lors même que son père ne parle pas; il le regarde sans cesse, lors même qu'il ne lui fait aucun signe.

« Composez votre extérieur: écoutez avec respect: ne vous appropriez » pas les discours d'autrui: ne soyez pas l'approbateur aveugle de tout » ce que vous entendez dire; » ce sont là des maximes émises dans l'antiquité par nos premiers rois.

Quand un ambassadeur chargé d'une mission a reçu les ordres de son souverain, il ne doit plus s'arrêter une seule nuit dans sa maison.

Celui-là s'appelle sage qui, ayant une vaste érudition ou un profond savoir, cède, néanmoins (avec modestie à l'opinion d'autrui); et qui, pouvant accomplir des actes éclatants de vertu, ne se livre point à l'indolence.

Afin de rendre ses relations plus durables, le sage n'épuise pas le plaisir qu'on éprouve dans sa compagnie; il n'épuise pas non plus le dévouement qu'on a pour lui.

Semblable au guerrier armé de la cuirasse et du casque, dont l'air martial annonce qu'on ne saurait l'insulter impunément, le sage conserve toujours un air grave, de peur de compromettre sa dignité aux yeux des hommes.

Les chars montés par des troupes sont dispensés de toute démonstration respectueuse (même en passant devant les temples dédiés aux ancêtres de l'empereur). Quand un char est employé au service militaire, on y déploie l'étendard (2); quand il est employé au service civil, on serre l'étendard.

Les historiographes enregistrent les faits; les lettrés enregistrent les discours (3).

---

(1) Ce passage se rapporte au temps où l'empereur récompensait graduellement les hommes de mérite, 1° en leur conférant une dignité dans l'état; 2° en les autorisant à porter un certain costume honorifique; 3° en leur accordant la faculté d'avoir un équipage déterminé.

(2) A défaut d'expression mieux appropriée, le mot Etendard est employé ici pour désigner une espèce d'enseigne en usage chez les anciens Chinois, laquelle consistait en une file de cinq ou six touffes de crin pendue au bout d'une longue hampe. On le trouve figuré dans tous les ouvrages d'archéologie.

(3) De temps immémorial les souverains de la Chine ont eu à leur suite des hommes de lettres

Quand l'armée se met en marche, que l'Oiseau rouge (1) soit devant; le Bœuf noir, derrière; le Dragon vert, à gauche; le Tigre blanc, à droite; le Boisseau septentrional au milieu, dominant l'armée; et bientôt les soldats seront enflammés d'enthousiasme. Qu'il s'agisse d'avancer ou de reculer, il y a pour cela des règles certaines. A droite et à gauche de l'armée il y a des ailes, et chaque aile a un chef qui la commande.

Un prince doué de sagesse respecte les vieillards; il se tient en bas de son char, tant qu'il n'a pas dépassé la place où siègent les grands dignitaires (2). S'il entre dans un royaume voisin, il ne fait point galoper son cheval (de peur d'endommager les moissons); s'il entre dans un village, il s'y comporte avec égards.

Pour les affaires du dehors (du palais impérial), choisissez un jour impair; pour celles du dedans un jour pair.

La tortue sert aux divinations; la plante Kia (réduite en brins de longueur inégale) sert à jeter les sorts. Ces deux façons de consulter l'avenir ont été enseignées aux peuples par les saints rois de l'antiquité pour régler leur croyance touchant les heures et les jours (fastes ou néfastes); ce qui s'applique au culte des Esprits et des Dieux, à l'observation des lois, à la solution des doutes, et à la solution des choses incertaines. Voilà pourquoi on dit: « Y a-t-il un doute: soumettez-le au sort, et vous ne » serez pas induit en erreur. Le sort a-t-il fixé le jour où vous devez » vaquer à une affaire: soyez fidèle à ses indications. »

---

spécialement chargés de consigner les faits les plus importants de chaque règne, et de mettre par écrit les discours et les paroles les plus remarquables de chaque empereur. De là l'exactitude chronologique des annales chinoises; mais de là aussi la partialité et les longues citations qui en rendent la lecture peu agréable.

(1) C'est sur des drapeaux qu'étaient peints ces quatre animaux, emblêmes de quatre constellations situées aux quatre points cardinaux du ciel. La couleur de chacun de ces animaux est celle de l'élément auquel correspond le point cardinal de la sphère qui lui est affecté. Le *rouge* appartient au *feu* et correspond au *Sud*; le *noir* appartient à l'*eau* et correspond au *Nord*; le *vert* appartient au *bois* et correspond à l'*Est*; le *blanc* appartient au *métal* et correspond à l'*Ouest*. La plupart des principes de la philosophie chinoise se rattachent à cette théorie bizarre, amplement exposée dans notre mémoire *sur le Cycle sexagénaire*.

(2) Le texte chinois est ici d'une concision sans exemple dans la plupart des autres langues: *Descendu*, *Dignitaires*, *Siège*, voilà les trois mots dont se compose la phrase que nous avons expliquée d'après les commentateurs. Évidemment les anciens avaient des formules de convention qui laissaient beaucoup à sous-entendre.

CHAPITRE II.

KIŬ-LI.

Hia.

RITES DIVERS. — 2me PARTIE.

Quand on porte un objet appartenant à l'empereur, on doit le tenir élevé au-dessus du niveau de la poitrine. Si l'objet appartient à un prince, on doit le porter à la hauteur de la poitrine. S'il appartient à un des grands de l'empire, on le tient un peu plus bas. S'il appartient à un magistrat inférieur, on peut le porter la main pendante (1).

Quand on se tient debout, on doit s'incliner en avant de manière à ce que les pendeloques de la ceinture s'inclinent aussi (2). Si le souverain se tient de façon à ce que les pendeloques soient debout contre ses habits, les magistrats (qui sont en sa présence) doivent faire pencher les leurs; mais si le souverain les fait pencher, les magistrats les feront poser à plat sur le sol.

Les affaires publiques ne doivent pas se discuter secrètement; (mais en plein conseil).

---

(1) Ces prescriptions du cérémonial antique sont encore observées de nos jours, pour témoigner, à des degrés différents, le respect qu'on a pour les personnes auxquelles se rattachent les objets dont on est porteur. Le même cérémonial veut que, lorsqu'on porte l'objet devant soi, on le tienne des deux mains, de la même manière dont on tient la coupe avec laquelle on boit à la santé de quelqu'un. Dans l'Inde, et chez la plupart des peuples primitifs des Archipels asiatiques, on témoigne son respect en plaçant l'objet au-dessus de sa tête.

(2) Pour comprendre ce passage, il faut savoir que les anciens portaient pendu à la ceinture un ornement nommé Pei qui se composait d'une série de pendeloques, de plaques ou de grains, en jade, en or, ou en pierres précieuses, assemblés au moyen de chaînettes, suivant des dessins variés. La longueur de cette pièce d'orfèvrerie était réglée, suivant la taille de chaque individu, de manière à ce que, dans la position normale du corps debout, la pointe des dernières pendeloques effleurât à peine le sol. Si la personne se tenait raide et renversait fièrement son buste en arrière, les pendeloques remontaient d'autant le long des habits en s'éloignant du sol. Si, au contraire, elle prenait un maintien modeste en baissant un peu la tête, les pendeloques appuyaient sur le sol, et penchaient en avant. En s'inclinant davantage les pendeloques suivaient le mouvement du corps jusqu'à poser à plat par terre. Il ne fallait rien moins que la bizarrerie de l'esprit chinois, pour faire de cet ornement le baromètre de l'humilité individuelle, ou du respect que l'on doit à ses supérieurs. Voyez aussi pag. 70.

Celui qui gouverne l'empire a le titre de « Fils du Ciel » (1). Il reçoit à sa cour les hommages des princes ses vassaux; il distribue les dignités; il nomme aux fonctions publiques; il emploie le mérite, et se donne à lui-même le nom de « Moi, homme unique » (de mon rang).

Les hautes administrations établies par l'empereur sont ainsi organisées. Le ministère dit « du Ciel » (2) a six principaux chefs: le Tai-Tsai (qui préside aux nominations des fonctionnaires publics); le Tai-Tsuñ (dont relève tout ce qui se rattache au culte des Esprits et des Dieux); le Tai-xe (qui veille aux études et aux observations astronomiques); le Tai-chu (qui s'occupe exclusivement du culte rendu aux ancêtres de la famille impériale); le Tai-se (auquel est dévolu le soin d'observer les pronostics); le Tai-pu (chargé de consulter les sorts). Les fonctions de ces chefs constituent (comme on voit) six catégories.

Les cinq ministères impériaux (dits « de la Terre, du Printemps, de l'Eté, de l'Automne et de l'Hiver ») ont pour chefs: le Se-teu (qui a dans ses attributions l'instruction publique, et les rites); le Se-ma (qui préside au département de la guerre); le Se-kuñ (auquel est confiée la division territoriale); le Se-xe (qui a dans son ressort tout ce qui est relatif au traitement des fonctionnaires publics); enfin, le Se-keu (chargé d'exercer la justice). Les fonctions de ces chefs se rapportent à cinq ordres de choses différents (3).

Les six sortes de dépôts impériaux ont pour régisseurs, les Se-tu (pour le produit de l'impôt foncier); les Se-mu (pour le produit des forêts); les Se-xuéi (pour ce que rapportent au trésor impérial les eaux, les lacs

---

(1) Nous avons adopté pour l'expression **Tiën-tze** l'acception vulgairement connue en Europe, et admise aussi par plusieurs auteurs chinois. Les commentateurs disent, néanmoins, que dans l'antiquité on ne la regardait pas comme une locution dissyllabique renfermant une seule idée plus ou moins complexe, mais bien comme l'assemblage de deux mots répondant, chacun, à une idée distincte: **Tiën** « Le représentant du Ciel dans le gouvernement des hommes. » - **Tze** « Affectueux à l'égard de son peuple comme un père à l'égard de ses enfants. »

(2) Par la nature de ses attributions, le ministère **Tiën-kuan** était, à peu de chose près, ce qu'est aujourd'hui le **Li-pu**, qui, dans l'organisation administrative des états européens, correspond au Ministère de l'intérieur.

(3) C'est un fait bien digne de remarque dans l'histoire administrative des peuples, que dès les temps antérieurs à l'ère chrétienne, le gouvernement de la Chine comptait six ministères presque identiques aux ministères modernes suivants: *Intérieur; Instruction publique et Cultes; Guerre; Agriculture; Finances; Justice*. Celui des *Affaires étrangères* ne pouvait pas exister, attendu que la Chine ne reconnaissait au dehors que des rois et des princes tributaires.

et les fleuves); les **Se-tsao** (pour le produit des droits de pâturage dans les terres incultes); les **Se-ki** (pour l'impôt prélevé sur les ouvrages de l'industrie); les **Se-hô** (pour les droits sur les marchandises). Les attributions de ces fonctionnaires forment six genres d'emplois (1).

Les six espèces de travaux publics sont dirigés par les **Tu-kuñ** (pour le terrassement et la maçonnerie); par les **Kin-kuñ** (pour les ouvrages en métal); par les **Xe-kuñ** (pour les travaux en pierre); par les **Mu-kuñ** (pour la charpente et la menuiserie); par les **Xeu-kuñ** (pour les ouvrages en cuir); par les **Tsao-kuñ** (pour les travaux de mise en couleur et de peinture). Ces fonctions concernent l'emploi de six espèces de matériaux.

Tout ce que les chefs des cinq ministères (décrits plus haut) présentent à l'empereur s'appelle **Hiañ** « Offrande. »

Lorsque les princes qui gouvernent les provinces de l'empire se rendent dans celle que l'empereur habite (et qu'il s'est réservé de gouverner par lui-même), ils prennent le nom de **Mu** « Pasteurs. »

Quand l'empereur reçoit, en se tenant debout devant l'écran impérial (qui est placé au fond de la salle du trône), les princes se tiennent en rang, le visage tourné vers le Nord, et voient en face l'empereur : ce mode de réception (usité en automne) s'appelle **Kin** « Voir. » Quand l'empereur reçoit en se tenant debout à l'entrée de la salle du trône, les princes et les ducs (se tiennent sur les côtés, rangés en deux lignes parallèles); les uns, le visage tourné vers l'Est; les autres, le visage tourné vers l'Ouest. Ce mode de réception (usité au printemps) s'appelle **Chao** « Faire cour. »

(Dans les assemblées officielles) l'empereur doit se montrer affable; les princes ses vassaux doivent paraître pleins de dignité; les grands fonctionnaires de l'empire doivent avoir un extérieur irréprochable; les officiers inférieurs doivent témoigner un empressement respectueux; les gens du peuple (employés au service) doivent tout faire avec promptitude.

Pour comparer les hommes entre eux, il faut les prendre dans une même catégorie (c'est-à-dire les envisager dans le même ordre d'idées).

Les fonctionnaires publics nommés par l'empereur, doivent tous, depuis les plus grands jusqu'aux plus petits, se mettre au courant de leur em-

---

(1) Nous signalons à l'attention des économistes cet antique système d'impôts, parmi lesquels il s'en trouve qui n'ont été imaginés en Europe que depuis peu de siècles seulement, les douanes, par exemple.

ploi, de manière à ce que celui qui est dans les lettres puisse disserter
sur les lettres; celui qui est aux finances sache parler finances; celui qui
est aux arsenaux sache parler des arsenaux; celui, enfin, qui est à la
cour sache parler des affaires de cour.

A la cour, on doit parler selon l'étiquette établie: qu'on adresse des
questions ou qu'on y réponde, il faut que ce soit toujours selon les règles
du cérémonial.

Tout présent (que l'on fait dans une première visite change de nature
suivant le rang de celui qui donne). L'empereur offre du vin (aux Dieux
seulement). Les nobles offrent du jade; les ministres offrent des moutons;
les fonctionnaires publics d'un rang élevé offrent des oies sauvages; ceux
d'un rang inférieur offrent des faisans; les gens du peuple offrent des
canards.

CHAPITRE III.

TAN-KUÑ (1).

Xañ.

1ère PARTIE DU Tan-kuñ.

Tout fils soumis à ses père et mère doit cacher (leur méfaits) et s'abstenir de les offenser (par des réprimandes ou des observations inopportunes). En toutes choses il doit fournir à leurs besoins sans se renfermer
dans aucune limite. Il doit leur obéir avec empressement jusqu'à leur
mort, et porter ensuite leur deuil pendant trois ans.

Tout sujet soumis à son prince ne doit pas craindre de l'offenser (par
les remontrances que suggère le bien public), ni cacher (les fautes qu'il
lui voit commettre). En toutes choses il doit fournir à ses besoins, dans
une certaine limite. Il doit être attentif à lui obéir jusqu'à sa mort, et
porter son deuil pendant trois ans.

Tout disciple soumis à son maître doit s'abstenir de l'offenser (par des
observations qui, de sa part, seraient toujours déplacées); mais il n'est
pas tenu de cacher ses fautes. En toutes choses il doit pourvoir à ses

---

(1) Dans le texte primitif du **Li-ki**, ce chapitre commence par une phrase attribuée à un nommé
Tan-kuñ; de là ce titre que rien ne justifie plus, dès que le passage en question est retranché.

besoins, sans se restreindre à une certaine limite. Il doit lui obéir avec empressement jusqu'à sa mort, et porter son deuil dans le cœur pendant trois ans (1).

CHAPITRE IV.

TAN-KUN.

Hia.

2ᵐᵉ PARTIE DU Tan-kun.

Maître Tseñ (2) dit : « Maître G̃an est un homme dont on peut dire
» qu'il connaît parfaitement les rites, car (malgré sa haute position de
» Ministre du royaume de Tsi) il entoure de respect (tous ceux de ses
» inférieurs qui en sont dignes). »

Jeu-jo dit, au contraire : « Maître G̃an a porté trente ans le même habit
» de peau de renard, et il n'envoyait (chaque année au tombeau de ses
» ancêtres) qu'une voiture d'offrandes qui s'en revenait de même toute
» seule (3). Comment peut-on dire que cet homme connût les conve-
» nances ? » (Ces assertions en apparence contradictoires se concilient par
le passage suivant).

Maître Tseñ dit : « Quand un royaume est déréglé, les sages, même,
» n'osent remplir scrupuleusement tous les rites. Si la nation est prodigue,
» ils lui donnent l'exemple de l'économie ; si elle est trop parcimonieuse,
» ils l'induisent aux pratiques cérémoniales (qui occasionnent de la
» dépense). »

Kuñ-xu-wen-tze (Ministre du royaume de Wéi) étant venu à mourir, son

---

(1) Le parallélisme parfait des périodes et de tous leurs membres dont ce chapitre fournit un exemple frappant, constitue une des qualités de style et de composition les plus appréciées par les littérateurs chinois.

(2) L'expression Tze que je traduis par « Maître » répond assez exactement à celle de « Monsieur » : elle n'est plus usitée en Chine depuis longtemps. Le philosophe dont on cite ici une opinion, fut un des disciples les plus affectionnés de Confucius parmi les douze qui le suivaient partout. C'est lui qui a composé, sur un texte très-court laissé par Confucius, l'ouvrage intitulé Ta-hio, dont M. Pauthier a publié la traduction. Son nom de famille était Tseñ, son prénom était Tsan.

(3) L'usage voulait, dans ce temps-là, qu'au jour où l'on faisait les sacrifices annuels, sur la tombe des ancêtres, les personnages riches ou haut placés envoyassent au moins, cinq voitures chargées d'offrandes.

fils Xu pria le roi de dénommer le défunt (1) en lui disant: « Le mo-
» ment est venu où je dois ensevelir mon père; veuillez, je vous prie,
» changer son nom. »

Le roi répondit: « Ci-devant, le royaume de **Wéi** souffrait d'une
» cruelle famine; votre honorable père (2) fit distribuer du riz cuit aux
» affamés: n'est-ce pas là de la bienfaisance? »

« Ci-devant le royaume de **Wéi** était en révolte; votre honorable père
» s'est exposé lui-même à la mort pour protéger ma personne: n'est-ce
» pas là du dévouement? Pendant tout le temps que votre honorable
» père a conduit les affaires du royaume de **Wéi**, il s'est efforcé (à l'in-
» térieur) de réformer les lois et les coutumes, et (à l'extérieur) d'entre-
» tenir avec les peuples voisins des relations dont le royaume de **Wéi**
» n'eût pas à rougir: n'est-ce pas là de la diplomatie? Pour cela, je
» donnerai à l'honorable Ministre votre père le nom de **Chen-huéi-wen**
» (Dévoué – Bienfaiteur – Diplomate).

Il y avait dans le royaume de **Lu** un sage nommé **Cheu-fun**. Le prince
Gai alla avec des présents pour lui rendre visite; mais celui-ci ne voulut
pas le recevoir. « C'est bien, » dit le prince; et il envoya quelqu'un
poser au sage cette question: « La dynastie de **Iu** (3) n'avait rien fait
» pour gagner la confiance du peuple; cependant, le peuple lui avait donné
» sa confiance. La dynastie des **Hia** n'avait rien fait pour s'attirer le
» respect du peuple; cependant, le peuple l'entourait de son respect.

---

(1) Un millier d'années avant J. C. la dynastie des **Cheu** établit la coutume de changer le nom
de l'empereur, des princes et des grands de l'empire, aussitôt après leur mort. Cette pratique
avait pour but d'engager à la vertu par la perspective de porter dans l'histoire un nom posthume
résumant les bonnes qualités dont on aurait fait preuve durant sa vie, ou flétrissant les vices dont
on aurait donné l'exemple. Le fameux **Xe-huañ-ti** de la dynastie des **Tsin**, qui avait de bonnes rai-
sons pour ne vouloir pas être jugé par l'histoire, supprima le nom posthume, prétendant que ce
genre de contrôle était une injure faite à la majesté impériale; mais les **Han** revinrent à l'antique usage, qui s'est conservé jusqu'à ce jour, bien qu'il n'exerce plus guère d'influence sur la
conduite des personnages qu'il concerne.

(2) Afin de mettre de la suite dans le sens de ce dialogue, je traduis par « Votre honorable
Père » l'expression honorifique de **Fu-tze** qui veut aussi bien dire « Monsieur, Sa Seigneurie, Son
Excellence » etc.

(3) Quoique **Xuen**, d'abord ministre, puis successeur de **Iao**, ait été le seul de sa famille qui
ait occupé le trône impérial, on désigne, néanmoins, son règne par le nom de Dynastie de **Iü**.
On donne à cela le motif plaisant, que **Xuen** a réellement fondé une dynastie qui eût été nombreuse, si le sceptre était passé aux mains de ses descendants: mais on pourrait dire la même
chose de **Iao** qui avait aussi un fils, lorsqu'il désigna **Xuen** pour son successeur. Et d'ailleurs
n'est-ce pas comme si on disait: « Ils eussent été empereurs, s'ils avaient été maîtres de l'Empire!! »

» Qu'avaient-ils donc fait pour obtenir que le peuple agît de la sorte à
» leur égard? »

Le sage répondit: « Dans les lieux de sépulture, il n'y a rien qui pro-
» voque la commisération; cependant, on ne saurait y passer sans se
» sentir le cœur touché. Dans les temples des dieux tutélaires de l'empire,
» il n'y a rien qui, en soi, provoque le respect; cependant, le peuple
» s'y livre à des sentiments respectueux. Sous la dynastie des In on fit
» beaucoup de lois, ce qui n'empêcha pas le peuple de désobéir. Sous
» la dynastie des Cheu on s'efforça de mettre l'union dans le peuple, ce
» qui n'empêcha pas le désaccord de s'établir. Si l'autorité n'appuye pas
» ses actes sur la justice et sur la loyauté, lors-même qu'elle fera tous
» ses efforts pour contenir le peuple, croyez-vous que le peuple ne fi-
» nira pas par s'émanciper? » (1).

Chao-wen-tze et Xu-iü (Ministres du royaume de Tsin) étant allés ensemble
visiter les tombeaux (de leurs prédécesseurs), Wen-tze dit: « Supposé que
» ces morts revinssent à la vie, à la suite de qui nous mettrions-nous? »
Xu-iü répondit: « Je suivrais Iañ-chu-fu. » Wen-tze reprit: « Les actes de ce
» ministre ont eu pour unique objet de réunir dans ses mains toute l'au-
» torité du royaume de Tsin; et, malgré cela, il n'a pas fini naturelle-
» ment sa vie: son savoir n'avait donc rien de remarquable. »

« Eh bien! (ajouta Xu-iü) que diriez vous de Kieu-fan? » Wen-tze répondit: « Il ne visait qu'à ses avantages personnels sans se soucier de
» son souverain: les qualités de son cœur n'avaient donc rien de saillant.
» Celui que je suivrais, moi, ce serait Wu-tze, car, il cherchait les avan-
» tages de son souverain, sans oublier le soin de sa propre vie, et, en
» prenant soin de lui-même, il ne négligeait pas ses amis. »

Les gens du royaume de Tsin disent que Wen-tze connaissait les hommes.
Mais Wen-tze avait, en outre, des sentiments de modestie (qui lui faisaient

---

(1) Dépouillé des figures et des réticences qui l'obscurcissent, le raisonnement de ces deux
personnages se résume à ceci. Le prince dit au sage: « Comment se fait-il que vous refusiez un
prince qui daigne vous rendre visite et vous porter des présents, lorsque nous voyons le peuple
accorder sa confiance et son respect à des princes qui ne font rien pour les captiver? » Le sage
lui répond: « Les actes extérieurs et les présents n'ont aucune valeur à mes yeux, s'ils ne sont
l'expression sincère de bons sentiments. Les lois elles-mêmes n'ont de la force et de la durée
qu'autant que le souverain est juste et loyal. Or, attendu qu'en venant auprès de moi, vous n'étiez
guidé par d'autres sentiments que ceux d'une vaine ostentation, mon devoir était d'accueillir comme
je l'ai fait votre démarche mensongère. »

prendre un maintien humble et incliné) comme s'il n'avait pas eu la force de porter ses habits. Sa parole était lente et mesurée, comme s'il avait eu un empêchement de langue. Les individus qu'il a élevés à de hautes fonctions dans l'administration financière du royaume de Tsin furent au nombre de soixante-dix et plus; néanmoins, durant toute sa vie il ne pactisa avec aucun pour de l'argent, et à sa mort il ne recommanda ses enfants à personne.

CHAPITRE V.

WAÑ-CHE (1).

Les rangs de noblesse créés par l'empereur sont au nombre de cinq; savoir, les ducs, les marquis, les comtes, les vicomtes et les barons.

Les revenus qu'on perçoit dans un rayon de cent li autour de la demeure impériale, sont réservés pour les services publics. Ceux qu'on perçoit dans un rayon de mille li sont consacrés aux besoins particuliers de la maison impériale (2).

L'espace de terrain compris dans un rayon de mille li se nomme Tièn: ce qui est en dehors de mille li se nomme Tsai et Lieu.

La province que l'empereur se réserve fournit au traitement des grands dignitaires; dans les autres provinces les nobles possèdent des fiefs héréditaires.

Il est de règle que les trois ministres (qui d'habitude n'appartiennent qu'au 8ᵉ ordre de dignitaires), en montant d'un degré, portent l'habit avec des dragons en broderie. Si, après cela, il y a lieu de leur accorder de nouvelles récompenses, on leur donne des objets de valeur; car, on ne va pas au delà du 9ᵉ ordre.

Toutes les fois qu'il s'agit de nommer un homme capable à des fonc-

---

(1) Le titre de ce chapitre et la plupart de ceux qui vont suivre sont censés n'avoir aucun sens: ils sont presque toujours formés des mots les plus saillants par lesquels le chapitre commence.

(2) Les commentateurs expliquent ainsi ce passage: Dans le voisinage de la cour la perception des impôts étant facile, on réserve ce produit pour les besoins de l'état qui doivent passer avant tout. Loin de l'action immédiate de la cour, la rentrée des impôts offrant plus de lenteurs et de difficultés, le produit en est dévolu à l'empereur, dont les besoins personnels sont moins urgents que ceux de l'empire.

tions publiques, il faut d'abord bien l'examiner. Après mûr examen, on lui donne un emploi. S'il le remplit bien, on lui confère une dignité. Quand cette dignité lui est acquise, on lui alloue un traitement. Toute dignité est conférée en pleine cour, en présence de tous les magistrats. Tout châtiment est infligé sur la place publique, afin que tout le monde prenne le coupable en horreur.

L'empereur fait une tournée dans l'empire tous les cinq ans. Au second mois de l'année il visite l'Est, jusqu'à la montagne Tai (1) où il sacrifie, d'abord au Ciel (2), puis aux montagnes et aux rivières du lointain.

Dans les visites que lui font les seigneurs, il s'informe des centenaires (qu'il y a dans le pays), et il va les voir.

Il ordonne au chef des musiciens de lui montrer les poésies (en usage dans la localité) afin de connaître les mœurs du peuple (3). Il ordonne au surintendant du commerce de lui soumettre le prix-courant des marchandises, afin de voir quels objets le peuple apprécie et quels objets il délaisse, afin de voir s'il a l'esprit tourné aux excès, ou s'il aime des choses extraordinaires. Il ordonne au maître des cérémonies d'étudier les saisons et les mois, de donner aux jours leur appellatif (4), de vérifier si les lois sont conformes, de rectifier les rites, la musique, les poids et les mesures, ainsi que le costume.

S'il se trouve des seigneurs qui aient acquis des mérites par une administration paternelle, l'empereur augmente l'étendue de leur territoire, et les élève proportionnellement en dignité.

Quand l'empereur n'a pas d'occupation qui presse, il réunit les seigneurs, ce qui s'appelle Chao (Tenir cour). Alors on examine les rites,

---

(1) Cette montagne se trouve dans la province actuelle du **Xau-tuñ**; elle est au nombre des **u-io**, ou des cinq plus hautes montagnes de la Chine.

(2) Le texte chinois appelle ce sacrifice **Chaï** « Bois à brûler » parce que dans la circonstance en question, l'empereur sacrifiait au ciel en brûlant un grand bûcher de bois ramassé sur les lieux.

(3) Dans l'histoire ancienne de la Chine, on voit souvent les princes, les magistrats et les sages porter leur attention sur les poésies de chaque localité. Cela tenait à l'opinion généralement admise alors, que les chansons et les poésies populaires sont l'expression fidèle des sentiments et des mœurs du pays qui les produit. Il y aurait, ce nous semble, beaucoup à dire pour et contre.

(4) Dans les almanachs chinois les jours sont dénommés au moyen des lettres du cycle, d'une façon analogue aux jours de notre semaine; ces dénominations sont indépendantes du quantième du mois, et servent surtout à déterminer les jours heureux et les jours néfastes.

on revise les lois pénales ; mais il ne règne là qu'un seul sentiment, celui d'une profonde vénération pour l'empereur (1).

Quand l'empereur fait aux ducs et aux marquis des présents de musique (2), il leur envoie un **Chu** (3) en même temps que la notification de ses volontés. Quand il fait des présents semblables aux comtes, aux vicomtes et aux barons, il leur envoie, avec ses ordres, un petit tambour à manche (4).

Les seigneurs auxquels l'empereur a fait présent d'un arc et de flèches, peuvent prendre les armes contre les sujets rebelles. Ceux auxquels il a donné une hache peuvent appliquer la peine de mort. Ceux auxquels il a fait cadeau d'une coupe en jade, peuvent faire eux-mêmes du vin parfumé (pour les libations et les sacrifices aux Dieux) : ceux qui n'ont pas reçu de coupe en jade dépendent de l'empereur pour la provision de ce vin (qui leur est nécessaire). Ceux auxquels l'empereur a ordonné de veiller à l'enseignement, peuvent construire des collèges. Les collèges destinés aux enfants doivent être situés à gauche du palais seigneurial, du côté du midi : les collèges des adultes doivent être situés à la campagne. Les collèges fondés par l'empereur s'appellent **Pi-iuñ** ; ceux fondés par les seigneurs se nomment **Pan-kuñ**.

Lorsque l'empereur est sur le point d'aller combattre des rebelles, il

______

(1) Les commentateurs varient sur le sens de ce passage. L'explication que nous avons admise nous paraît être, de beaucoup, la plus plausible.

(2) Anciennement, l'empereur accordait, comme récompense, aux personnages de mérite, la permission de chanter certaines poésies en son honneur, de faire exécuter certains airs, ou d'employer certains instruments réservés à l'orchestre impérial. **Cheñ-wañ**, second empereur de la dynastie des **Cheu** est censé avoir reconnu par une faveur insigne la fidélité exemplaire de son oncle **Cheu-kuñ**, en permettant qu'après sa mort on jouât devant son autel la même musique que dans le temple impérial. Voyez pages 82 et 92.

(3) Sorte de caisson en bois, semblable à une cloche renversée, au fond duquel s'adaptait debout un battant mobile servant à frapper les bords supérieurs du caisson. Il était employé au début des morceaux de musique pour indiquer le rhythme à suivre, et constituait un genre de préséance qui était réservée aux nobles de premier rang. Depuis longtemps cet instrument n'est plus en usage.

(4) Cet instrument est encore usité de nos jours, particulièrement chez certains marchands de comestibles qui parcourent les rues en annonçant leurs marchandises. Il se compose d'un petit tambour aplati traversé par un manche, ayant sur les côtés du cercle deux courtes ficelles avec un grain dur au bout. En imprimant au tambour, dont on tient le manche dans la main, un mouvement rotatoire de va-et-vient, les grains frappent en sens opposé les surfaces en peau tendue, et il en résulte un roulement plus ou moins aigu, suivant le diapason de l'instrument. On l'employait autrefois pour marquer la fin des morceaux de musique.

sacrifie au Ciel, au Dieu tutélaire de l'empire, à son père et aux Esprits du lieu où doit se livrer le combat. Il consulte les sorts dans le temple de ses ancêtres, et se munit des plans militaires dressés dans l'académie impériale. Si pendant la guerre on arrête des coupables, au retour, l'empereur offre un sacrifice dans l'académie, devant l'autel des anciens docteurs, pour leur faire connaître le nombre d'individus condamnés à l'amputation de l'oreille gauche.

Le ministre chargé de régler les dépenses de l'empire, doit attendre la rentrée des céréales à la fin de l'année pour faire le réglement de ces dépenses. Il doit tenir compte de l'étendue territoriale, de l'abondance et de la disette, et prendre la moyenne des trente dernières années, pour arrêter le chiffre des recettes et des dépenses.

L'empereur a sept temples (dédiés à sept générations de ses ancêtres); trois (sont construits sur une ligne) à gauche, trois autres (sur une ligne parallèle) à droite; celui du grand aïeul (à l'extrémité, au milieu des deux lignes) forme le septième (1). Les seigneurs ont cinq temples; deux à gauche, deux à droite et celui du grand aïeul formant le cinquième. Les fonctionnaires de troisième ordre (Ta-fu) ont trois temples; un à gauche, l'autre à droite, et celui du grand aïeul formant le troisième (2). Les fonctionnaires de quatrième ordre (Xe) n'ont qu'un seul temple. Les gens du peuple sacrifient (à leurs ancêtres) dans la maison.

Les sacrifices que l'empereur et les grands de l'empire offrent dans les temples des ancêtres, varient de nom suivant les saisons. Ceux qu'on offre au printemps s'appellent Io, ceux d'été Ti, ceux d'automne Chañ et ceux d'hiver Cheñ.

L'empereur a le droit de sacrifier au Ciel et à la Terre; les seigneurs sacrifient aux Dieux tutélaires de l'empire; les fonctionnaires de troisième

---

(1) Dans cette réunion de pagodes chaque génération a sa place marquée. Le fils du grand aïeul est placé le premier, à gauche de ce dernier; le petit-fils à droite du côté opposé; l'arrière-petit-fils à gauche, à la suite de son grand-père; le troisième petit-fils à droite, en face de son père, et ainsi de suite, toujours en alternant, jusqu'au septième membre de la famille en ligne directe. Lorsqu'à partir du grand aïeul il y a plus de sept générations, on supprime la plus éloignée sur la ligne où doit se placer la personne qui vient de mourir. Voyez page 72.

(2) Au commencement d'une dynastie, le grand aïeul est bien le représentant naturel de la septième génération; mais quand plus de sept générations impériales ont passé, c'est le fondateur de la dynastie qui reste perpétuellement le grand aïeul; il en est de même du fondateur d'une famille nobiliaire ou titrée.

ordre sacrifient aux Dieux domestiques. L'empereur (a seul le droit) de
sacrifier aux montagnes célèbres et aux grands fleuves (de l'empire, dans
quelque province qu'ils se trouvent). A l'égard des cinq plus hautes montagnes (les cinq Io) il observe le même cérémonial qu'à l'égard des trois
premiers ministres; pour les quatre grands fleuves c'est le même cérémonial que pour les nobles. Les seigneurs ne sacrifient qu'aux montagnes
de renom et aux grandes rivières de leur territoire. L'empereur et les
nobles sacrifient en outre aux anciens personnages de l'empire qui n'ont
pas laissé de descendants (pour s'acquitter de ce devoir).

Le sacrifice du printemps (Io) est offert par l'empereur d'une manière
privée; mais les sacrifices des trois autres saisons (Ti, Chan, Chen) sont
offerts avec grande pompe.

Anciennement, le champ de réserve (1) dépendait du peuple pour la
culture, mais il n'était frappé d'aucun impôt: les maisons du marché
payaient une taxe, mais les marchandises n'en payaient point. Les douanes
examinaient ce qui passait, mais elles ne prélevaient aucun droit. A certaines époques de l'année il n'était pas défendu de pénétrer dans les forêts, ni de circuler sur les rivières. Les champs donnés en guise de
traitement aux grands dignitaires n'étaient soumis à aucune charge, et
les forces du peuple n'étaient employées à des corvées que trois jours
par an.

Le Se-kun (*voyez page 7*) forme ses plans et mesure les terres affectées
à la résidence du peuple: il tient compte des montagnes, des rivières,
des étangs et des lacs: il fait attention au climat de chaque localité pendant les quatre saisons de l'année, et calcule l'étendue plus ou moins
grande des terres à donner (d'après le nombre des individus dont doit
se composer la population). Puis, on se met à l'œuvre et on se fait aider
par le peuple.

---

(1) Sous les trois premières dynasties, époque éloignée où il y avait peu de terrains cultivés
dans l'empire, le gouvernement concédait les terres incultes par carrés équilatères ayant 900 Méu,
ou arpents, de superficie. Ces carrés, qu'on nommait Tsin, d'après leur analogie de tracé avec le
caractère Tsin « Puit », étaient divisés en neuf carrés égaux de 100 Meu chacun, au moyen de
deux lignes médianes que deux autres lignes coupaient à angle droit à des distances égales. Il résultait de cette intersection de lignes une sorte de damier de trois cases de côté, ayant huit carrés
sur la circonférence, et un carré au milieu. Les huit carrés du pourtour devenaient la propriété
de huit colons; mais celui du centre était un champ de réserve dont la culture restait bien à la
charge des huit voisins, mais dont les produits appartenaient à l'empereur.

Les objets matériels à l'usage du peuple doivent être en harmonie avec la température froide ou chaude, avec la sécheresse ou l'humidité du climat : car, dans un pays où il y a des vallées si vastes, des fleuves si grands, les circonstances ne sont pas les mêmes partout, et, suivant l'endroit où ils sont nés, les habitants ont des coutumes différentes. Les uns sont robustes, les autres sont faibles ; les uns sont maigres, les autres sont gras ; les uns sont grands, les autres sont petits (1), et il y a ainsi entre eux une grande dissemblance. Les goûts touchant la nourriture ne sont pas non plus les mêmes : les ustensiles et les habits diffèrent également. Il faut donc s'efforcer de civiliser les populations, sans chercher à changer leurs coutumes, et les maintenir partout dans la légalité, sans froisser leurs convenances.

Dans tout endroit où il s'agit de fonder une population, on forme les districts suivant l'étendue des terres disponibles, et les habitations suivant le nombre des colons à placer, de manière à ce que la surface territoriale, la quantité de districts et le nombre des habitants se trouvent en rapport. S'il n'y a pas de terres incultes, ni d'individus sans travail, chacun a de quoi manger, chacun a ses heures d'occupation, et tout le monde vit tranquille dans son endroit, s'acquittant avec plaisir des corvées publiques, et portant à l'autorité un respect affectueux. Après cela commence l'enseignement.

Le Se-teu (*voyez page* 7) porte sa sollicitude sur les six genres de rites (2), afin d'humaniser les sentiments du peuple : il met en relief les sept doctrines, afin de stimuler le peuple à la vertu : il régularise les huit pratiques légales, afin d'arrêter les excès : il ramène tout le monde au chemin de la vertu, afin de mettre de l'unité dans les mœurs : il soutient les vieillards, afin de fomenter la piété filiale : il a pitié des orphe-

---

(1) Certains commentateurs appliquent au moral les qualités que nous croyons, d'après le contexte, devoir être appliquées au physique. Suivant eux il faudrait traduire : « Les uns sont grossiers, » les autres sont polis ; les uns sont soigneux, les autres sont brouillons ; les uns sont actifs, les » autres sont lents. »

(2) S'il faut en croire les commentateurs, les six genres de rites seraient : La prise du chapeau viril, le mariage, le deuil, les sacrifices, les festins et les visites, qui ont chacun leur chapitre dans cet ouvrage. Les sept doctrines se rapporteraient aux devoirs réciproques de père à fils, de frère aîné à frère cadet, de mari à femme, de souverain à sujet, de plus âgé à plus jeune, d'amis entre eux, et d'hôtes. Les huit pratiques légales auraient pour objet : La nourriture, le costume, la profession, la distinction de sexe et de classe, les poids, les mesures, les nombres et les règlements,

lins et des personnes âgées qui n'ont pas d'enfants, afin de suppléer à ce qui leur manque: il traite les sages avec distinction, afin d'honorer la vertu, et il méprise les pervers, afin d'arrêter le mal.

Il ordonne aux directeurs des collèges de remarquer les élèves qui n'étudient pas, et de l'en prévenir. À un jour donné il rassemble les vieillards dans l'enceinte du collège: là, il fait faire en leur présence l'exercice de l'arc, afin de donner du relief à ceux qui tirent bien, et il fait répéter le cérémonial de boire à la santé des personnes avancées en âge, afin d'honorer la vieillesse. Pour tout cela le Se-teu fait venir les élèves de choix du collège impérial, afin qu'ils y prennent part.

Il ordonne aux directeurs des collèges d'examiner quels sont les élèves doués de moyens, et de les lui envoyer: ceux-ci s'appellent Siuen-xe (Etudiants de choix). Le Se-teu examine ensuite parmi eux quels sont les plus capables, et il les fait passer au collège impérial: ceux-ci s'appellent Tsin-xe (Etudiants de talent). Ceux qui ont été promus auprès du Se-teu sont exempts des corvées de leur village: ceux qui sont passés au collège impérial sont exempts de tout travail; même, chez le Se-teu, on les appelle aussi Tsao-xe (Passés étudiants).

Le Io-chen (1) entoure d'honneur quatre arts différents, et se livre, d'après les traditions des anciens rois, à l'enseignement de quatre choses; savoir: La poésie, les livres, les rites et la musique, afin que les études des élèves soient complètes. Au printemps et en automne il enseigne les rites et la musique; en hiver et en été il enseigne la poésie et les livres classiques.

Le fils aîné et les autres fils de l'empereur, le fils aîné des nobles, le fils aîné des grands fonctionnaires Kin, Ta-fu et Iuen-xe, ainsi que les élèves de talent choisis dans les différents collèges de l'empire, vont tous au collège impérial; mais, une fois qu'ils y sont entrés, on n'a égard qu'à leur âge respectif (et nullement à l'élévation ou à la bassesse de leur naissance).

Le grand Io-chen examine, parmi ceux qui sont passés étudiants, quels sont les sujets les plus distingués, et il en fait part à l'empereur. Alors,

______

(1) C'était un dignitaire qui avait dans ses attributions la surintendance de la musique et de tout ce qui s'y rattachait. Ses fonctions avaient, cependant, un caractère essentiellement littéraire, et en faisaient comme un censeur des études au collège impérial.

ils sont promus auprès du Se-ma, et ils s'appellent Tsin-xe (Etudiants avancés).

Quand le Se-ma examine les capacités pour les fonctions publiques, il observe parmi les Tsin-xe quels sont ceux qui excellent en sagesse, et il en fait part au souverain en lui soumettant les motifs de son appréciation. Cette appréciation étant trouvée juste, les candidats sont d'abord promus à des fonctions publiques, puis à une dignité, et enfin ils reçoivent un traitement. En cas de guerre, le grand Se-teu reçoit ordre d'enseigner aux étudiants à monter les chars et à porter la cuirasse.

Tout magistrat appelé à juger un procès criminel, doit peser le sentiment paternel ou filial (qui a pu animer la partie incriminée), ainsi que les devoirs de sujet à souverain (qu'elle avait à remplir). Il doit examiner à quel degré la chose est grave ou légère, sonder ce qu'il y a eu de profond ou de superficiel dans l'intention, afin d'établir une distinction bien nette. Il doit employer toute sa perspicacité (à l'égard des gens rusés et audacieux), et donner cours à toute sa bienveillance (à l'égard des gens simples et craintifs), afin de leur faire dire tout ce qu'ils ont sur le cœur. Si la culpabilité présente des doutes, il faut soumettre la chose à la décision d'une assemblée nombreuse: si l'assemblée doute aussi, il faut accorder le pardon; (mais lorsque le doute n'existe pas), il faut apprécier la grandeur du crime, et prononcer l'arrêt en conséquence.

Les condamnations se prononcent ainsi: le secrétaire du tribunal, trouvant la condamnation juste, en fait part au magistrat qui, après l'avoir examinée et approuvée, la fait connaître au grand Se-keu. Celui-ci l'examine en grand conseil (1), et, s'il l'approuve, il la communique à l'empereur. L'empereur ordonne aux trois premiers ministres d'en prendre conjointement connaissance. Si les ministres sont d'avis de condamner, ils en réfèrent à l'empereur, qui pardonne trois fois, mais qui (sur l'insistance du tribunal) inflige ensuite la peine.

La peine est (comparable à) la forme (naturelle des choses). Or, la forme est un fait; et, comme le fait accompli ne peut être changé, (la peine une fois subie ne saurait être changée non plus). C'est

---

(1) Littéralement, « il examine sous les arbres Ki » parce que dans ce temps-là le conseil des grands fonctionnaires de l'état se tenait dans une cour intérieure du palais impérial plantée d'une espèce d'arbres épineux qu'on nommait Ki, et qu'on dit avoir de l'analogie avec le jujubier à gros fruits de la province du Kiañ-nan.

pourquoi le sage n'applique la peine qu'avec la plus grande circonspection (1).

Les Taï-xe règlent le cérémonial. (Toutes les fois qu'une fête ou une
grande cérémonie se présente), ils consultent les mémoires historiques,
et font connaître à l'empereur les noms et les jours à éviter (2); alors
l'empereur se livre à l'abstinence, et reçoit les observations qui lui sont
faites.

Les Se-huéi (Secrétaires du ministre) font un rapport sur toutes les
affaires qui ont été traitées dans l'année, pour ce rapport être soumis à
l'empereur: alors, le premier ministre se livre à l'abstinence (afin de se
pénétrer de sentiments de respect pour la majesté impériale devant laquelle
il doit se présenter), et reçoit le rapport (que lui seul est chargé de dé-
poser au pied du trône).

Les trois magistrats, savoir le Io-cheñ, le Se-keu et le Xe, font ensuite
un rapport sur les affaires de leur compétence, pour ce rapport être soumis à l'empereur: alors le grand Se-teu, le grand Se-ma et le grand Se-kuñ
se livrent à l'abstinence, et reçoivent le rapport (qu'ils sont chargés de
présenter).

Tous les fonctionnaires (d'un ordre moins élevé) présentent aux trois
magistrats un compte-rendu de leurs affaires respectives: les grands Se-teu,
Se-ma et Se-kuñ (reçoivent ce compte-rendu des mains des trois magistrats
auxquels il a été présenté d'abord), et le soumettent à l'empereur: alors,
tous ces fonctionnaires se livrent à l'abstinence, et reçoivent (les observations que l'empereur a faites sur) leur compte-rendu.

Cela fait, on fête les vieillards, on récompense les agricul-

---

(1) Ce raisonnement, plus subtil que vrai, repose sur un jeu de mots qui ne peut être bien
compris que dans le texte chinois. Le mot « Peine » se prononce Hiñ, et s'écrit par un caractère
qui figure parmi les phonétiques. (Voy. *Systema phoneticum scripturae sinicae*, pars 2ᵉ, pag. 116,
n° 222). Le mot « Forme » se prononce également Hiñ, et s'écrit avec la phonétique ci-dessus
accouplée à la classifique Jen « Homme. » Il en résulte une argumentation bizarre, dont voici un
exemple en français: « Un *saint* est un *ceint*; or, la *ceinture* signifiant au figuré la *continence*, il
» s'ensuit que la vertu de continence est essentielle à la sainteté!! »

Quant au caractère d'immutabilité que le raisonnement chinois attribue à la peine, il n'existe
que dans la peine de mort et dans les châtiments corporels qu'on a subis; car il est bien d'autres
peines, l'exil, par exemple, ou la prison à perpétuité, qui peuvent être changées peu après qu'on
a commencé à les subir.

(2) Le respect dû aux ancêtres ne permet pas qu'on emploie, ni même qu'on prononce, les petits
noms qu'ils ont portés. Quant aux jours à éviter, ce sont les jours néfastes.

teurs (1), on clôt les affaires de l'année, et on régle le budget de l'empire (pour l'année suivante).

Touchant le mode d'honorer les vieillards (le cérémonial a changé suivant les époques). La dynastie de Iŭ (*voy. page* 11) avait adopté le cérémonial de leur servir à boire. La dynastie des Hia leur faisait servir un repas qu'on ne mangeait point. La dynastie des Iu leur donnait des repas qu'on mangeait. La dynastie des Cheu a réformé ces différents genres de cérémonial et les a combinés en un seul (qui les renferme tous). Dans leur mode d'honorer les vieillards, les trois dynasties primitives se basaient sur le nombre des années de chacun (et accordaient plus ou moins, suivant qu'on était plus ou moins avancé en âge) (2).

Le sage arrivé à la vieillesse ne va point à pied (car, le souverain ou les grands de l'empire lui fournissent chevaux et voiture). L'homme du peuple arrivé à la vieillesse ne mange pas des choses grossières (car, par respect pour son âge, tout le monde lui fournit des mets recherchés) (3).

Les seigneurs transmettent leur fief en héritage à leur fils aîné; mais les grands dignitaires (Ta-fu, qui n'appartiennent point à la noblesse héréditaire) ne transmettent point leurs titres, vu que c'est à leur vertu et à leur mérite personnels qu'ils doivent l'emploi et le grade (que l'empereur leur a conférés. Ils transmettent néanmoins l'héritage de leur traitement). Tant que (les fils aînés des seigneurs) n'ont pas été investis par l'empereur de la dignité seigneuriale (léguée par leur père), ils ne peuvent

---

(1) Ceci se rapporte à deux genres de cérémonies publiques instituées dans les temps primitifs pour honorer la vieillesse et l'agriculture. Dans l'une de ces cérémonies, l'empereur faisait verser du vin aux vieillards réunis, et il buvait à leur santé. Dans l'autre, on servait aux agriculteurs un repas splendide auquel assistaient l'empereur et les grands de l'empire; mais, sous les Hia, personne ne touchait à ce diner de parade tant que la cérémonie officielle durait.

(2) Après les cérémonies dont il vient d'être question et qui avaient pour but d'inspirer aux jeunes gens le respect de la vieillesse, l'empereur faisait distribuer des secours effectifs aux vieillards qui étaient dans le besoin, et il chargeait les autorités locales de veiller à ce que rien ne leur manquât.

(3) La dynastie actuelle a songé, il y a environ soixante ans, à retablir l'usage antique d'honorer officiellement les vieillards (Iañ-lao). Sur un ordre de l'empereur Kien-luñ des milliers de mémoires furent écrits sur cette matière par les savans de toutes les provinces de l'empire. Les vieux Tartares du conseil impérial donnaient un avis favorable: mais un ministre nommé Chañ, chinois d'origine, combattit si vigoureusement cette pratique, en s'appuyant sur Confucius même, qu'elle fut abandonnée pour toujours. Voyez page 37.

porter que le costume de Taï-xe (dignitaires de 4ᵉ ordre); mais ils administrent leurs fiefs. Les grands dignitaires (Ta-fu) au service des seigneurs ne transmettent en héritage ni leur dignité, ni leur traitement.

CHAPITRE VI.

IÜE-LIÑ.

ATTRIBUTS DES MOIS.

Le premier mois du printemps correspond à (la flûte) Ta-tseu (1). Le jour où le printemps commence, l'empereur, accompagné des trois Kuñ, des neuf Kiñ, des Chu-heu et des Ta-fu (2), va faire la cérémonie de la réception du printemps à la campagne, au levant (de la ville impériale). De retour (dans son palais), il donne des récompenses aux Kuñ, aux Kiñ et aux Ta-fu, et ordonne à ses ministres de faire connaître sa bienveillance et ses ordres, en répandant des bienfaits sur tout le peuple. Aussitôt, la munificence impériale est mise en œuvre, sans que (dans la répartition des largesses du souverain) il soit commis le moindre passe-droit.

L'empereur donne ordre que, conformément aux anciens principes de l'astronomie, les Taï-xe observent les mouvements du ciel, du soleil, de la lune, des étoiles et des nœuds célestes, de manière à ne pas se trom-

---

(1) L'histoire raconte que, d'après les ordres de l'empereur **Huañ-ti**, lequel voulait poser les premières bases de la musique, un officier de la cour, nommé **Liñ-Luen**, fit avec des bambous de différentes grosseurs, douze flûtes, ou flageolets qui reproduisaient exactement les douze sons observés dans le chant de l'oiseau **Fuñ-huañ**; six de ces sons appartenant à l'oiseau mâle, et les six autres à la femelle. La coïncidence du nombre des flûtes avec celui des mois de l'année, fit imaginer qu'il existait un rapport intime entre les dimensions de chaque flûte et les circonstances atmosphériques de chaque mois. L'existence de ce rapport fut constatée, dit la tradition, par l'expérience que voici : Au milieu d'une chambre bien fermée on enfonçait dans la terre, et jusqu'à fleur de sol, les douze flûtes en bambou qu'on remplissait de cendres de roseau, et qu'on recouvrait ensuite d'un morceau de toile. Une sorte de fermentation s'établissait, dit-on, dans cette cendre, et à chaque mois de l'année une des flûtes se vidait entièrement, en suivant un ordre invariable déterminé par le diamètre, l'épaisseur et la longueur du bambou. Et comme chaque flûte avait un nom particulier, ainsi qu'on le verra successivement dans ce chapitre, le mois auquel cette flûte se vidait invariablement, pouvait être désigné par ce nom-là et *vice versa*.

(2) J'ai mieux aimé citer les noms-mêmes des dignités, que de dire dans un sens général « Les grands dignitaires de l'empire, » parce que dans d'autres passages analogues de ce chapitre, cette nomenclature n'est pas identique, et que certains dignitaires y semblent jouir de faveurs qui ne sont pas accordées à d'autres.

per sur la position, les élongations et les révolutions des astres, afin de perpétuer la science astronomique.

Le premier jour de ce même mois, l'empereur adresse des prières au ciel pour l'heureux résultat de la moisson: ensuite, on choisit un jour heureux (1) où l'empereur emporte une charrue qu'il place dans sa propre voiture entre le cocher et le cuirassier son garde-du-corps (2). A sa suite viennent les trois Kun, les neuf Kin, les Chu-heu et les Ta-fu. (Arrivé sur les lieux) l'empereur laboure lui-même le champ qu'on nomme Ti-tsi: il donne trois poussées (à la charrue); les trois Kun en donnent cinq, les Kin et les Chu-heu en donnent neuf (3). De retour (dans son palais), l'empereur prend une coupe de vin (qu'il boit); les trois Kun, les neuf Kin, les Chu-heu et les Ta-fu en font autant: on appelle ceci Lao-Tsieu « Le vin de récompense. »

Ce mois-ci les vapeurs du ciel tombent, celles de la terre montent; le ciel et la terre sont en harmonie, les plantes ouvrent leurs bourgeons, l'empereur ordonne la reprise des travaux agricoles, et envoie résider à la campagne les magistrats qui président à l'agriculture, afin qu'ils rectifient les limites, qu'ils inspectent et arrangent les chemins et les canaux, qu'ils observent avec soin les monticules, les collines, les versants, les endroits escarpés, les plaines et les marécages; de façon à discerner, d'après la nature du sol, quelles céréales il convient de semer, pour l'apprendre au peuple. (Si on veut bien remplir cette mission), il faut, de toute évidence, être sur les lieux, et déterminer par soi-même tout ce qui a rapport aux champs. Si on a tracé à l'avance aux agriculteurs les règles qu'ils ont à suivre, ils ne sont point livrés à l'incertitude.

Dans ce mois, ordre est donné aux Io-cheu d'aller au collège impérial apprendre (aux élèves) à faire des évolutions (4).

---

(1) Les Chinois ont toujours regardé comme jour heureux par excellence pour cette cérémonie, le premier des jours ayant pour appellatif Sin dans la nomenclature cyclique.

(2) A l'époque où a été écrit ce passage, trois personnes seulement prenaient place dans la voiture impériale; le cocher qui se tenait debout, au milieu, pour guider les chevaux; l'empereur qui était assis à gauche du cocher, et un homme d'armes qui restait debout à gauche du cocher, veillant à la défense de l'empereur.

(3) De nos jours encore cette cérémonie a lieu suivant l'usage antique, afin de donner du relief et de l'encouragement à l'agriculture. Voyez page 22.

(4) Je me sers à dessein de l'expression un peu vague de « Faire des évolutions » pour indiquer ces exercices antiques, peu usités de nos jours, où, au son de quelque instrument on

Le second mois du printemps correspond à (la flûte nommée) Kia-chuñ. On y choisit un jour heureux, et ce jour on ordonne au peuple d'offrir des sacrifices au Dieu de chaque localité.

L'égalité des jours et des nuits (dans l'équinoxe qui a lieu dans le courant de ce mois) indique la parfaite égalité qu'il faut mettre dans les poids et les mesures, de façon à ce que les balances et les poids de 120 livres, les mesures d'un boisseau et celles de dix boisseaux soient d'une parfaite exactitude, ainsi que les poids ordinaires et le rouleau qui sert à raser le boisseau. (Dans ce mois) l'empereur offre un agneau (au Dieu du froid). Il fait ensuite l'ouverture des glacières; mais avant (de faire lui-même usage de glace), il en offre dans le temple de ses ancêtres.

Le premier jour (qui dans ce mois porte l'appellatif) Tiñ, il est ordonné au Io-cheñ de faire exercer aux évolutions (les élèves du collège impérial) et de sacrifier aux anciens docteurs. L'empereur, suivi des trois Kuñ, des neuf Kiñ, des Chu-heu, et des Ta-fu, va en personne assister à ces rites. Au second (jour de ce mois où se présente l'appellatif) Tiñ, ordre est donné au Io-cheñ de faire exercer les élèves à la musique (1).

Le troisième mois du printemps correspond à (la flûte) Ku-siuëu. Dans ce mois, l'empereur offre de la balle jaune de céréales (aux empereurs anciens et modernes qui l'ont précédé) (2). Il manifeste sa bienveillance, et répand ses bienfaits, en ordonnant à ses officiers d'ouvrir les greniers impériaux et de faire des distributions aux pauvres et aux malaisés; d'ouvrir les dépôts impériaux, et d'en retirer des étoffes, pour les distribuer dans tout l'empire (à ceux qui n'ont pas de quoi se vêtir). Il encourage les seigneurs à appeler aux emplois les lettrés de renom, et à traiter les sages avec toute sorte d'égards.

Ce mois-ci, ordre est donné aux Ié-iü (inspecteurs des campagnes et

---

s'exerçait à brandir les armes, à agiter des drapeaux, à exécuter des pas, des bonds, des sauts et d'autres mouvements de tactique militaire, en cherchant à imiter ce que les guerriers les plus célèbres avaient fait ou enseigné. Voyez au chapitre XVI ce que nous avons dit à ce sujet.

(1) L'art auquel les anciens Chinois donnaient le nom de Io ne s'appliquait pas seulement à l'exécution musicale: il renfermait aussi les évolutions et les pas de danse martiale dont nous avons parlé dans la note ci-dessus, ainsi que la poésie destinée à être chantée ou récitée au son des instruments. Voyez le chapitre XVI relatif à la musique.

(2) Par sa couleur jaune, la balle, c'est-à-dire l'enveloppe sèche du froment ou du riz, était censée représenter les bourgeons de mûrier s'épanouissant; et l'offrande qu'on en faisait avait pour but d'obtenir une bonne récolte de vers à soie.

des forêts) de ne pas permettre qu'on abatte des mûriers. La tourterelle étale ses ailes; l'oiseau Tai-seù s'abat sur les mûriers; alors on apprête les claies (pour les vers à soie), ainsi que les paniers (pour cueillir les feuilles de mûrier. Alors aussi,) l'impératrice se livre à l'abstinence, et va elle-même, du côté du levant, cueillir des feuilles de mûrier. Dans ce voyage, il est défendu aux femmes (d'accourir sur le passage de l'impératrice) pour la voir passer; les dames d'honneur, même, s'y trouvent en petit nombre; et cela, afin d'engager (les femmes en général) à se livrer à l'éducation des vers à soie (plutôt que de perdre leur temps).

Le travail des vers à soie étant terminé, on répartit les cocons (aux dévideuses); on pèse la quantité de soie (qu'elles en ont retirée), et on juge ainsi du mérite (de chacune d'elles). Cette soie est destinée à faire les habits en usage dans les temples de l'Être suprême et des ancêtres. (Pendant tout le cours de ces travaux) personne n'ose s'abandonner à la paresse.

Vers la fin de ce mois on choisit un jour heureux auquel on rassemble un grand orchestre. L'empereur, suivi des trois Kûñ, des neuf Kiñ, des Chu-heu et des Ta-fu, va en personne assister à l'exécution musicale.

Le premier mois de l'été correspond à (la flûte nommée) Chuñ-liû. Le jour où l'été commence, l'empereur, suivi des trois Kûñ, des neuf Kiñ, des Chu-heu et des Ta-fu, va à la campagne, du côté du midi, faire la cérémonie de la réception de l'été. De retour (dans son palais), il donne des récompenses, investit des seigneurs, et sa munificence répand ses largesses partout, de façon à ce qu'il n'y ait personne qui ne se réjouisse.

Alors, ordre est donné au Io-xe de faire exercer (les élèves du collège impérial) à mettre en accord le cérémonial avec la musique. Ordre est donné au Ta-wéi d'élever aux fonctions publiques les hommes de talent, de vertu et de vigueur, en donnant à chacun le grade et le traitement qui conviennent à sa capacité.

Ordre est donné aux Ié-iû de visiter les campagnes, d'adresser, au nom de l'empereur, des félicitations aux agriculteurs (qui se distinguent par leur travail), et d'encourager tout le monde, de façon à ce qu'il n'y ait personne qui perde son temps.

Ordre est donné au Se-teu de parcourir le district de la capitale, et d'enjoindre aux agriculteurs de consacrer tous leurs efforts au travail, de façon à ce que personne ne reste oisif dans la ville impériale.

Dans ce mois, l'empereur fait la cérémonie de boire, en compagnie

des grands fonctionnaires de l'état, du vin nommé Chcu; et pour cela on
emploie le cérémonial accompagné de musique.

Le second mois de l'été correspond à (la flûte nommée) I-Pin. Dans
ce mois, ordre est donné aux Io-xe d'arranger les tambours, d'accorder
les luths et les guitares, les flûtes et les chalumeaux; d'apprêter les halle-
bardes et les lances terminées en une touffe de plumes; de régler les
lames harmoniques des calebasses; de mettre en bon état les cloches, les
pierres sonores et les autres instruments à percussion (1).

Ordre est donné à toutes les autorités d'adresser, au nom du peuple,
des prières et des sacrifices aux montagnes, aux rivières et aux sources.
En même temps l'empereur invoque le ciel avec grand apparat (afin
d'obtenir de la pluie), et cette cérémonie est accompagnée de grande
musique. Ordre est ensuite donné à tous les préfets, de faire des invocations, et d'offrir des sacrifices à tous les anciens magistrats qui, (de
leur vivant), ont eu à cœur le bien du peuple; en leur adressant des
prières pour la réussite des moissons.

Le sage qui se livre à l'abstinence dans ce temps-ci, se tient retiré
dans sa demeure et ne s'adonne pas à la dissipation; il ferme l'accès aux
plaisirs bruyants et aux charmes de la beauté; il mange des choses peu
relevées en goût, sans y ajouter de grands assaisonnements; il modère
ses désirs et arrête les passions de son cœur. (De leur côté), tous les
magistrats arrêtent le cours des affaires criminelles et n'appliquent aucune
peine, de peur de favoriser les progrès du (principe malfaisant) In (2).

Le troisième mois de l'été correspond à (la flûte) Lin-chun. Dans ce

---

(1) Les anciens Chinois comptaient huit espèces d'instruments de musique, d'après les huit matières dont on les faisait, savoir: instruments en métal, en pierre, en soie, en bambou, en bois,
en calebasse, en terre cuite et en peau. On les appelait Pa-in « Les huit sons. » De nos jours
cette classification est encore exacte, l'art musical n'ayant fait en Chine aucun progrès sensible.

(2) Ceci se rapporte à la théorie des deux grands principes cosmogoniques In et Ian que nous
avons développée dans notre mémoire *Sur le cycle sexagénaire.* Tant que les jours croissent, c'est
le principe Ian qui domine, principe de lumière, de force, de vie et de mouvement. Quand les
jours commencent à diminuer, c'est le principe In qui prend le dessus, principe d'obscurité, de
faiblesse, de mort et d'inertie. Or, les peines étant censées se rattacher au In, on s'abstient de
les appliquer pendant les plus longs jours de l'année, de peur de donner à ce principe abhorré
une prépondérance qu'on ne lui voit prendre qu'à regret un peu plus tard. De nos jours encore
les juges criminels observent cette singulière sorte de vacances, bien qu'on n'attache plus à l'action
des deux principes de la nature, la même importance que dans l'antiquité. Voyez page 31, un passage parallèle à celui-ci.

mois il est ordonné aux quatre inspecteurs (des forêts, des montagnes,
des lacs et des rivières) d'amasser le fourrage de tous les districts pour
la nourriture des animaux destinés aux sacrifices; et il est enjoint au peuple
(auquel est dévolu le soin d'aller couper ce fourrage), de réunir ses efforts, sans exception aucune, afin de contribuer aux offrandes qui sont
faites au Seigneur suprême du ciel, et aux Dieux des montagnes célèbres,
des grandes rivières et des différentes localités de l'empire; ainsi qu'aux
sacrifices qui sont offerts aux ancêtres et aux Dieux tutélaires de l'empire;
en un mot, afin de s'associer aux prières qui sont faites au nom du peuple
pour son propre bonheur.

Dans ce mois, ordre est donné aux teinturiers de teindre en toutes
couleurs. Le gris, (par exemple), le vert foncé, l'amaranthe, et le rose,
doivent être composés d'après les procédés anciens dont il ne faut s'écarter
en quoi que ce soit. (Pour les couleurs simples, telles que) le noir, le
jaune, le bleu et le rouge, on ne doit employer que des matières véritables, et ne pas s'aviser d'en employer de fausses. Les objets teints servent
à faire les habits en usage dans les sacrifices au Ciel et aux ancêtres; ils
servent à faire des bannières; ils servent, enfin, de règle pour distinguer
les différents degrés de supériorité et d'infériorité.

La terre, qui est placée au centre (des quatre points cardinaux auxquels se rattachent les quatre saisons), se combine avec le son grave de
(la flûte) Huañ-chuñ (1).

___

(1) Ce passage ne peut être compris qu'à l'aide de la théorie des affinités intimes que les philosophes chinois ont attribuées aux différents êtres de la nature. Suivant eux, les quatre saisons
se rapportent aux quatre points cardinaux de la sphère. Le printemps se rapporte à l'Est, l'été
au Sud, l'automne à l'Ouest, l'hiver au Nord. Les points cardinaux se rapportent chacun à un
élément. L'Est se rapporte au bois, le Sud au feu, l'Ouest au métal, le Nord à l'eau. Mais comme
il y a un cinquième élément, la terre, et que les quatre points cardinaux n'ont une raison d'être
que parce qu'il existe un point de milieu, qui est encore la terre, il en résulte que la terre doit
avoir sa place au milieu des quatre saisons, c'est-à-dire au point de séparation entre l'été et
l'automne. Ici se présentait une difficulté. Les flûtes en bambou auxquelles se rapportent les mois
n'étant qu'au nombre de douze, où trouver les affinités musicales de la terre? Mais le philosophe
chinois ne s'est pas trouvé embarrassé, et voici comment il a raisonné. Le son de la première
flûte, c'est-à-dire de la plus longue et de la plus grosse, est le plus fort, le plus grave, et, à
l'instar d'une basse, il s'harmonise avec tous les autres sons plus aigus. La terre aussi est le plus
important de tous les éléments; elle s'étend vers tous les points cardinaux, et intervient dans les
produits de chaque saison: Donc, la terre doit correspondre au son de la première flûte!! Ces affinités s'étendent aussi aux couleurs, aux goûts et à une foule de catégories, dont nous parlerons
en lieu opportun.

Le premier mois de l'automne correspond à (la flûte) I-tsœ. Le jour où l'automne commence, l'empereur en personne, suivi des trois Kuñ, des neuf Kiñ, des Chu-heu et des Ta-fu, va à la campagne, du côté du couchant, faire la cérémonie(de la réception de l'automne. De retour (dans son palais), il récompense en pleine cour les capitaines et les officiers de l'armée. Il ordonne ensuite aux généraux de choisir les hommes de courage, de faire mettre les armes en bon état, d'élire les personnages exercés reconnus pour très-capables, et de confier les charges aux hommes de mérite, afin de pouvoir comprimer (facilement) les rebelles, juger et mettre à mort les oppresseurs et les insubordonnés, et rendre soumises les contrées les plus éloignées de l'empire, en faisant clairement connaître ce que l'empereur approuve et ce qu'il déteste. (Ce mois-ci) la nature commençant à devenir rigoureuse, on ne doit pas augmenter (ses rigueurs par l'application de châtiments trop sévères). *Voyez page 27.*

Dans ce mois les agriculteurs récoltent les grains. (Avant de manger des nouveaux produits de l'année) l'empereur en fait offrande dans le temple de ses ancêtres, puis il ordonne à tous les fonctionnaires de commencer la perception (du tribut en nature).

Le second mois de l'automne correspond à (la flûte) Nan-liù. Dans ce mois on rend les douanes et les marchés faciles aux marchands qui viennent, et aux marchandises qu'on apporte, afin d'augmenter les commodités du peuple. Lorsqu'on vient en masse de toute part, lorsqu'on accourt de tous les pays lointains, alors les richesses ne s'épuisent pas, l'autorité ne manque pas des ressources nécessaires, et toutes les affaires réussissent à souhait.

Toute personne ayant une chose importante à accomplir, ne doit pas se mettre en opposition avec les grands principes (Iñ et Iañ); il doit se conformer au temps (propre à agir; mais il doit aussi) bien examiner la nature même de l'entreprise (1).

---

(1) Les deux principes Iñ et Iañ auxquels se rapportent tous les êtres, ayant tour-à-tour la prédominance dans certaines époques de l'année (page 27), le temps convenable pour une chose quelconque est celui auquel prédomine le principe dont cette chose dépend par son affinité naturelle. Ainsi, par exemple, les travaux de terrassement et de construction conviennent en automne, parce que le principe Iñ dont ils dépendent est en progrès pendant l'automne. Néanmoins, de ce que cette époque de l'année est favorable sous ce point de vue, il ne s'ensuit pas que toute entreprise de construction faite en automne soit avantageuse en elle-même; une foule de circonstances peuvent la rendre ruineuse, et c'est à l'entrepreneur de bien l'examiner, abstraction faite de la saison.

Le troisième mois de l'automne correspond à (la flûte) U-i. Dans ce mois se publie le décret sévère par lequel l'empereur ordonne à tous les magistrats, grands et petits, de ne s'occuper exclusivement que des rentrées, afin de se mettre en harmonie avec la nature qui met tout en réserve, et de s'abstenir de toute dépense.

Dans ce mois il est ordonné que le Chuñ-tsai, après la rentrée des récoltes, se rende compte de la quantité des céréales (recueillies, afin de baser là-dessus la répartition de l'impôt), et mette en réserve dans le grenier des Dieux la récolte du champ labouré par l'empereur, (récolte destinée exclusivement aux sacrifices). Tout cela doit être accompli avec le plus grand respect.

Au premier jour (ayant pour appellatif) Tiñ, ordre est donné au Io-cheñ de se rendre au collège impérial, et d'y faire exercer à jouer des instruments de musique.

Dans ce mois un grand sacrifice est offert à l'Être suprême, et un autre aux ancêtres: dès que les victimes du sacrifice sont prêtes, on en prévient l'empereur.

Ordre est donné à tous les seigneurs d'intimer aux magistrats de leur juridiction, le calendrier qu'ils auront à observer l'année suivante. On notifie aussi aux seigneurs la règle selon laquelle ils peuvent prélever sur le peuple des impôts lourds ou légers, la quantité d'objets à envoyer comme tribut à l'empereur, en se basant sur l'éloignement plus ou moins grand de chaque localité, et sur la nature de ses produits. Ces objets sont employés aux sacrifices que l'empereur offre au ciel et aux ancêtres: aucun n'est détourné à des usages particuliers.

Dans ce mois-ci l'empereur ouvre l'enseignement de la chasse à courre, afin qu'on s'exerce dans le maniement de toutes les espèces d'armes, et qu'on apprenne l'art de diriger les chevaux. Ordre est donné aux écuyers et aux sept chefs des écuries impériales, d'atteler tous les chevaux, de prendre les bannières et les drapeaux aux figures de tortue et de serpent, de donner les chars (ornés de telles ou de telles autres insignes) suivant le grade (de ceux qui doivent y monter), et de faire tout mettre en rang hors du grand portail. Alors, le Se-teu, ayant une baguette à la main et le visage tourné vers le nord, donne des instructions (à tous ces gens prêts à partir pour la chasse). L'empereur s'étant revêtu d'habits imposants, prend l'arc et les flèches, et part pour la chasse. (A son retour), il ordonne au surintendant des sacrifices, d'offrir aux (Dieux tutélaires de) tous les lieux les animaux qu'on a tués à la chasse.

Le premier mois de l'hiver correspond à (la flûte) **Iñ-chuñ**. Ordre est donné à tous les fonctionnaires d'effectuer avec soin la rentrée (du tribut en nature) dans les greniers de l'état. Ordre est donné à toutes les autorités d'aller inspecter si le peuple rentre ses récoltes, de telle façon que rien ne reste dehors.

(Dans ce mois-ci) on fortifie les limites du territoire qu'on a reçu en fief, on se précautionne sur les frontières, on met en bon état les portes qui en ont besoin, on répare soigneusement les barrières et les ponts, et on obstrue les petits chemins de traverse.

Dans ce mois ont lieu la grande cérémonie de boire du vin servi par l'empereur, et le sacrifice aux ancêtres. Après cela, l'empereur invoque le Ciel pour l'année qui va venir; et il fait une grande immolation de victimes qu'il offre au Dieu tutélaire de l'empire, entouré des hommes d'état (de l'antiquité célèbres par leur mérite) (1). Il sacrifie ensuite aux Dieux des portes de l'empire, et offre les produits de la chasse aux ancêtres, ainsi qu'aux Dieux domestiques. Enfin, on donne une fête aux agriculteurs, en les engageant ainsi à se livrer au repos.

L'empereur ordonne ensuite aux officiers de l'armée d'enseigner l'art militaire, de faire exercer au tir de l'arc et à la manœuvre des chars de guerre, et d'essayer les forces (de chaque homme).

Le second mois de l'hiver correspond à (la flûte) **Huañ-chuñ**. L'empereur ordonne à toutes les autorités de faire des invocations et d'offrir des sacrifices aux grandes rivières, aux sources célèbres, aux étangs, aux lacs, aux puits et aux fontaines.

Le sage qui se livre à l'abstinence (dans ce temps-ci) se retire dans sa demeure, tient sa personne dans le calme, repousse les plaisirs bruyants et les charmes de la beauté, comprime ses appétits, compose son extérieur et son intérieur, et donne trêve aux affaires, en attendant que les deux principes **In** et **Iañ** aient bien déterminé leur action (2).

____

(1) L'expression **Kuñ-xœ** présente quelque difficulté par son laconisme. Elle signifie que le sacrifice offert par l'empereur au Dieu **Xœ** n'est offert aux **Kuñ** que par concomitance, comme on invite par politesse un certain nombre d'amis à un festin qu'on donne à un grand personnage, sans qu'on dise pour cela que le festin leur est donné également.

(2) Il y a cette différence entre ce passage et celui annoté page 27, que dans le second mois de l'été où le principe **In** commence à prédominer, on s'abstient de le favoriser, tandis qu'au second mois de l'hiver, où le règne de ce principe touche à sa fin, on agit directement pour favoriser l'avènement du **Iañ** qui est le principe de prédilection, attendu qu'il donne la vie et le mouvement. Dans le premier cas c'est la négation passive ; dans le second cas c'est l'intervention active.

Le troisième mois de l'hiver correspond à (la flûte) Ta-lü. Les chefs des musiciens reçoivent l'ordre de donner un grand concert, et c'est fini (pour cette année).

Dans ce mois le soleil finit sa révolution et revient au même point du ciel: la lune termine aussi sa révolution et se retrouve en conjonction: les étoiles retournent à leur point de départ dans la sphère céleste: le nombre de jours (de l'année solaire) touche à son complet: l'année va bientôt se renouveler et recommencer son cours (1). (A cette époque) laissez les agriculteurs dans un parfait repos, sans leur imposer la moindre corvée.

(Enfin) l'empereur, assisté des (grands dignitaires) Kuñ, Kiñ et Ta-fu, réforme les lois de l'empire, et discute les circonstances du temps (et des saisons), afin de voir ce qu'il conviendra de faire dans l'année qui va suivre.

CHAPITRE VII.

WEN - WAÑ - XE - TZE (2).

L'enseignement des fils aînés (de l'empereur et des grands de l'empire), ainsi que des élèves choisis, a ses époques déterminées. Au printemps et en été on enseigne les évolutions militaires; en automne et en hiver on enseigne des exercices propres aux fonctionnaires civils; et tout cela a lieu dans le collège Tuñ-siü.

---

(1) Au point de vue de la science, ces théorèmes astronomiques laissent beaucoup à désirer, surtout en ce qui concerne la lune qui ne se présente pas, à beaucoup près, avec les mêmes éléments au bout d'une année solaire. Mais l'auteur chinois ne cherchait évidemment pas à mettre l'exactitude mathématique dans ses assertions, car il a évité, même, de déterminer le nombre précis de jours qu'il faut encore après la fin de l'année lunaire (de douze lunes) pour que l'année solaire soit accomplie. En effet, douze lunes chinoises forment une période de 354 jours; mais suivant l'heure de la 13e nouvelle lune et suivant la coïncidence des bissextes, la différence entre l'année lunaire et l'année solaire peut être de 11, 12, et jusqu'à 13 jours. Au reste, dans les temps reculés où ce livre a été écrit, la science astronomique était partout dans l'enfance, et on aurait tort d'en exiger autre chose que des observations générales, bien suffisantes pour les besoins sociaux d'alors.

(2) Dans le texte primitif du LI-KI, ce chapitre commence par les quatre mots qui lui servent de titre. On ne voit cependant pas une grande analogie entre le sens général du chapitre et celui de l'intitulé qui serait « Wen-wañ, fils aîné. » Aussi, préférons-nous prendre ces mots comme simples signes de prononciation. Plusieurs autres titres de l'ouvrage sont dans le même cas.

Le petit Hiô-cheñ enseigne les évolutions militaires, et le Ta-siû l'assiste (pendant ce genre de leçons). Le Io-xe enseigne les évolutions civiles, et le Io-xe-cheñ l'assiste. Le Ta-siû assiste (aussi le Mao-jèn quand il enseigne la musique des pays du) midi.

Au printemps on apprend à chanter la poésie (1); en été on apprend à jouer des instruments à cordes: c'est le Ta-xe qui enseigne ces choses dans le collège Ku-tsuñ. En automne on apprend les cérémonies: ce sont les maîtres des cérémonies qui les enseignent. En hiver on apprend à lire les livres: ce sont les professeurs de littérature qui enseignent. Les cérémonies, c'est dans le collège Ku-tsuñ (qu'on les apprend); les livres, c'est dans le collège Xañ-siañ.

Toutes (les cérémonies relatives, soit) aux sacrifices, soit aux fêtes en honneur de la vieillesse, où on demande (aux vieillards) des paroles (de sagesse, soit) aux conférences publiques, c'est le petit Io-cheñ qui les enseigne dans le collège Tuñ-siû.

Le grand Io-cheñ enseigne les évolutions militaires; il donne tous les détails relatifs aux conférences publiques, et aux fêtes où l'on demande des paroles (de sagesse) aux vieillards. Le grand Se-cheñ explique (l'origine, le but et le sens de toutes ces choses) dans le collège Tuñ-siû.

Dans le (premier) examen (au collège impérial situé) à la campagne, on doit choisir les élèves qui excellent par la sagesse ou par les talents, soit qu'ils aient donné de grandes preuves de vertu, soit qu'ils aient produit quelque chose de remarquable, ou qu'ils soient doués d'une brillante éloquence. Ceux qui se sont adonnés à divers arts libéraux (tels que la médecine, la divination etc.), reçoivent l'invitation (de continuer leurs études et) d'attendre le second examen.

Si alors, sur trois (questions que l'on pose à cette classe d'étudiants), ils répondent bien une fois, on les élève d'un grade, et on les appelle Kiao-jèn « Choisis à la campagne. » Ce nom les distingue des autres étudiants dans le collège impérial, où il leur est aussi permis d'aller (en présence de l'empereur) remplir leur coupe à la jarre du salon de réception (2).

----

(1) Il ne s'agit pas ici d'un chant musical tel que nous l'entendons, mais d'une sorte de récitatif cadencé, soumis à certaines règles d'intonation et de mesure indépendantes du caprice des musiciens qui l'accompagnaient. De nos jours encore, on entend dans les fêtes et dans les pagodes, des récitatifs de ce genre, qui sont, en général, d'un effet assez monotone.

(2) Le vin jouait un très-grand rôle dans les fêtes des anciens Chinois, et l'on regardait comme

L'enseignement que les trois rois (1) donnaient à leur fils aîné, (le prince impérial), avait essentiellement pour objet le cérémonial et la musique. La musique, afin de réformer l'intérieur; le cérémonial, afin de réformer l'extérieur. Le cérémonial et la musique se combinent au dedans de la personne, et manifestent leur action au dehors; c'est pourquoi celui qui s'est rendu parfait sur ce point a la joie dans le cœur, le respect dans les sentiments et la douceur dans les manières.

Le Ta-fu (précepteur en titre) et le Xao-fu (sous-précepteur) ont été établis pour l'éducation du prince impérial, dans le but de lui faire apprendre les devoirs du père et des enfants, du souverain et des sujets. Le Ta-fu se pénètre bien de ces devoirs pour les lui mettre sous les yeux. Le Xao-fu accompagne le prince impérial, afin de voir avec lui les exemples de vertu que donne le Ta-fu, et de les lui expliquer. Le Ta-fu marche devant, le Xao-fu se tient derrière. Au dedans (du palais) c'est le Pao (qui surveille le jeune prince); au dehors c'est le Xe. Aussi, (avec ce concours d'exemples), d'enseignements et d'explications, le prince devient-il (bientôt) vertueux. Le Xe (dont on vient de parler) enseigne au prince les choses qu'il doit faire, et lui explique tous les genres de vertus. Le Pao surveille l'extérieur (de son élève), afin de le maintenir dans des manières nobles, et de le ramener sans cesse à la pratique de tous les devoirs.

L'histoire dit : « Sous les dynasties de Iu, des Hia, des Xan et des Cheu, » il y avait des Xe et des Pao, des I et des Chen. Il y avait donc, en prin- » cipe, quatre conseillers et trois grands dignitaires; mais il n'était pas » nécessaire que (le nombre de sept) fût complet : le mérite seul des » personnes en décidait. » Ce qui veut dire que dans la nomination (des précepteurs, on avait égard uniquement) à leur capacité.

Qui dit Prince, dit homme vertueux : quand un prince est vertueux, il peut donner des enseignements qui sont écoutés; quand ses enseignements sont écoutés, les magistrats ont de la rectitude; quand les magistrats ont de la rectitude, l'ordre règne dans l'empire. Voilà ce qui s'appelle être prince.

---

une grande faveur que l'empereur servît du vin à quelqu'un, ou qu'il bût à sa santé, ou simplement qu'il lui permît de boire en sa présence. On voit par ce passage qu'une jarre était toujours prête au salon pour donner à boire aux hôtes, comme cela se pratique encore de nos jours, avec cette différence qu'autrefois on servait du vin, et qu'aujourd'hui on sert du thé.

(1) On veut parler ici des trois empereurs qui ont fondé les dynasties Hia, Xan et Cheu; savoir Iu, Tan et Wen-wan.

Vis-à-vis de l'héritier présomptif (1), l'empereur est son parent, en tant qu'il est son père; mais il est son supérieur, en tant qu'il est son souverain: par conséquent, il doit avoir pour lui, tout à la fois, les sentiments d'un père et la sollicitude d'un souverain: car, plus tard, ce même prince aura l'empire à gouverner, et c'est là le motif pour lequel on ne saurait prendre trop de soin de son éducation.

Il n'y a que le prince impérial qui puisse accomplir trois merveilles en ne faisant qu'une seule chose, et ceci se rapporte à l'âge qu'il a étant au collège. En effet, lorsque les gens du peuple le voient là n'étant l'objet d'autres égards que de ceux dûs à l'âge, l'un dit: « Voilà un jeune homme qui sera un jour notre souverain; comment se fait-il qu'il nous cède la préséance d'âge? » On répond: « Son père vit encore: il ne fait donc que se conformer aux lois de la politesse, » et par là tout le monde comprend les devoirs entre père et fils. Un autre dit: « Voilà un jeune homme qui sera un jour notre souverain; comment se fait-il qu'il nous cède la préséance d'âge? » On lui répond: « L'empereur vit encore; il ne fait donc que se conformer aux lois de la politesse; » et par là tout le monde comprend les devoirs entre souverain et sujets. Un troisième dit: « Voilà un jeune homme qui sera un jour notre souverain; comment se fait-il qu'il nous cède la préséance d'âge? » On lui répond: « Il honore ses aînés; » et par là tout le monde comprend la distinction entre plus âgés et plus jeunes. Cela étant, du vivant de son père il n'est qu'un simple fils; du vivant de son souverain il n'est qu'un simple sujet, et, en ces deux qualités, il se renferme dans les devoirs de fils et de sujet, entourant le souverain de son respect, et le père de ses affections.

C'est pourquoi (au collège) on lui apprend les devoirs réciproques entre père et fils, entre souverain et sujets, entre plus âgés et plus jeunes. S'il s'est bien identifié avec ces différents devoirs (pendant le cours de son éducation, lorsqu'il sera sur le trône) l'ordre règnera dans l'empire. Un ancien adage dit: « Le Io-chen lui enseigne les arts, le père et le » précepteur lui enseignent la perfection; dès qu'il excelle par ses bonnes » qualités, tous les royaumes se réforment. » Cet adage s'applique au prince impérial.

____

(1) Pour plus de simplicité, j'attribue au prince impérial tout ce qui est dit dans ce chapitre de l'héritier présomptif; les commentateurs croient, cependant, qu'il y est souvent question des héritiers princiers en général, même de ceux des simples seigneurs.

Les Xu-tze ont la surintendance des membres de la famille impériale (1). Ils leur enseignent la piété filiale, la déférence des cadets pour les aînés, les égards des aînés pour les cadets, et l'affection des parents pour les enfants; mettant ainsi en relief les devoirs entre père et fils, et la distinction entre plus âgés et plus jeunes.

Les membres de la famille impériale font cour dans le salon intérieur, à cause de leur parenté (avec l'empereur). Là, quoiqu'il se trouve parmi eux des personnages plus élevés en dignité que les autres, on n'a cependant égard qu'à leur âge respectif, afin de jeter de l'éclat sur les relations entre le père et les enfants. Dans le salon extérieur (où se tiennent indistinctement tous les officiers de la cour, parents ou non), on a égard à la dignité de chacun, afin d'établir un lien régulier entre ceux qui portent un nom différent.

Dans le temple des ancêtres on a égard au rang de noblesse, afin d'honorer la vertu; on y donne des fonctions à remplir aux parents de l'empereur qui ont un emploi public, afin de mettre en considération la capacité; on y charge le chef des descendants (en ligne directe) d'offrir les mets et de recevoir la coupe de vin, afin de rendre hommage à la doctrine (de la vénération) pour les aïeux. En matière de deuil, (les membres de la famille impériale) le portent plus ou moins sévère, suivant leur degré (de parenté avec l'empereur qui vient de mourir): car, on ne peut pas dépouiller un homme de sa parenté.

Quand l'empereur réunit ses parents dans un banquet, on ne fait attention qu'à l'âge de chacun, laissant ainsi libre cours aux sentiments de piété filiale et d'amour fraternel. Cependant, chaque génération se place d'un rang au-dessous de celle qui la précède, et l'intimité entre parents (qui vont en s'éloignant) suit de même une décroissance proportionnelle.

A la guerre, (les membres de la famille impériale) gardent les tablettes des ancêtres (2), par un sentiment profond de piété filiale. Le premier

─────────────────────

(1) Par suite de la polygamie et du principe posé, de temps immémorial, par les lois de la Chine, que la parenté se perpétue à l'infini entre individus provenant directement de la même souche et portant le même nom, la famille impériale a été souvent innombrable, et ses penchants dominateurs ont causé, plus d'une fois, des embarras sérieux au gouvernement. De là ces hauts fonctionnaires spécialement chargés de surveiller cette classe de personnes.

(2) Dans les temples de famille les mânes des ancêtres sont représentés par des tablettes de bois vernies en rouge, sur chacune desquelles sont écrits les noms de l'individu dont l'âme est censée présente. Autrefois, lorsqu'une dynastie était en guerre, ou qu'elle était renversée, elle

de la famille (après l'empereur, c'est-à-dire l'héritier présomptif) garde
le temple principal des ancêtres, par respect pour la ligne directe d'aïeux,
ce qui indique les relations de souverain à sujets (qui existeront entre
lui, lorsqu'il montera sur le trône, et les autres membres de la famille
impériale). Les oncles et les frères aînés (de l'empereur) gardent le palais
le plus important; les fils et les frères cadets gardent les palais secondaires: la condescendance (entre plus âgés et plus jeunes) ayant ainsi
ample carrière.

Anciennement, lorsque le **Xu-tze** s'acquittait bien de ses fonctions, les
parents de l'empereur remplissaient bien leurs devoirs; quand ceux-ci remplissaient bien leurs devoirs, tout le monde visait à la vertu.

Quand l'empereur doit aller au collège impérial, dès qu'il fait grand
jour on bat l'appel au tambour, de façon à donner l'alerte aux élèves.
Tous les élèves étant arrivés (au collège), l'empereur y arrive aussi, et
ordonne aux officiers qui ont quelque fonction à remplir de se mettre à
l'œuvre, en sacrifiant aux anciens docteurs et aux anciens sages d'après
les rites accoutumés. Quand ils ont terminé leur travail, ils rapportent
leur mandat (à l'empereur, lui annonçant qu'ils l'ont rempli).

Dès que commence la cérémonie en honneur de la vieillesse, l'empereur
va au collège **Tuñ-siù**, et sacrifie aux vieillards de l'ancien temps. Ensuite,
il prépare des sièges pour le **San-lao**, pour le **U-keñ** (1) et pour tous les
vieillards (invités à la fête). Puis, il se rend à l'endroit où le repas est
servi, et examine les vins doux et tous les mets délicats apprêtés pour
la fête des vieillards. Après cela, (l'empereur va jusqu'à la porte du collège recevoir les vieillards) au son de la musique, et retourne à sa place
pour accomplir le cérémonial en honneur de la vieillesse.

---

emportait sur le champ de bataille, ou dans l'exil, les tablettes de ses ancêtres, afin d'empêcher
leur profanation par les vainqueurs. Confucius blâmait, cependant, cette pratique, et ne voulait
pas qu'à la guerre on emportât autre chose que des offrandes.

(1) Quand il s'agissait de célébrer la fête en l'honneur de la vieillesse, l'empereur choisissait,
parmi les émérites de la haute magistrature, deux vieillards qui étaient, pour ainsi dire, les idoles
de cette espèce de culte, et qui, dans la circonstance, portaient le nom, l'un de **San-lao**, l'autre de
U-keñ. Les Chinois ont écrit nombre de volumes sur l'origine et le sens de ces dénominations; mais
ils sont généralement d'avis qu'il n'y a rien de précis à cet égard, et qu'on ne peut faire que des
conjectures plus ou moins plausibles. Cette incertitude absolue fut un des arguments les plus forts
du ministre **Chañ-tiñ-lù** contre le rétablissement de cette fête antique, sous l'empereur **Kièn-luñ**,
qui, en raison du grand âge auquel il était parvenu lui-même, voulait restaurer les anciennes pratiques en l'honneur de la vieillesse. Voyez page 22.

(Quand les vieillards) sont à leur place, les musiciens montent (1) et chantent l'ode Tsiñ-miao (2). Le chant terminé, on complète la fête par une conversation sur les devoirs entre père et fils, entre souverain et sujets, entre plus âgés et plus jeunes. (Cette conversation pleine de sagesse), jointe au chant de vertus sublimes, forme la partie la plus importante de la fête.

En bas (des marches du palais où a lieu la cérémonie), on joue l'air Siañ (3) sur la flûte, et on fait les évolutions Ta-u (4): tout le monde prend part à ces choses qui élèvent l'esprit et encouragent la vertu. (Enfin, quoique dans le cours de la fête les rangs se soient mêlés, avant qu'on se sépare chacun reprend sa place, et) on rétablit ainsi la distinction entre le souverain et les sujets, entre les nobles et les plébéiens, de façon à maintenir l'ordre indispensable parmi les supérieurs et les inférieurs.

Les officiers employés (à la fête) préviennent (l'empereur) que la musique est finie. Alors, l'empereur donne ses ordres aux ducs, aux comtes, aux vicomtes, aux marquis et aux barons, ainsi qu'à la foule des autorités locales, en leur disant: « Retournez (au lieu de votre juridiction), et faites observer la cérémonie en l'honneur de la vieillesse dans vos collèges respectifs. » (Ce qui fait voir que, jusqu'à) la fin, c'est l'humanité (qui inspire toute la cérémonie).

En vue de tout cela, l'empereur vertueux repasse dans sa mémoire ce que (les anciens) ont fait (pour honorer la vieillesse, afin de les imiter): il envisage cette pratique comme la plus importante. Il aime les vieillards, et leur porte un grand respect: dans ses actions à leur égard il use de la plus grande politesse: il leur témoigne une piété toute filiale, et leur accorde toute sorte de douceurs: il établit parmi eux les distinctions de rang convenables: en un mot, il n'est animé, jusqu'à la fin, que de sentiments profonds d'humanité. Aussi, lorsqu'autrefois un empereur s'occupait d'honorer les vieillards, tout le monde savait que sa vertu était parfaite. C'est que, en effet, ce sage souverain ne se livrait à cette grande pratique

____

(1) Dans les antiques palais des Chinois, comme dans les modernes, le salon de réception était élevé de quelques pieds au-dessus du sol, et on y arrivait par une large rampe de plusieurs marches faisant face à la porte d'entrée.

(2) Cette ode, une des plus anciennes que l'on connaisse, se trouve au « Livre des Vers » ou Xe-kiñ.

(3) On en attribue la composition à Wen-wañ, fondateur de la dynastie des Cheu.

(4) C'était une imitation des mouvements stratégiques au moyen desquels U-wañ, premier empereur de la dynastie des Cheu, était parvenu à triompher de ceux qui lui disputaient l'empire.

qu'en réfléchissant sérieusement au commencement et à la fin. Alors, tout
le monde de dire: comment n'être pas ému par un semblable exemple!
Le chapitre (du Xu-kiñ ayant pour titre) Iûe-min dit: « Méditez sur le com-
» mencement et sur la fin (du rite en l'honneur de la vieillesse) à ob-
» server dans les collèges (1). »

CHAPITRE VIII.

LI-IÛN.

PHASES DU CÉRÉMONIAL.

Un jour Chuñ-ni (Confucius) était du nombre des hôtes à la fête Cha
(qui a lieu à la fin de chaque année pour rendre grâce au Ciel de toutes
les récoltes obtenues). Lorsque tout fut fini, il sortit se promener dans
la cour (de la maison où on avait offert le sacrifice), et poussa un grand
soupir. Ce soupir de Chuñ-ni avait pour cause (le royaume) de Lu. Son
disciple Iēn-iēn qui se trouvait à ses côtés lui dit: « Maître, pourquoi
soupirez-vous? » Kuñ-tze (Confucius) répondit:

---

(1) Le sens donné à cette période est celui que la plupart des commentateurs chinois ont adopté,
et qu'ils s'efforcent de justifier par des raisonnements sans fin et des analogies de forme avec plusieurs autres passages de ce chapitre. J'ai mis, comme eux, mon esprit à la torture pour découvrir
des rapports nécessaires entre le rite d'honorer la vieillesse et ce qui est dit ici, mais plus j'ai
cherché, et plus je me suis convaincu qu'il faut prendre toute la période dans un sens général,
conserver aux phrases leur parallélisme, et donner toujours la même valeur aux caractères qui se
répètent plusieurs fois. En suivant une autre marche, on force le sens des mots, on détruit la
structure grammaticale, et il n'y a pas jusqu'à la citation du Xu-kiñ qu'il ne faille détourner du
sens incontestable qu'elle a dans l'original. Voici donc, selon moi, comment il faudrait traduire
ce passage:

« L'homme doué d'une grande vertu médite sur les choses passées (afin d'imiter ce qu'il y a
de bon). Ses pensées se portent sur ce qu'il y a de grand; ses affections sont accompagnées de
respect; ses actes sont pleins de politesse; ses efforts ont pour objet la piété envers les parents et
les vieillards; les distinctions qu'il observe (entre les personnes de rangs différents) ont pour base
la justice; en un mot, c'est l'humanité qui le dirige en toutes choses. Aussi, chez les anciens, il
suffisait qu'un homme fît une chose, pour que tout le monde jugeât de suite du degré de sa vertu.
Car, autrefois, le sage n'entreprenait aucune grande chose sans en avoir calculé d'avance le commencement et la fin: de telle façon que tout le monde disait: Comment voir sans émotion une
pareille vertu? (Ceci n'était que la mise en pratique du passage du Xu-kiñ) chapitre Iûe-miñ où
il est dit: Dans l'étude que vous faites de la vertu méditez sur le commencement et la fin de
chaque action. »

« Le règne de la grande vertu, les grands hommes des trois dynasties (sont des merveilles) qu'il ne m'a pas été donné de voir, mais vers lesquelles mes pensées se portent sans cesse. Sous le grand règne de la vertu, l'empire était la chose publique. On choisissait, pour le gouverner, les hommes éminents par leur sagesse et leur capacité. On disait toujours la vérité, et on cultivait la bonne harmonie (avec ses semblables. A cette époque là) les hommes ne bornaient pas leurs affections aux parents, ni leurs tendresses aux enfants. Les vieillards trouvaient toujours qui les secourait jusqu'à la fin de leur carrière; les hommes à la fleur de l'âge trouvaient qui les employait; les jeunes gens trouvaient les moyens de devenir des hommes; les veufs et les veuves avancés en âge, les orphelins, les vieillards sans enfants et les infirmes, trouvaient tous qui les nourrissait. Les hommes avaient leur besogne, les femmes leur ménage. Quant aux objets matériels, ceux qu'on n'aimait pas, on les abandonnait (aux personnes qui en avaient besoin), sans les mettre en réserve pour soi. Les choses dont on était capable, on regardait comme fort mauvais de ne pas les faire, lors même que ce n'était pas pour soi. Aussi, il ne se formait pas de projets coupables, et il n'y avait ni voleurs, ni malfaiteurs: la porte extérieure de la maison, même, n'était pas fermée. Voilà ce qu'on appelait La grande union. »

« Aujourd'hui la grande vertu est cachée. L'empire est un patrimoine de famille; chacun n'affectionne que ses parents, chacun ne chérit que ses enfants. Les biens, on les réserve pour soi. Les princes regardent comme chose fort convenable de se faire succéder par leurs fils (lors même qu'ils sont incapables ou vicieux; et, afin d'affermir leur pouvoir) ils fortifient les villes et les faubourgs en construisant des murailles, et en creusant des fossés. »

« (La dépravation étant arrivée à ce point, le souverain le plus sage ne saurait y apporter un remède absolu: tout ce qu'il peut faire), c'est de se baser sur la justice et sur l'équité pour régler les devoirs entre le souverain et les sujets, pour resserrer les liens entre le père et les enfants, pour maintenir la concorde entre frères, pour conserver l'union entre époux, pour établir les réglements publics à observer, et pour déterminer les terres et les habitations (des agriculteurs). »

« (De nos jours), on regarde comme des sages les robustes et les habiles, et comme des gens de mérite ceux qui servent vos intérêts. De là naissent de toute part des calculs égoïstes qui causent la guerre. Iŭ, Taŭ,

Wen, U, Chen-waﬁ et Chen-kuﬁ doivent à ce (conflit d'intérêts divers) d'avoir été choisis (pour gouverner l'empire avec équité. Cependant, bien qu'ils fussent les élus du peuple), ces six sages ne laissèrent pas que de porter toute leur attention sur les devoirs sociaux. Ils mirent au grand jour la justice, ils développèrent la sincérité, signalèrent les excès, prirent l'humanité pour mesure et la condescendance pour texte, afin de donner au peuple des règles permanentes de conduite. S'il se trouve un souverain qui n'agisse pas ainsi, malgré qu'il ait l'autorité en main, (le peuple) le chasse, et tout le monde le regarde comme une calamité. Voilà (l'état de choses que dans un royaume on peut) appeler Prospérité passable. »

Iën-iën questionna de nouveau (son maître) en disant: « Comment ! Telle est l'importance du devoir ? » Kuﬁ-tze répondit:

« Le devoir ! Les anciens rois y voyaient le moyen de continuer l'ordre établi par le Ciel et de régler les passions humaines. Aussi, ceux qui avaient perdu le sentiment du devoir étaient considérés comme des hommes morts, tandis que ceux qui l'avaient conservé étaient regardés comme pleins de vie. Le Livre des vers dit (1): « La souris a une forme qui » lui est propre; l'homme, au contraire, n'a pas d'inclination naturelle » pour le devoir. Mais pourquoi l'homme infidèle au devoir ne se hâte-t-il » pas de mourir ? »

« En effet, de sa nature, le devoir provient du Ciel et trouve son application sur la terre. Il se rapporte aux Esprits et aux Dieux; il s'étend au deuil, aux sacrifices, au tir de l'arc, à la manœuvre des chars, à la prise du chapeau viril, au mariage, aux assemblées de cour et aux réceptions annuelles. Aussi, les hommes doués de qualités éminentes donnaient au devoir la plus grande publicité. Il en résultait que l'empire, en général, et les familles, en particulier, pouvaient atteindre la rectitude. »

Iën-iën renouvela ses questions en disant: « Maître, vos discours sur le

----

(1) L'art poétique chinois distingue trois modes de composition. Dans le premier, le poète énonce sans détours et sans figures le sens direct de sa composition. Dans le second, il prend pour point de comparaison un objet du dehors qu'il rapproche du sens préconçu de sa poésie. Dans le troisième, il cherche à tirer d'un objet donné le sens d'une composition à faire. Mais il n'est pas nécessaire que l'objet qui sert de comparaison ou d'image se rapporte naturellement au sens dont on le rapproche; au contraire, plus il semble y avoir disparate, plus le poète est censé avoir de mérite. De là ces figures bizarres dont est rempli le Livre des vers, et dont la citation ci-dessus n'est qu'un faible exemple.

devoir ne laissent rien à désirer; à quelle source les avez-vous puisés? »
Confucius répondit:

« Je désirais voir les vertus de la dynastie des Hia; mais le royaume
de Ki (où se trouvent maintenant les descendants des Hia) ne m'en fournit
pas d'exemple; tout ce que j'ai pu obtenir ç'a été le livre intitulé « L'é-
poque des Hia. » Je désirais voir les vertus de la dynastie des In; mais
le royaume de Suñ (où règnent maintenant les descendants des In) ne
m'en fournit pas d'exemple; tout ce que j'ai pu obtenir ç'a été le livre
Kuen-kièn. C'est donc dans les doctrines de ce livre, et dans les théories
de « L'époque des Hia » que j'ai trouvé un aperçu de ce que je viens
de vous dire. »

(Dans les sacrifices, certaines pratiques ont pour but de rappeler les
principes sociaux qui) règlent les devoirs entre souverain et sujets, res-
serrent des liens entre le père et les enfants, entretiennent l'harmonie
entre frères, établissent la distinction voulue entre supérieurs et inférieurs,
et mettent à leur place respective le mari et la femme. (Quand ces pratiques sont observées), on peut dire (sans crainte de se tromper) qu'on
recevra les bénédictions du ciel.

(Les sacrifices aux ancêtres) commencent par une invocation. (Pour
ce qui suit, la coutume a changé avec le temps. Dans la haute antiquité)
on se servait d'eau pour les sacrifices, et on offrait (les animaux (tout
entiers) avec le sang et le poil, et de la viande crue sur un support.
(Dans la moyenne antiquité) on faisait cuire la viande (des victimes); on
se servait de nattes en paille, on recouvrait (les vases du sacrifice) avec
de la toile grossière, on se revêtait d'habits qui pouvaient se laver, on
offrait du vin doux et des viandes rôties, et le sacrifice était offert par
le souverain conjointement avec son épouse, afin de réjouir les âmes (des
ancêtres). On pouvait appeler cela une offrande pacifique et respectueuse.
Dans les temps postérieurs, jusqu'à nos jours, (la coutume s'est établie)
de joindre les viandes cuites (aux viandes crues) d'offrir tout entiers des
chiens, des porcs, des bœufs et des moutons, et de remplir des vases à
riz, des vases à fruits, à viandes cuites et à potages.

Dans l'invocation (qui commence le sacrifice), on fait part (aux ancêtres) de la piété filiale de leurs descendants: à la fin du sacrifice on
fait part aux descendants de la tendresse de leurs aïeux. (¹)

____

(1) L'ancienne coutume était qu'avant de commencer les cérémonies du sacrifice, le prêtre ou

On peut bien dire que voilà une grande et belle chose, car cette cérémonie est complète sur tous les points. (En effet,) depuis le commencement jusqu'à la fin du sacrifice, on n'oserait apporter le moindre changement à ce qui a toujours été observé. Cette (fidélité scrupuleuse peut) être appelée un grand bonheur (car, tôt ou tard elle recevra indubitablement sa récompense).

Les rites sont comme un grand levier entre les mains du prince. En effet, c'est par les rites qu'on résout les doutes, qu'on rend visibles les plus petites choses, qu'on entre en relation avec les Esprits et les Dieux, qu'on discerne les bonnes lois, qu'on distingue l'humanité et la justice. Les rites sont donc la règle du gouvernement et la tranquillité du souverain.

C'est dans un bon gouvernement que le souverain peut trouver sa propre tranquillité. Or, si on veut bien gouverner, il est indispensable de prendre le Ciel pour guide, et de l'imiter quand on promulgue des lois. Parmi les lois, il en est qui semblent tirer leur raison d'être des formes terrestres, on dit qu'elles imitent la Terre; il en est qui semblent provenir du temple des aïeux, on dit qu'elles respirent l'humanité et la justice; d'autres, semblent émaner des montagnes et des rivières, on dit qu'elles sont agissantes; d'autres, enfin, semblent provenir des cinq Dieux domestiques, on dit qu'elles tracent des règles certaines. Tels sont les moyens par lesquels le souverain doué d'une grande sagesse assure sa propre tranquillité. (1).

devin, (qu'on nommait *Tsu*) lut à haute voix une sorte d'invocation ou d'adresse, dans laquelle on annonçait aux ancêtres que leurs descendants étaient pénétrés de la piété la plus ardente, et qu'ils allaient sacrifier devant leurs mânes avec tout le zèle qu'on pouvait attendre d'eux. Cette adresse aux morts s'appelait **Chu**. Quand le sacrifice était terminé, le prêtre se tournait vers les descendants, et, parlant au nom des aïeux dont il était censé avoir entendu la voix, il promettait à leur dévouement filial toute sorte de prospérités. Cette allocution aux vivants s'appelait **Kia** « Bonheur, Grandeur, Longévité, » d'après les souhaits qu'on y faisait. Dans un sens plus étendu les mots **Chu** et **Kia** sont employés pour désigner, l'un le commencement, l'autre la fin du sacrifice.

(1) Très-difficile à comprendre dans nos idées, ce passage offre un sens tout simple et tout naturel aux Chinois, dont la bizarre métaphysique va chercher dans la nature une analogie essentielle entre les accidents divers des êtres, et les phénomènes rationnels ou psychologiques. Ainsi, suivant les philosophes chinois, tant anciens que modernes, la société présente des inégalités dans ses classes d'individus, comme la terre présente à sa surface des montagnes et des vallées; telle loi provoque l'action et le mouvement, comme les rivières pleines de poissons et les montagnes couvertes de forêts sont des foyers de vie et de développement; telle autre loi impose des obligations humanitaires, comme les temples inspirent la piété filiale envers les ancêtres, ou le respect envers les Dieux. Ces analogies sont quelquefois poussées jusqu'au dernier ridicule; mais les Chinois ne les trouvent jamais forcées, et semblent faire très-peu de cas de la logique européenne, qui ne les admire pas.

C'est pourquoi le prince doué de qualités éminentes (1) s'identifie avec le Ciel et la Terre, ainsi qu'avec les Esprits et les Dieux, afin de bien gouverner. Il emprunte à leurs manifestations la distinction des pratiques rituelles et arrête ses pensées sur ce qui peut leur plaire dans la manière de gouverner le peuple.

Le ciel produit les saisons, la terre produit toute sorte de biens; l'homme est engendré par son père, et il est instruit par son précepteur. Le prince vertueux travaille à se perfectionner, afin de remplir (dans un sens moral) ces quatre espèces de fonctions; c'est pourquoi il se place dans un milieu où il n'y a pas d'excès.

Le prince donne l'exemple et ne le cherche pas; il est nourri et ne nourrit pas les autres; il est servi et ne sert pas les autres. Aussi, s'il prenait exemple sur autrui, il commettrait une faute; s'il nourrissait les autres, il ne se suffirait pas à lui-même; s'il servait autrui, il avilirait sa dignité. Voilà pourquoi le peuple prend modèle sur le prince pour régler sa propre conduite, qu'il le nourrit pour sa propre tranquillité, et qu'il le sert pour sa propre gloire. Quand ils comprennent ainsi les lois sociales et les devoirs individuels, les hommes aiment mieux mourir (vertueux) que de vivre (vicieux).

(Si le souverain use de beaucoup de politesse et de bienveillance), tout en employant des hommes habiles, il éloigne d'eux la duplicité; tout en employant des hommes courageux, il éloigne d'eux l'emportement, et, tout en employant des hommes ayant de l'attachement pour leurs semblables, il éloigne d'eux tout attachement déréglé (pour les richesses ou pour le vice).

Un souverain de qualités éminentes peut faire du monde entier une seule famille, et de tous (les habitants) de l'empire un seul individu. Mais l'intention seule ne suffit pas (pour réaliser cela): il faut parfaitement connaître les passions humaines; il faut inculquer la justice, montrer clairement ce qui est avantageux, et signaler ce qui est nuisible; après quoi la chose devient possible.

Qu'appelle-t-on passions humaines? La joie, la colère, la tristesse, la

---

(1) Pour le sens précis du mot **Xeñ** (qu'on traduit trop souvent par « Saint »), nous renvoyons à l'explication que nous en avons donnée dans le 1er volume du *Dictionnaire encyclopédique de la langue chinoise*, page 157, en nous basant sur les autorités les plus irrécusables de la lexicographie chinoise.

crainte, l'amour, la haine et le désir. Ces sept espèces d'affections existent (dans l'homme) sans qu'il les apprenne. Qu'appelle-t-on justice? La tendresse paternelle, la piété filiale, la douceur des aînés envers les cadets, la déférence des cadets pour les aînés, l'équité du mari, l'obéissance de la femme, la bienveillance des personnes âgées, la soumission des jeunes gens, l'humanité du souverain et la fidélité des sujets. Voilà les dix choses qui constituent la justice chez les hommes. Dire toujours la vérité et cultiver la bonne harmonie (avec ses semblables), voilà ce qui est avantageux pour les hommes. Se disputer, se piller et s'entretuer, voilà ce qui leur est nuisible.

C'est pourquoi, lorsqu'un souverain éminent s'efforce de régler les sept passions humaines, de développer les dix actions de justice, d'encourager la véracité et la concorde, de favoriser la bonté de cœur et la condescendance, et de chasser les querelles et les rapines, (il observe soigneusement) les formes, car, s'il les négligeait, comment parviendrait-il à atteindre son but?

L'homme émane, (pour le moral), de la vertu du Ciel et de la Terre; (pour le physique, il émane) de la combinaison des (deux principes) In et Iañ; (pour la partie spirituelle, il émane) de la réunion des Esprits et des Dieux; et (pour la forme qui lui est propre, il émane) de l'essence la plus subtile des cinq éléments (1).

Le ciel appartient au Iañ, le soleil et les étoiles en dépendent; la terre appartient au In, elle déploie les montagnes et les rivières. Les éléments se répandent sur les quatre saisons (2). Par un accord parfait, la lune accomplit sa révolution (mensuelle): pendant quinze jour elle est en croissance, et pendant quinze autre jours elle est en décroissance.

Dans leurs mouvements, les cinq éléments se remplacent et s'épuisent successivement: pendant les quatre saisons et les douze mois de l'année, ils se succèdent mutuellement pour toujours recommencer. Les cinq sons, les six notes et les douze flûtes se succèdent mutuellement dans la supré-

_____

(1) Il m'est difficile de croire que les Chinois eux-mêmes aient jamais rien compris à ces théories androgénésiques, dont tout le mérite gît dans le vague de l'énoncé.

(2) C'est toujours l'application de la théorie des affinités naturelles dont nous avons parlé page 28, 29 et 31, et dont il importe de bien se pénétrer, lorsqu'on veut comprendre quelque chose aux dissertations philosophiques des Chinois.

matie (de chaque mois) (1). Les cinq saveurs, les six assaisonnements et les douze espèces de comestibles (correspondant aux douze mois de l'année) se succèdent mutuellement dans leur substance. Les cinq couleurs, les six élégances et les douze espèces d'habits (correspondant aux douze mois de l'année) se succèdent mutuellement dans leur matière.

L'homme est donc le cœur du Ciel et de la Terre, la fine essence des cinq éléments, et vit en mangeant des choses sapides, en distinguant les sons, et en s'habillant de différentes couleurs, (contrairement à la brute dont les goûts sont grossiers, et les instincts sans raison).

Lorsqu'un empereur vertueux établit des lois, il faut qu'il prenne le Ciel et la Terre pour guides, le In et le Iａṅ pour principes, les quatre saisons pour moteurs, le soleil et les étoiles pour échelle de division, les mois pour mesure, les Esprits et les Dieux pour compagnons, les cinq éléments pour matière, l'urbanité et la justice pour instruments, le caractère des hommes pour champ de culture, et les quatre animaux (le cerf, l'aigle, la tortue et le dragon) pour familiers.

En prenant le Ciel et la Terre pour guides, on peut entreprendre toutes choses, en prenant le In et le Iａṅ pour principes, on peut voir le caractère des hommes, en prenant les quatre saisons pour moteurs, on peut conseiller ce qui convient au peuple, en prenant le soleil et les étoiles pour base de graduation, on peut établir la division des choses (qui se rapportent à chaque temps de l'année), en prenant les mois pour mesure, on fait toute sorte d'ouvrages avec habileté, en prenant les Esprits et les Dieux pour compagnons, on peut faire des choses durables, en prenant les cinq éléments pour matière, on peut faire des choses qui se renouvellent, en prenant l'urbanité et la justice pour instruments, les affaires qu'on entreprend ont du succès, en prenant le caractère des hommes pour champ de culture, on procure aux hommes la tranquillité, en prenant les quatre animaux pour familiers, le boire et le manger dont on jouit ont une provenance assurée (2).

(1) On a vu, page 28, le rapport établi entre les douze flûtes en bambou et les mois de l'année ; les notes correspondent également aux douze mois, vu qu'il y en a six de mâles et six de femelles ; quant aux cinq sons, ils s'appliquent à l'année d'après la théorie du centre de la terre, expliquée page 28.

(2) D'après la mythologie historique des Chinois, les quatre animaux dont il est ici question ne se montrent sur la terre que sous le règne des empereurs d'une vertu extraordinaire. Alors, la plus grande paix (**Tai-piñ**) règne dans l'univers ; tous les hommes sont heureux, personne ne manque de rien, c'est l'âge d'or, moins les idées poétiques des Grecs et des Latins. Voyez page 50.

Les anciens rois consultaient le destin au moyen de l'herbe Xe et de la tortue (afin de connaître un jour heureux); ils préparaient ensuite tout ce qui était nécessaire au sacrifice; ils enterraient des étoffes, et récitaient publiquement les invocations du commencement et de la fin de la cérémonie. C'était là des règles établies, et, de même que l'empire a ses lois, que les magistrats ont leurs attributions, et les affaires leur façon d'être conduites, de même le cérémonial est soumis à un ordre régulier qu'il n'est point permis d'intervertir.

Dans la crainte que les rites ne se répandissent pas suffisamment parmi leurs sujets, les anciens rois sacrifiaient dans la campagne à l'Être suprême, afin d'établir (aux yeux de tous) la dignité du Ciel; ils sacrifiaient au Dieu tutélaire de l'empire, afin de faire ressortir les bienfaits de la terre; ils sacrifiaient aux ancêtres, afin de se rendre naturels les sentiments d'humanité; ils sacrifiaient aux montagnes et aux rivières, afin d'avoir pour hôtes les Esprits et les Dieux; ils sacrifiaient aux cinq Dieux domestiques, afin de reconnaître les devoirs que chacun d'eux remplit.

Dans la même crainte il y avait les Tsun-chu dans les temples des ancêtres, les trois Kun dans le palais impérial, et le San-lao dans le collège, (pour surveiller et enseigner tout ce qui se rattachait aux rites).

(Pendant le sacrifice), l'empereur avait devant lui le prêtre, derrière lui les historiographes; les devins par la tortue, ceux par l'herbe Xe, et les devins par les sons, se tenaient tous à sa droite et à sa gauche, de façon que l'empereur se trouvait au milieu, son cœur n'étant occupé à autre chose qu'à se maintenir dans la plus grande rectitude.

Par le cérémonial (du sacrifice qu'on offre au Ciel) dans la campagne, tous les Dieux restent dans leurs attributions; par le cérémonial (du sacrifice offert) au Dieu tutélaire de l'empire, tous les biens de la terre atteignent le plus haut degré de prospérité; par le cérémonial (du sacrifice offert) dans le temple des ancêtres, la piété filiale et la tendresse paternelle passent en habitude; par le cérémonial (du sacrifice) aux cinq Dieux domestiques, on rectifie toutes les lois. Aussi, le sens naturel des sacrifices au Ciel, au Dieu tutélaire, aux ancêtres, aux montagnes, aux rivières et aux cinq Dieux domestiques, se trouve renfermé dans leur cérémonial.

Les rites ont pour origine essentielle la Grande Unité (principe de toutes choses). Ils se divisent ensuite, les uns pour le Ciel, les autres pour la Terre; puis, ils subissent des révolutions pour le In et le Iaň; puis, ils changent pour les quatre saisons; puis ils suivent une gradation pour les Esprits et les Dieux. Quand on les publie, on les appelle « Ordres, » mais ils sont toujours une imitation du Ciel.

Les rites émanent essentiellement du Ciel; mais ils sont mis en mouvement sur la terre, où ils se coordonnent, suivant les objets, où ils changent, suivant les époques, et se combinent, suivant les conditions. En tant qu'ils résident dans l'homme, ils s'appellent « Convenances; » lorsqu'ils sont mis en pratique, ils se rapportent à des objets ou à des actions, comme, par exemple, aux égards sociaux, aux repas solennels, à la prise du chapeau viril, au mariage, aux funérailles, aux sacrifices, au tir de l'arc, à la manœuvre des chars (de guerre), aux réceptions de cour et aux visites.

Les rites et la justice sont pour l'homme des choses d'une grande importance, car c'est de ces choses que proviennent la véracité et l'amour de la concorde, la gravité du maintien et l'honnêteté des manières: ce sont elles qui se mêlent à toutes les circonstances de la vie, qui accompagnent les morts, et dirigent le culte des Esprits et des Dieux, toutes choses fort importantes; ce sont elles, enfin, qui, (à l'instar de grandes issues, ouvrent carrière pour) pénétrer les voies du Ciel et ramener la nature de l'homme (dans le courant de la vertu).

C'est pourquoi les hommes très-vertueux seuls comprennent qu'on ne saurait se passer des rites; tandis que les royaumes corrompus, les familles perverses et les hommes de rien (ne sont descendus à ce degré d'abaissement) qu'après avoir renoncé à l'observation des rites.

L'urbanité est pour l'homme ce que le ferment est pour le vin: le sage en a beaucoup, l'homme de rien en a peu (1).

Un empereur éminent en vertu se sert du levier de la justice et de l'ordre établi par les lois cérémoniales pour maîtriser les passions des hommes. Aussi, les passions humaines sont-elles le champ dont le souverain doué de qualités éminentes (soigne la culture). Le soin des rites en est le labour; le développement de ce qui est juste en est l'ensemencement; l'exposé de ce qu'on doit apprendre en est le sarclage; l'impor-

____

(1) Ce que les Chinois appellent du vin, n'étant autre chose qu'une eau-de-vie de grains obtenue par la distillation, plus il y a de ferment dans la macération primitive, plus la fermentation vineuse est forte, et plus il y a d'alcool quand on la passe par l'alambic. De là cette comparaison entre le degré d'urbanité chez le sage et le degré de force dans le vin.

tance donnée aux sentiments d'humanité en est la moisson, et l'extension de la musique en est le repos.

Les rites sont la réalité de la justice. Comparez (quoi que ce soit) avec la justice; s'il y a accord, c'est un rite; et, bien que, du temps des anciens empereurs, il n'en fût pas question, ce n'en est pas moins une nouvelle manifestation de la justice.

La justice est le moyen de distinguer les choses, et la règle des affections humaines: elle s'accorde avec les choses convenables, et fait connaître en quoi consiste l'humanité. Quand on la possède, on est fort. L'humanité est la racine de la justice et la source de la concorde. Quand on la possède, on est noble.

Vouloir gouverner l'empire sans rites, c'est comme si on voulait labourer sans coutre; pratiquer les rites sans prendre pour base la justice, c'est labourer et ne pas semer; pratiquer la justice, mais ne pas enseigner aux hommes ce qu'ils doivent apprendre, c'est ensemencer et ne pas sarcler; enseigner aux hommes ce qu'ils doivent savoir, mais ne pas faire accorder cela avec l'humanité, c'est sarcler et ne pas faucher; se mettre en accord avec les sentiments d'humanité, mais ne pas donner du repos au moyen de la musique, c'est faucher et ne pas manger; donner du repos par la musique, et ne pas atteindre la concorde, c'est manger et ne pas engraisser.

L'équilibre des membres et la plénitude des chairs, c'est l'embonpoint de l'homme; la tendresse réciproque entre le père et le fils, la bonne intelligence entre les frères aînés et les cadets, l'union entre époux, c'est l'embonpoint des familles; les grands fonctionnaires se conformant aux lois communes, les petits vivant avec économie, les magistrats de toutes fonctions se tenant à leur rang respectif, le souverain et les sujets faisant réciproquement leur devoir, c'est l'embonpoint de l'empire; l'empereur se servant de la vertu comme d'un char, et de sa bonne volonté comme d'un cocher, les seigneurs se traitant mutuellement avec politesse, les **Ta-fu** se conformant aux lois dans leur ordre hiérarchique, les **Xe** usant de franchise dans leurs rapports mutuels jusqu'à la fin, le peuple vivant en bonne harmonie et se prêtant de mutuels secours, c'est l'embonpoint du monde.

Voilà ce qu'on appelle la Grande harmonie.

Lorsque la grande harmonie règne, le bien-être des vivants, le repos des morts, le culte des Esprits et des Dieux sont choses ordinaires (et faciles. Dans cet état de prospérité générale) les affaires s'accumulent

en grand nombre et ne s'obstruent pas: elles marchent de front plusieurs
à la fois, et il n'y a pas d'erreur; les plus petites s'accomplissent, et il
n'y a aucun écart; les plus profondes sont pénétrées, les plus abondantes
ont leur arrangement: elles se suivent sans interruption et n'empiètent pas
les unes sur les autres: elles se meuvent et ne s'entrenuisent pas.

Voilà le plus haut degré de la Grande harmonie.

Sachez donc bien clairement (d'abord) ce que c'est que l'harmonie, et
ensuite vous préserverez (facilement l'empire) de tout danger.

(Lorsqu'un sage empereur parvient à faire régner la grande harmonie),
le Ciel n'a plus de préférence (pour ses propres voies, la) Terre n'a plus
d'attachement pour ses richesses, l'homme n'a plus d'amour pour ses passions. Alors, le ciel répand une rosée féconde, la terre fait jaillir des
sources de vins doux, les montagnes produisent (spontanément) des ustensiles et des chars, le grand fleuve produit le cheval à figures, l'oiseau
Fun-huan et le cerf Ki-lin habitent la campagne et les forêts, la tortue et
le dragon se tiennent dans l'étang du palais impérial (1), toutes les autres
espèces d'oiseaux et d'animaux déposent leurs œufs et leurs petits (avec
tant de confiance dans l'homme) qu'on n'a qu'à se baisser pour les voir!

Mais tout cela s'opère-t-il sans cause? (Non assurément).

Les anciens rois (qu'on doit prendre pour modèles) perfectionnaient
les rites et divulguaient la justice, ils se pénétraient de sincérité et obtenaient la concorde. Voilà la cause qui réalisait l'harmonie.

---

(1) Les annales de la Chine racontent que Fou-hi, le premier empereur dont l'existence semble
à peu près certaine, vit sortir du grand fleuve un cheval mystérieux ayant sur le dos certaines
marques qui lui suggérèrent le diagramme des huit lignes appelées Kua au moyen desquelles se
sont faits depuis tous les calculs de la divination. L'oiseau Fun-hoan parut sous le règne de Xuen;
on en fait une description merveilleuse qui semble assez convenir au paon des Indes, bien que,
dans le langage moderne, on donne à l'aigle ordinaire le nom de l'oiseau fabuleux Fun-hoan. Le
cerf Ki-lin fit deux apparitions, l'une sous l'empereur Iao, l'autre du temps de Confucius, et cette
fois il fut tué dans une grande chasse impériale. Ces trois animaux ne se montrant que sous le
règne des empereurs d'une vertu surhumaine, ainsi que nous l'avons dit page 46, leur présence
simultanée, à l'époque de la Grande Harmonie, indique le nec-plus-ultra de la prospérité que
l'univers puisse atteindre sous un gouvernement exemplaire, par...

CHAPITRE IX.

Se servir de l'urbanité comme d'un instrument (pour réformer sa personne), c'est une grande perfection. Une grande perfection est une vertu surabondante. En effet, l'urbanité dissipe la duplicité, et augmente la bonté du naturel; en s'en pénétrant on se rectifie; et en la pratiquant, on peut agir (sans rencontrer d'obstacle).

L'homme en qui se trouve l'urbanité est comparable au bambou qui a son écorce, et au pin qui a le cœur du tronc (2). Ces deux végétaux sont des produits naturels très-remarquables; car, dans le parcours successif des quatre saisons, ils ne changent ni de rameaux, ni de feuilles.

Le sage en qui se trouve l'urbanité vit en paix au dehors, et n'a point de haine au dedans; aussi est-il l'objet de l'affection générale, et les Esprits et les Dieux se complaisent-ils dans sa vertu.

Les rites établis par les anciens rois (ont leur essence intime et leur dehors: la droiture est l'essence des rites, leur accord patent avec la raison en est le dehors. Sans essence ils ne peuvent exister, sans dehors, ils ne peuvent fonctionner (3).

---

(1) Voici encore un exemple de ces titres empruntés à la première phrase du chapitre, abstraction faite de la signification des caractères dont ils se composent. Ainsi les deux mots LI-KI auxquels on pourrait fort bien donner le sens de « Ustensiles des rites » n'ont pas de rapport plausible avec le sens général du chapitre, où il n'est nullement question du matériel employé, soit dans les sacrifices, soit dans les autres cérémonies. Ils ne doivent donc être considérés que comme de simples sons qu'il est plus rationnel de ne pas traduire.

(2) Dans le bambou, comme dans presque toutes les plantes monocotylées, la périphérie de la tige est la partie la plus tenace de tout le végétal, parce que c'est là que se condensent les innombrables fibres du tissu vasculaire, au fur et à mesure de l'accroissement en hauteur de la plante. Dans le pin, au contraire, ainsi que dans la plupart des dycotylédones, où l'accroissement a lieu en diamètre en même temps qu'en hauteur, ce sont les couches les plus intérieures de la tige qui ont le plus de ténacité, parce que le tissu cellulaire y est plus comprimé et que les sucs végétaux les pénètrent peu. Ce sont donc deux exemples de force qu'on emprunte ici au règne végétal.

(3) Il n'est pas difficile de saisir l'idée générale de cet aphorisme d'éthique chinoise; mais, lorsqu'on cherche à le formuler en termes précis qui ne s'entrechoquent pas, on se heurte à des difficultés insurmontables, dont la source réside dans le mot Wen. Les commentateurs s'accordent bien à dire que ce mot ne doit pas avoir ici son sens ordinaire de « Beauté, élégance; » mais ils sont loin d'être d'accord sur le sens à lui donner. Les uns veulent qu'il signifie « Apparence,

Les rites doivent être en harmonie avec les saisons, et en rapport avec les produits de la terre, afin de satisfaire le bon plaisir des Esprits et des Dieux, de s'accorder avec les sentiments des hommes, et de traiter toutes choses suivant leur nature particulière (1); car, chaque saison a ses productions, chaque localité a des choses qui lui conviennent (de préférence à d'autres, à peu près) comme chaque magistrat a ses attributions, et chaque objet son usage. Aussi, lorsque le ciel ne fait rien naître, et que la terre ne produit rien, le sage n'accomplit aucun rite, et les Esprits et les Dieux n'acceptent aucune offrande.

Si ceux qui habitent les montagnes emploient le poisson et la tortue molle dans les rites (des sacrifices), et que ceux qui habitent le voisinage des eaux emploient le cerf et le porc, le sage dit que ces gens-là n'entendent pas les rites; (car, ce serait beaucoup plus naturel que les montagnards offrissent du porc et du cerf, et que la tortue et le poisson fussent offerts par ceux qui sont plus à portée d'en prendre dans les lieux qu'ils habitent).

Il est indispensable d'avoir égard au chiffre déterminé des revenus du royaume, pour régler le chapitre important des dépenses cérémoniales. Cette branche importante de dépenses doit être en rapport avec l'étendue plus ou moins grande du territoire (qui paye l'impôt), ainsi qu'avec

---

aspect, manifestation; » les autres soutiennent qu'il a le sens primitif de « Veinures » dans une acception figurée: toutes significations incompatibles, selon moi, avec l'antithèse établie dans le contexte entre le mot **Pen** «.Racine » et le mot **Wen**. On comprend que la Droiture ou la Sincérité soit la racine ou la base de l'Urbanité et de toutes les pratiques rituelles; on comprend aussi, comme le dit littéralement ce passage, que, sans racines, un arbre ne puisse se tenir debout. Mais comment l'accord de l'urbanité ou des rites avec la raison peut-il en être « l'apparence » ou « les veinures? » Comment, surtout, cet accord peut-il contribuer à ce que les rites « marchent » ou « agissent, » ainsi que le dit le contexte? Evidemment, il y aurait là contradiction dans les termes. Selon moi, les mots **Pen**, «.Racine, » et **Li** «.Se tenir debout » indiquent assez clairement que l'auteur avait en vue une figure empruntée aux plantes, et que, par conséquent, dans l'esprit de l'antithèse, il faut donner au mot **Wen** le sens de « Tronc. » Cependant, comme il n'est pas facile de comprendre, non plus, que l'accord avec la raison soit le Tronc des rites, et que ce tronc contribue à ce que les rites marchent ou agissent, on doit conclure que, suivant la coutume de bien des auteurs chinois, la figure n'a pas été complétée, et que, pour avoir un sens raisonnable, il faut traduire **Pen** par « Essence » et **Wen** par « Dehors, » ce qui revient à dire « L'âme et le corps, la nature intime et les propriétés extérieures. » Dans ce sens, on peut comprendre, jusqu'à un certain point, que les pratiques rituelles soient appréciées ou jugées au dehors d'après leur accord avec la raison. Traduise mieux qui pourra.

(1) On croit qu'il s'agit ici des produits naturels à offrir dans les sacrifices, tels que des grains, des fruits, des animaux etc., qui ont chacun leur saison et leur localité propres.

l'abondance ou la pénurie de l'année. En agissant ainsi, lors-même qu'il survient une année très-mauvaise, personne ne craint (de se trouver dans la détresse). Voilà le juste milieu adopté par les gouvernants dans la fixation des dépenses relatives au cérémonial.

En matière de rites, la grande chose c'est le temps: les devoirs naturels, l'extérieur, les convenances et la régularité ne viennent qu'après.

Ainsi, Iao a cédé l'empire à Xuen: Xuen l'a cédé à Iŭ: Tañ a chassé Kié (dernier empereur de la dynastie des Hia): U-wañ a battu Cheu (dernier empereur de la dynastie des Xañ): voilà le temps (avec l'importance de ses vicissitudes): aussi, le livre des Vers dit: « U-wañ ne s'est point hâté » de faire triompher ses désirs, mais il a suivi avec piété filiale (l'exemple » de son père Wen-wañ, qui a attendu le temps propice marqué par le » Ciel pour arriver à l'empire). »

Ainsi, les sacrifices au Ciel et à la Terre, les offrandes dans le temple des ancêtres, les relations entre père et fils, les devoirs entre souverain et sujets, voilà les devoirs naturels.

Ainsi, le culte du Dieu tutélaire de l'empire, du Dieu des moissons, de ceux des montagnes et des rivières, ainsi que les sacrifices aux Esprits et aux Dieux en général, voilà l'extérieur.

Ainsi, tout ce qui est pratiqué dans les cérémonies funèbres et dans les sacrifices, les rapports entre les hôtes et celui qui reçoit, voilà les convenances.

Ainsi, les seigneurs attachent beaucoup de prix à la tortue, (parce qu'elle leur sert à consulter l'avenir), et ils font grand cas du sceptre en jade (que leur donne l'empereur, parce que c'est l'insigne de leur autorité); mais les particuliers n'attachent aucun prix à la tortue, et ne gardent pas chez eux de sceptre en jade: voilà (qui est dans l'ordre) et qui s'appelle de la régularité (1).

Il y a des rites où l'abondance a du prix; c'est lorsque l'esprit s'arrête sur les objets du dehors (et qu'il y cherche un exemple ou un mobile de conduite). En effet, la puissance de la nature produit toutes choses, et, cette puissance étant grande, les êtres créés sont innombrables. Cela étant, comment ne pas attacher un grand prix à l'abondance? Aussi, le sage se

---

(1) L'édition que nous avons suivie dans cette traduction et dans le texte original qui l'accompagne, ne renferme point cet alinéa; mais nous avons cru devoir l'emprunter aux éditions plus étendues, parce qu'il complète la série des définitions énoncées au commencement de la période.

plait à étaler (dans les rites) un nombre considérable d'objets, par reconnaissance pour les bienfaits sans nombre de la nature.

Il y a des rites où la modicité a du prix; c'est lorsque l'esprit s'arrête
au dedans. En effet, la puissance créatrice de la nature (considérée dans
les germes reproducteurs) est extrêmement petite. Néanmoins, on a beau
passer en revue tout ce que renferme l'univers, il n'y a rien, (si grand
que ce soit), qu'on puisse mettre en parallèle avec la puissance créatrice
(tout imperceptible qu'elle est). Cela étant, comment ne pas attacher de
la valeur à la modicité? Aussi le sage (dans certaines circonstances) s'abstient de se livrer à beaucoup de pratiques extérieures, pour ne s'occuper
que des mouvements de son cœur (1).

Les hommes éminents de l'antiquité nourrissaient le respect au dedans,
et manifestaient leur attrait au dehors, attachant du prix à la modicité,
et du mérite à l'abondance. C'est pour cela que, dans les rites établis
par les anciens rois, le trop et le trop peu sont également interdits, et
qu'il est prescrit (de se tenir dans) un juste équilibre. C'est aussi pour
cela que, dans la pratique des rites, le sage use de la plus grande circonspection; car, les rites sont comme le lien qui réunit tous les hommes
(en un seul faisceau); rompez le lien, et tout s'éparpille en désordre.

Kun-tze dit: Si je livre combat, je suis sûr de vaincre; si j'offre un
sacrifice, je suis sûr de recevoir des Dieux la prospérité. (Pourquoi
Confucius parle-t-il avec une telle assurance de succès? Parce qu') il connaissait parfaitement la manière d'agir (propre à chaque entreprise).

Les rites peuvent être comparés au corps humain: celui dont le corps
n'est pas complet, au dire du sage, n'est point un homme parfait; de
même les rites accomplis sans ce qui est convenable ne sont point des
rites parfaits.

Parmi les (rites, il y en a) de grands, et il y en a de petits; il y en a

(1) Le fond de cette théorie éminemment obscure consiste à approuver également ceux qui se
livrent à beaucoup de pratiques extérieures, et ceux qui négligent le cérémonial pour se livrer
de préférence à la pratique intérieure de la vertu. Aux uns, on offre l'exemple de la nature qui
produit une infinité de choses visibles; aux autres on donne pour modèle le principe créateur des
choses, qui échappe à tous les regards, où le germe des plantes, qui est souvent imperceptible
par sa petitesse. Il se trouve ainsi dans ce texte un parallélisme constant, une sorte de synonymie,
entre les expressions: Abondant et Extérieur, Modique et Intérieur, Beaucoup »
et Apparent, Petit et Imperceptible, lesquelles peuvent répondre à ce qu'on appelle
dans l'ascétisme chrétien: La vie active et la vie contemplative.

a de très apparents et il y en a d'imperceptibles. Les grands ne doivent
pas être rapetissés; les petits ne doivent pas être agrandis; les apparents
ne doivent pas être cachés, et les imperceptibles ne doivent pas être mis
en évidence. (Mais supposez, par exemple, les trois cents rites importants
et trois mille rites ordinaires : ils se résument (tous en une seule idée,
(celle de faire ce qui est convenable; car, vouloir accomplir des rites
sans cela, ce serait, comme (si on voulait) entrer dans une maison sans
passer par la porte, comment cela est-il quelque chose d'imperceptible qu'elle est). Cela étant,

Dans l'accomplissement des rites, il est des sages qui appliquent toutes
leurs pensées et tous leurs soins à atteindre le plus haut degré du respect
et du dévouement; il en est d'autres qui visent à la beauté, à l'élégance
et au dévouement respectueux (1).

Parmi les rites pratiqués par les sages, il en est qui peuvent s'accomplir
directement (sans que rien n'arrête la volonté de celui qui les exécute);
il en est qui sont limités par des obstacles (qu'opposent des lois et les
coutumes); il en est de communs à tout le monde, qui ne varient point;
il en est de soumis à un ordre hiérarchique, qui excluent (tout ce qui
s'écarte des attributions de chacun); il en est qui font retrancher (du
sien) pour distribuer aux autres; il en est qui poussent (les gens pour
les faire) avancer (dans la carrière qu'ils parcourent); il en est qui font
copier et reproduire l'image (des grands êtres de la nature, tels que le
soleil, la lune, les étoiles, les montagnes, les flots, le dragon, la tortue etc);
il en est qui font copier (quelques-uns de ces êtres) mais qui ne permettent pas de reproduire l'image de tous, eu égard au rang inférieur
du dignitaire qui doit les porter en broderie sur son costume officiel);
il en est, enfin, qui s'accommodent au bon plaisir de chacun (et laissent
la faculté) de prendre (tel cérémonial qu'on veut).

Les rites observés sous les trois dynasties (Hia, Xan et Cheu) ont toujours
été les mêmes, et le peuple les a unanimement suivis. (Si quelque chose
a subi des modifications, ce n'a été que) la couleur blanche ou la couleur verte (caractéristique de telle ou telle autre dynastie (2) : en dehors

(1) C'est une répétition, sous une forme nouvelle, de ce qui a été dit plus haut sur l'abondance et la modicité, sur la profusion au dehors et la concentration au dedans.

(2) Chaque dynastie adopte pour sa livrée une des cinq couleurs, suivant l'élément sous lequel elle croit être placée, et auquel cette couleur correspond; ceci se rattache encore à la théorie des rapports universels de la nature que nous avons développée ailleurs.

de ces choses peu importantes, pour tout ce qui est essentiel) la dynastie des Iu s'est scrupuleusement conformée à ce qui a été établi par les Hia.

Dans le cérémonial (de réception) il faut qu'il y ait un intendant pour parler aux hôtes, et des musiciens qu'on accompagne dans leur marche (1); ce sont là (des accessoires qui ornent une réception), comme un joli support (donne du relief à une pièce en jade).

Dans les rites (on doit avoir pour but, soit de) revenir à la bonté naturelle (dont on était doué en naissant); soit de restaurer (les usages de) l'antiquité, sans jamais perdre de vue ces deux époques primitives. Cela faisant, dans les évènements malheureux, on n'a pas besoin d'être prévenu (par autrui des devoirs qu'on a à remplir); et, dans les fêtes qui ont lieu à la cour, on emploie la musique (afin de réveiller des sentiments nobles et joyeux chez tous les assistants).

En effet, les rites établis par les anciens rois ont indubitablement une signification, ce qui permet de les expliquer et de les comprendre, si nombreux qu'ils soient.

Suivant le dire du sage, si on n'a pas une règle intérieure (qui vous dirige), on voit les choses sans les distinguer: tout en ayant le désir de les distinguer, si on ne s'appuie pas sur la raison, on n'obtient pas ce qu'on désire. En effet, toute chose faite contrairement à la raison n'a rien qui tienne du respect; et toute parole proférée en désaccord avec la raison n'a rien qui inspire la confiance. De là cet adage: « La raison est la base de toutes choses. »

Lorsque, dans les temps primitifs, les anciens rois établirent les rites (des sacrifices), ils empruntèrent aux objets extérieurs la signification que ces rites devaient avoir: ainsi, (dans l'esprit de leurs institutions), pour les sacrifices (au Ciel) il faut absolument avoir égard au temps de l'année; pour les sacrifices au soleil et à la lune, il faut imiter ces deux astres (en faisant un sacrifice au levant, et l'autre au couchant); pour les (sacrifices aux Esprits des) lieux élevés, on prend pour image les monticules et les collines (qui semblent rendre hommage au pied des grandes montagnes); pour les sacrifices (aux Esprits des lieux) bas, on se propose l'exemple des rivières et des lacs, car les eaux que le ciel répand sur la

---

(1) Dans les anciens temps, la plupart des musiciens étaient aveugles.

terre, en temps opportun (sont des bienfaits qui réveillent) chez le sage une reconnaissance continuelle (1).

Dans les temps primitifs, les anciens rois faisaient un grand cas des hommes vertueux; ils entouraient d'égards ceux qui marchaient dans la voie de la droiture, et donnaient des emplois publics aux hommes de capacité; ils élevaient les sages en leur confiant des fonctions spéciales (dans les sacrifices), et les réunissaient pour leur donner les instructions nécessaires. On répondait aux faveurs du Ciel par un cérémonial spécialement consacré au culte du Ciel; on répondait aux bienfaits de la Terre par un cérémonial particulier au culte de la Terre.

(Quand il faisait sa tournée dans l'empire tous les cinq ans, l'empereur gravissait) une des montagnes célèbres, et là il faisait part au Ciel de l'uniformité (apportée par les nobles dans l'administration des pays confiés à leurs soins). Quand il habitait la capitale, il offrait dans la campagne des sacrifices à l'Être suprême. (Lorsque l'empereur pouvait en toute vérité) faire part au Ciel de l'uniformité (d'administration dans tout l'empire) on voyait l'oiseau Fuñ-huañ descendre, et la tortue et le dragon arriver (*voyez pag.* 46 *et* 5o.) Quand il sacrifiait dans la campagne à l'Être suprême, le vent et la pluie étaient modérés, le froid et la chaleur avaient leur temps déterminé. Alors, le souverain éminent en vertu pouvait se tenir debout, le visage tourné vers le nord (2) et l'empire jouissait de la plus grande prospérité.

Les phénomènes célestes renferment tous un grand enseignement, comme les hommes transcendants possèdent tous un haut degré de vertu. (Voici quelques exemples de ce rapport moral entre le ciel et la terre.) Dans la partie supérieure du temple des ancêtres, la jarre Léi (3) est placée

---

(1) Cette période offre, par son incohérence, des difficultés sérieuses qui me font supposer une grave altération du texte primitif. Le sens que je donne a une certaine apparence de raison; mais il n'est pas sûr que je n'aie pas remplacé la confusion et l'obscurité la plus profonde par quelque peu de logique et de clarté, dont l'auteur n'avait pas le soupçon: je me suis dit qu'après tout il vaut mieux embellir que défigurer.

(2) L'antique cérémonial voulait que, dans les assemblées de cour, l'empereur se tînt le visage tourné vers le sud, les ministres et les grands dignitaires étant rangés devant lui sur deux lignes parallèles, les uns regardant l'est, les autres l'ouest. On veut donc dire ici que, dans les temps de grande prospérité, l'empereur n'a pas besoin de réunir son conseil, et qu'il peut jouir dans son palais des doux loisirs que lui fait son sage gouvernement. Voyez chapitre XVI.

(3) Sorte de vase antique, du temps des **Hia**, sur lequel étaient gravés des nuages sillonnés par la foudre: de là le nom de Léi, qui est homophone du nom de la foudre ou du tonnerre Léi. La grande collection des antiques du musée impérial, publiée en 1751 par ordre de l'empereur **Kièn-luñ**, renferme dix-sept dessins de ce genre de vases, livre 12e, page 1 et suiv.

du côté du levant, et la jarre **Hi** (1) du côté du couchant. Dans la partie inférieure du même temple (2), le grand tambour suspendu (qui sonne le premier au commencement de la cérémonie), est placé au levant (3), et le petit tambour qui lui répond est placé au couchant. Le souverain se tient sur les marches du côté du levant, son épouse se tient dans la chambre latérale du côté du couchant, à l'instant du soleil qui se lève à l'est, et de la lune qui apparaît à l'ouest (4) : dans ce dernier cas, c'est la distinction des principes **Iu** et **Iañ**; dans le premier cas c'est la position respective du mari et de la femme.

(Mais ces deux personnages ne restent pas toujours à la même place pendant toute la durée du sacrifice) : le souverain va, du côté de l'ouest, remplir de vin la jarre **Hi-siañ**; sa femme va, du côté de l'est, remplir la jarre **Léi** les rites font ainsi que, dans la partie supérieure du temple, on se croise en se déplaçant, tandis que, dans la partie inférieure, les sons musicaux se croisent en se répondant : d'où il résulte une parfaite union.

Les rites doivent rentrer dans le sens primitif de leur institution, la musique doit être exécutée suivant les principes intrinsèques de la composition; car, les anciens rois ont eu soin, en établissant les rites, d'en faire des règles des affaires humaines, et, en favorisant la musique, d'en faire la source de bons sentiments. C'est pourquoi il suffit de voir les

(1) Autre vase antique, du temps des **Cheu**, qui avait la forme, souvent fort grossière, d'un bœuf debout sur ses jambes. L'orifice était placé sur le dos de l'animal, et se bouchait au moyen d'un couvercle muni de quelque ornement saillant qui servait d'anse ou de bouton pour le prendre. Cette sorte de vase se trouve également figurée dans la collection d'antiques mentionnée ci-dessus, 9e livre, page 27 et suiv.

(2) Voyez ce qui a été dit page 38 au sujet des anciens palais chinois. Les temples étaient construits de même à une certaine élévation du sol, et avaient, devant le grand portail et en avant de la terrasse où il aboutissait, un large perron de quinze ou vingt marches au bas duquel se tenaient les musiciens et les gens de service.

(3) Si on suivait servilement la plupart des éditions du **Li-ki**, il faudrait dire ici « le Couchant, » et, dans le membre de phrase qui suit, il faudrait dire « le Levant. » Il est évident, néanmoins, que c'est là une transposition fautive des deux caractères **Tuñ** et **Si**, une vraie faute typographique : car, partout dans cet ouvrage, le levant est mentionné le premier; et, d'ailleurs, le grand tambour appartient au principe **Iañ** qui se rapporte au levant, tandis que le petit tambour, qui fait simplement écho au grand, appartient au principe **In**, qui répond toujours au couchant.

(4) L'auteur n'a ici en vue que la croissance, c'est-à-dire le mouvement de translation de la lune qui s'effectue d'occident en orient. C'est après le coucher du soleil que commence à paraître la nouvelle lune du côté de l'ouest, et c'est en avançant vers l'est que la lumière augmente.

rites et la musique d'un endroit, pour savoir de suite s'il est en paix, ou
en révolte. Kiŭ-po-iŭ (1) dit, en effet : « Le sage, de la pénétration, à la
» seule vue d'un objet, il comprend le mérite du travail, et à la seule vue
» d'une action, il comprend le savoir d'un homme. » (S'il en est ainsi
pour des choses ordinaires, à combien plus forte raison ne doit-on pas
pouvoir juger en matière aussi importante que des rites et la musique ?)
De là le proverbe antique : (4) Le sage est très circonspect dans ses relations avec les hommes.

Dans le temple des ancêtres, quel respect ! Le prince en personne conduit la victime ; les grands dignitaires viennent à sa suite, portant les
soieries à offrir ; le prince en personne découpe (le foie de la victime)
pour le sacrifice, sa femme offre des mets d'abstinence ; le prince en personne coupe (les chairs) de la victime, sa femme offre du vin. Les dignitaires de différents ordres suivent le prince, leurs femmes suivent la
princesse. Au fond des cœurs et au dehors tout est respect ; depuis le
commencement jusqu'à la fin, tout est sincérité, et toute l'ardeur se porte
à désirer que le sacrifice soit agréable aux ancêtres.

Les grands sacrifices sont des cérémonies propres à l'empereur. En
effet, les trois espèces d'animaux (le bœuf, le mouton et le porc), les
poissons, et les viandes fumées (qu'on y offre), sont des produits savoureux
des quatre mers et des neuf provinces (où l'autorité impériale seule peut
s'étendre : les fruits et les céréales) qu'on offre dans les vases Piĕn et Teu,
sont des produits de l'action tempérée des quatre saisons, (produits que
l'empereur seul peut se procurer dans un pays, s'ils manquent dans l'autre).
L'or que les seigneurs y apportent manifeste le bon accord (qui règne
entre le souverain et ses vassaux) ; les pièces d'étoffe et les disques en
jade sont des témoignages de vénération pour les vertus (de l'empereur).
La tortue est placée sur le rang de devant, pour servir à consulter l'avenir ;
la cloche est placée en seconde ligne pour exprimer l'accord des sentiments ; le vermillon, le vernis, la soie, le coton et le bambou indiquent
que tous (les habitants de l'empire) mettent leurs biens en commun (avec
l'empereur). En dehors de cela, il n'y a pas d'objet fixe : chaque chose
est prise parmi les produits du royaume tributaire (qui l'envoie, et de

____

(1) Ministre célèbre du royaume de Wei, et contemporain de Confucius, auquel on attribue
beaucoup de maximes pleines de sagesse.

cette manière) on obtient des objets de pays lointains. (A la fin du sacrifice), quand les assistants sortent, on les accompagne en chantant l'ode Hai-hia. Voilà une grande cérémonie.

Le sacrifice qu'on offre dans la campagne à l'Être suprême est le maximum de la vénération: les sacrifices qu'on offre dans les temples des ancêtres sont le maximum de l'affection. Les rites du deuil sont la plus haute expression de la sincérité: la préparation des habits et des ustensiles (pour le défunt) est le plus haut témoignage d'attachement; les soieries qu'on offre à l'usage de ses hôtes sont la plus belle application des convenances. C'est pourquoi le sage est désireux de voir pratiquer l'affection et les convenances qui sont l'essence de tous les rites.

Le sage dit: de même qu'une chose insipide est susceptible d'assaisonnement, et qu'une chose blanche est susceptible de recevoir des couleurs; de même l'homme droit et sincère peut apprendre les rites, tandis que l'homme dépourvu de droiture et de sincérité ne saurait arriver à la pratique de ces mêmes rites: ce qui prouve (qu'en pareille matière) les qualités personnelles sont ce qui fait tout le prix.

CHAPITRE X.

KIAO-TOE-XEÑ.

Lorsque les hôtes de l'empereur sont entrés par le grand portail, la musique exécute le chant Hai-hia, en témoignage de la bienveillance et du respect (qui doivent réciproquement présider à la réception). A la fin des santés (que l'empereur porte à ses hôtes) la musique cesse. Confucius a constamment donné son approbation à cette pratique. Pendant qu'on se porte mutuellement des santés, le Io-kuñ monte, et chante (l'ode Tsin-miao) en honneur des vertus (des personnes présentes). Le chanteur est en haut (du perron de la salle des hôtes); les instruments qui l'accompagnent sont en bas, (et cette distinction de place a pour but) d'honorer la voix humaine.

La musique provient du principe Iañ; l'urbanité agit sous l'influence du Iu. L'accord des deux principes Iu et Iañ produit toutes choses.

Le choix des objets à offrir en tribut à l'empereur, n'est pas soumis à des règles invariables; mais il dépend des produits propres à chaque localité, et l'arrivée fixée pour ces produits dépend de l'éloignement ou de la proximité (de chaque endroit. Parmi les objets que les seigneurs apportent au souverain), la tortue figure au premier rang; car, c'est au moyen de la tortue qu'on pronostique l'avenir. La cloche figure au second rang, en témoignage de l'harmonie qui doit régner (entre le souverain et ses sujets). Les peaux de léopard indiquent (la facilité qu'a l'empereur) à réprimer les insoumis. Les pièces de soieries sont accompagnées de disques de jade, en hommage à la vertu de l'empereur.

(Dans les assemblées de cour) le souverain se tient le visage tourné vers le sud, comme pour répondre au principe Iañ; les magistrats se tiennent le visage tourné vers le nord, afin de répondre au souverain.

Confucius dit: «La pratique de tirer de l'arc au son de la musique (présente de grandes difficultés dans l'exécution): comment, en effet, entendre les sons et tirer de l'arc (de façon à ce qu'il y ait accord entre ces deux choses)!»

Le culte du Dieu tutélaire de la terre a pour objet de spiritualiser la terre. En effet, c'est la terre qui porte toutes choses, comme c'est le ciel qui tient suspendus les corps célestes: c'est de la terre que proviennent les richesses, comme c'est du ciel que proviennent les exemples. Voilà pourquoi on doit le respect au Ciel et l'affection à la Terre. Voilà pourquoi on instruit le peuple à être reconnaissant, et que dans les maisons particulières le premier soin est de sacrifier au Dieu domestique, comme dans l'empire le premier soin est de sacrifier au Dieu tutélaire du pays. Tout cela est un hommage rendu à la source productrice des êtres.

Au troisième mois du printemps on met le feu (dans les montagnes) afin d'y brûler (les herbages et les broussailles où le gibier pourrait se cacher). On choisit ensuite les chars de guerre, on passe en revue les troupes (qui doivent prendre part à la grande chasse) et le souverain en personne leur donne ses instructions devant le temple du Dieu tutélaire. (Cette chasse, simulacre de la guerre), a pour objet d'exercer les régiments à aller à gauche ou à droite, à s'asseoir ou à se lever (1), et de faire voir s'ils ont l'habitude des évolutions.

---

(1) Il s'agit ici des troupes montées sur des chars de guerre qui, suivant les péripéties du combat et les mouvements de l'ennemi, devaient se tenir ou assises ou debout.

(Pendant la chasse) le gibier a beau passer tout près, et la capture peut en paraître infaillible (qu'on ne permet pas pour autant aux soldats de le tuer à discrétion) afin de voir s'ils ne transgressent pas les ordres qu'ils ont reçus; le souverain ne cherchant qu'à dompter leur volonté, et ne désirant nullement avoir leurs captures. (Avec des troupes instruites) de la sorte, on obtient la victoire dans les combats, et avec du gibier attrapé suivant cette discipline) on obtient la prospérité par les sacrifices (où on en fait aux Dieux une offrande agréable).

Lorsqu'on sacrifie (au Ciel) dans la campagne, on va au devant des grands jours qui arrivent (1). Dans ce grand acte de reconnaissance envers le Ciel, c'est le soleil qui est le principal objet (des adorations) (2). On choisit pour cela un emplacement à la campagne, du côté du sud, qui est le siége du principe Iañ; on balaye le sol et (au lieu d'élever un autel de main d'homme) on sacrifie sur (l'autel préparé par) la nature elle-même; les ustensiles dont on y fait usage sont en terre et en calebasse, par conformité (avec la nature) (simple et sans) apprêts) du ciel et de la terre.

Avant de consulter les sorts (sur les victimes à employer dans le sacrifice à offrir) à la campagne, on va prendre les ordres de ses aïeux dans le temple des ancêtres, puis on consulte la tortue devant l'autel de son propre père, en témoignage de respect pour ceux-là et d'affection pour celui-ci.

Le jour où on consulte les sorts, l'empereur, debout dans le pavillon Tsœ, écoute les instructions (relatives au cérémonial des sacrifices) en témoignage de son désir de recevoir des enseignements et des conseils. Il développe ensuite à tous les officiers réunis en dedans de la grande porte du palais, les ordres dont le texte lui a été soumis (par le ministère des rites) dans l'intérieur du grand temple des ancêtres il ne communique ses ordres qu'aux membres de la famille impériale réunis.

(1) Le sacrifice au Ciel ayant toujours lieu au solstice d'hiver, c'était après cette cérémonie que les jours commençaient à croître.

(2) Il résulte de ce passage et de plusieurs autres des chapitres suivants, que dès les temps les plus anciens les Chinois rendaient au soleil un véritable culte, sans même y supposer un esprit ou génie dont il fût la demeure, ainsi qu'ils le faisaient pour les montagnes, les rivières et tous les autres lieux auxquels ils offraient des sacrifices. De nos jours encore on sacrifie au soleil et à la lune; mais c'est plutôt un acte officiel de la part des autorités, qu'une pratique de conviction, car le peuple chinois n'a pas, comme les Japonais une grande dévotion pour l'astre du jour. Voyez la fin du chapitre XVIII.

Le jour du sacrifice, l'empereur revêt l'habit impérial (sur lequel sont brodées les images du soleil, de la lune et des étoiles), afin de reproduire dans sa personne une imitation du ciel. Au chapeau qu'il porte, pendent douze rangs de perles enfilées dans un cordon de soie, en conformité avec le nombre céleste (des douze mois de l'année). Il monte sur un char sans ornements pour honorer la simplicité de la nature. L'étendart porte douze touffes de crin, ainsi que les images du dragon, du soleil et de la lune, afin de reproduire l'aspect du ciel; car, tout ce qui apparaît dans le ciel est pris pour objet d'imitation par l'empereur doué de qualités éminentes. Le sacrifice qu'on offre à la campagne a donc pour but de mettre en relief les vertus célestes qui...

Si le bœuf destiné au sacrifice à l'Être suprême n'est pas déclaré heureux (par le sort) il devient la victime du sacrifice qu'on offre au grand aïeul Tsi (1).

Le bœuf destiné à l'Être suprême doit avoir préalablement passé trois mois dans une étable (à part) (2) mais pour (le grand aïeul) Tsi, un bœuf quelconque peut servir; la distinction se trouvant ainsi établie entre le culte de l'Esprit du ciel et celui de l'âme d'un homme. Toutes les choses créées tirent leur origine du Ciel, les hommes tirent leur origine de leurs aïeux: voilà pourquoi on associe le culte (des aïeux à celui) de l'Être suprême. Le sacrifice qu'on offre à la campagne est donc un grand acte de reconnaissance envers l'origine (des choses et des hommes) et un retour (de l'âme) vers le commencement des êtres.

Les huit sacrifices (qu'on offre à la fin de l'année agricole) rappellent

---

(1) Pour donner du relief à sa famille, le fondateur de la dynastie des Cheu prit (pour grand aïeul un ancien ministre de l'empereur Iao dont il prétendait descendre en ligne directe. Ce ministre se nommait Ki de son vivant; mais les siècles postérieurs l'avaient appelé Tsi, du nom de l'emploi où il s'était rendu célèbre. Il semble résulter de ce passage, que l'auteur écrivait sous les Cheu; car, dès que cette dynastie fut renversée par les Tsin (250 ans av. J. C.) son grand aïeul a cessé, par là-même, de recevoir un culte, pour faire place au grand aïeul de la dynastie nouvelle. Cependant, un autre passage que nous signalerons au chapitre Tsi, ne pouvant se rapporter qu'au temps des Tsin, on est en droit de conclure que cet ouvrage n'est pas tout de la même main, ni de la même époque.

(2) Cette étable se nommait littéralement « Lieu de purification » parce que les victimes qu'on y renfermait isolément, loin du contact de leurs semblables, étaient censées se purifier pour le sacrifice. Il est assez curieux que les anciens Chinois aient admis, dans cette circonstance, la nécessité d'une purification, eux qui n'ont jamais attaché à rien aucune de ces idées de souillure légale si communes chez les peuples sémitiques et chez les Hindous. Il y a peut-être là des recherches utiles à faire.

(les circonstances qui se sont produites dans) les différentes contrées de l'empire. Si partout l'année n'a pas été favorable, les huit sacrifices n'ont pas lieu, afin d'épargner les biens du peuple: mais s'il y a des localités qui aient eu de l'abondance, là les sacrifices ont lieu, afin de réjouir le peuple. Une fois que les sacrifices ont été offerts, le peuple se repose, et on se repose soi-même; alors, le sage ne se livre plus à aucune entreprise.

Les offrandes qu'on fait dans les vases sacrés Pièn et Teu consistent en produits naturels de la terre, auxquels on se garde bien d'ajouter des mets assaisonnés suivant l'usage domestique, dans le but d'augmenter le nombre des objets offerts; car il s'agit de se mettre convenablement en rapport avec les Esprits, et nullement d'exceller dans le goût qu'on donne aux comestibles. Les offrandes des anciens empereurs étaient mangeables, mais non appétissantes; leur costume de parade et leur char officiel étaient bons pour l'usage, mais non de nature à faire grand plaisir; leurs évolutions militaires (1) étaient martiales, mais nullement joyeuses.

Le temple des ancêtres est un lieu majestueux où il n'est pas permis de se livrer au repos; les vases qui s'y trouvent peuvent servir (à des usages sacrés), mais nullement à des convenances particulières; car, quand il s'agit de se mettre en rapport avec les Esprits, ce n'est pas la même chose que lorsqu'on cherche ses aises et son plaisir.

Les vins d'excellente qualité (ne manquent pas); néanmoins, on n'emploie (dans les sacrifices) que du vin léger et de l'eau limpide, en honneur de l'origine des saveurs. Les jolies couleurs et les belles broderies (ne manquent pas); néanmoins, on n'emploie que de la toile claire, en réminiscence des temps primitifs, où les femmes faisaient elles-mêmes les tissus (nécessaires à leur maison). Les nattes en jonc et en bambou très-fins, d'un usage fort commode, (ne manquent pas); néanmoins, on n'emploie que des nattes en roseau et en paille, afin de mettre en évidence (combien ce genre de sacrifices diffère de tous les autres). Dans le bouillon qu'on offre, on ne met aucun assaisonnement, en honneur de sa nature simple; la tablette en jade ne porte aucune ciselure, en honneur de la

---

(1) Il s'agit ici de cette sorte de danse ou de mimique militaire à laquelle les anciens Chinois se livraient dans les temples des aïeux, et où l'on cherchait à imiter les mouvements stratégiques exécutés sur le champ de bataille par quelque général célèbre ou par le fondateur d'une dynastie. Voyez page 25, ainsi que le Mémorial de la musique chapitre XVI.

simplicité de sa substance. (Il ne manque pas) de choses élégantes rehaussées de rouge, de vernis et de ciselures; néanmoins, on fait usage de chars dépourvus d'ornements, par respect pour la simplicité, et pour honorer la matière première. En effet, quand il s'agit d'entrer en rapport avec les Esprits, ce n'est pas la même chose que lorsqu'il s'agit de son propre agrément, (car, les aises personnelles) n'ont rien que de très-méprisable. De la façon que nous venons de dire, tout est fort bien.

Les marmites et les tables qui portent les viandes offertes sont en nombre impair; les vases Pièn et Teu (qui portent les fruits) sont en nombre pair, ce qui est le symbole des principes In et Iañ (1). La jarre la plus précieuse pour conserver le vin parfumé (en usage dans les sacrifices) c'est la jarre appelée Huañ-mu (Yeux jaunes). En effet, le jaune est (la couleur de la terre qui est) le centre (de l'univers); les yeux sont ce qu'il y a de plus limpide et de plus brillant; on peut donc dire qu'au dedans ladite jarre renferme du vin, et qu'au dehors elle reflète la netteté et l'éclat (2).

Quand il s'agit de sacrifier au Ciel, on commence par balayer le sol, puis on sacrifie (dans toute la simplicité) de la nature. Le vinaigre et les jus de viande (ne manquent pas; néanmoins), on n'emploie que du sel (dans ce genre de sacrifices), afin d'honorer les produits du ciel. Les couteaux d'usage ordinaire (ne manquent pas); néanmoins, on emploie de préférence le couteau à tête d'aigle, en honneur du sens qui s'y

---

(1) Le principe In se rapporte aux nombres pairs auxquels se rattache l'idée de force et de solidité: le principe Iañ se rapporte aux nombres impairs lesquels entraînent une idée de faiblesse et de décadence. Dans le diagramme de Fu-hi qu'on nomme Pa-kua, et qui sert de base à toutes les combinaisons, à tous les calculs divinatoires, les lignes entières appartiennent au principe Iañ; les lignes brisées au principe In.

(2) Ce raisonnement puéril et grotesque repose sur un jeu de mots difficile à expliquer sans le secours du texte chinois. D'après les commentateurs, la jarre en question se nommait Huañ-mu, « Yeux jaunes, » parce qu'elle portait gravées au dehors, des figures d'yeux de tortue, qui dans la nature vivante sont de couleur jaune. Comme, d'un autre côté, la cosmogonie chinoise rattache la couleur jaune à l'élément de la Terre, et que cet élément est censé placé au milieu des quatre autres, le Bois, les Métaux, le Feu et l'Eau, qui répondent à l'Est, à l'Ouest, au Sud et au Nord, l'auteur a cherché dans cette position centrale de la Terre et conséquemment du jaune, un motif de supériorité en faveur de la jarre Huañ-mu. La nature admirable de l'œil lui a offert ensuite un autre argument, et il conclut en présentant sa jarre pleine, comme un ensemble merveilleux où le *Centre* est occupé par le vin, et la circonférence est rehaussée d'éclat. Je laisse à ceux qui peuvent suivre ce logogryphe dans le texte chinois, le soin d'en saisir toutes les finesses; car, à mon sens, ce n'est qu'une ineptie.

rattache ; car, il fait d'abord entendre un son harmonieux, puis il coupe (1).

Dans les cérémonies, ce à quoi on attache le plus d'importance c'est le sens qu'elles renferment. Si on en supprime le sens, il ne reste que les détails extérieurs qui sont l'affaire des servants des sacrifices. Ces accessoires extérieurs, rien de plus facile que de les apprêter ; mais le sens en est difficile à comprendre. Quand on comprend ce sens, on s'y conforme avec respect. C'est en suivant ces principes que le Fils du Ciel gouverne l'empire.

L'accord du ciel et de la terre fait naître toutes choses. Le rite du mariage est le commencement de toutes les générations. En se mariant à une personne de nom différent (2) on rapproche ce qui était éloigné, et on unit ce qui était distinct. Les présents (que le fiancé fait à sa future) doivent être accompagnés de respect ; les discours qu'il lui tient doivent être irréprochables, et avoir pour but de lui inculquer la rectitude et la sincérité ; car, la rectitude dirige les rapports sociaux, et la sincérité est la vertu propre aux femmes. L'union (des époux) une fois accomplie, jusqu'à la mort il n'est plus permis de changer (3).

L'époux va lui-même le premier recevoir sa femme : c'est le symbole (des deux principes) de la force et de la faiblesse (In et Iañ). La supériorité du Ciel sur la Terre, du souverain sur les sujets renferme la même signification. Les présents que porte l'époux dans ses visites, sont accom-

---

(1) Le couteau en question avait un manche en cuivre terminé par une tête d'oiseau creuse dans laquelle s'agitait une petite boule faisant grelot. Le son pur et vibrant des métaux étant regardé, d'un côté, comme le symbole de l'harmonie, de la douceur et de la bonté d'âme ; d'un autre côté, l'action de trancher étant prise pour symbole de la justice, de l'équité, de l'application juste et rigoureuse des lois, le couteau à tête d'aigle était censé rappeler les deux idées de morale suivantes, savoir : que la bonté ne doit pas faire oublier la justice, et que la justice doit être tempérée par la bonté. — C'est sous la dynastie des **Tcheu** qu'a été imaginé et employé cet instrument de haute abstraction, bien digne du génie chinois. Il est figuré dans la collection des antiques du Musée impérial publiée sous **Kien-luñ**, livre 38e, page 1.

(2) Ceci se rapporte à l'antique loi, encore en vigueur, qui interdit le mariage entre personnes d'un même nom ; parce que lors même qu'il n'existe entre elles aucune trace de parenté, il est possible qu'elles proviennent de la même souche, et se trouvent ainsi sur la ligne directe où les Chinois admettent une parenté sans fin. Voyez chapitre **XXXI**.

(3) Dans certains textes du **LI-KI**, on trouve à la suite de ce passage une phrase qui restreint à la femme cette immutabilité perpétuelle dans le mariage. En effet, les lois chinoises ont de tout temps permis à l'homme de se remarier après la mort de sa première femme, tandis que pour les veuves, les secondes noces ont toujours été plus ou moins flétries ou par la loi, ou par l'usage.

pagnés de respect, et mettent en évidence la distinction (qui doit exister entre l'homme et la femme). Lorsque entre homme et femme il y a la distinction voulue, l'affection règne entre les parents et les enfants: lorsque cette affection existe, la raison domine: lorsque la raison domine, on pratique tous les devoirs extérieurs: lorsque tous ces devoirs sont remplis, tout est en paix. S'il n'y a ni distinction, ni raison, c'est l'existence des bêtes brutes.

Quand l'époux dirige lui-même la voiture et confie les rênes (à son épouse, il donne un témoignage de) son amour pour elle: mais en l'aimant, c'est l'amour de sa femme pour lui-même qu'il cultive. Le respect et l'amour, voilà les moyens par lesquels les anciens rois maîtrisèrent l'empire. (La dénomination de) Pin (donnée à certain sacrifice), veut dire « Appeler de loin; » celle de Ki (donnée à la petite table sur laquelle on offre le foie des victimes) veut dire « Respect; » celle de Fu « Abondant » (que l'on donne à certaine invocation), s'applique à la Félicité: la tête (des victimes qu'on place droite sur un plateau, indique qu'on s'adresse aux Dieux) directement; celui qui accompagne (le représentant du défunt, lui tient compagnie) (à) manger les offrandes (1): l'invocation Kia (qui termine le sacrifice, est un souhait) de longue durée et de grandeur; le représentant du défunt exhibe l'image de son aïeul; (les victimes vivantes) ayant poil et sang, figurent des choses complètes au dedans et au dehors: les choses ainsi complètes indiquent l'importance qu'on attache à faire des offrandes auxquelles rien ne manque (2).

(1) Chez les anciens, lorsqu'on voulait offrir un sacrifice à un parent décédé, on choisissait parmi ses petits-fils ou ses petits-neveux, celui dont les traits avaient quelque ressemblance avec ceux du défunt, et on le plaçait sur l'autel, comme représentant l'ancêtre auquel on allait faire des offrandes. Après le sacrifice, l'enfant mangeait les mets offerts, afin de témoigner, par ce repas, le bon accueil que l'ancêtre avait fait aux offrandes. Mais les règles de la politesse chinoise la plus ancienne ne permettant pas qu'on laisse quelqu'un manger seul, à moins que ce ne soit l'empereur, on lui adjoignait un convive qui l'assistait dans tout le cours de la cérémonie.

(2) Ce passage est un de ceux qui se refusent le plus à la traduction, et qui renferment, au fond, le moins d'idées claires et raisonnables. L'auteur a voulu, ce me semble, donner une explication mystique à des mots et à des coutumes qui n'en étaient point susceptibles; et il lui est arrivé, comme à certains commentateurs bibliques du moyen âge, de faire un galimatias auquel lui-même, sans doute, ne comprenait rien.

CHAPITRE XI.

NÉI-TSOE.

RÉGLEMENTS INTÉRIEURS.

L'empereur ordonne à son premier ministre de répandre des enseignements de vertu sur tout le peuple. Dans la pratique d'honorer les vieillards (1), les cinq empereurs (Fu-hi, Xen-nuñ, Huañ-tï, Iao et Xuen) ne cher-
chaient que l'imitation (des vertus dont les vieillards donnent l'exemple):
les trois rois (Iü, Tañ et Wen-wañ) y ajoutèrent l'usage de demander (aux
vieillards) des paroles (de sagesse). Les cinq empereurs imitaient (les
vieillards dans leurs vertus): ils leur donnaient des repas, mais ils ne leur
demandaient point des paroles de sagesse. Si quelqu'un faisait ou disait
quelque chose de remarquable, on l'inscrivait dans les annales des bons
exemples. Les trois rois imitaient aussi (les vieillards): ils leur donnaient
aussi des repas; ils leur demandaient en outre des paroles (de sagesse);
mais ils regardaient ce dernier usage comme peu important (auprès de
l'imitation des vertus): eux aussi faisaient inscrire dans les annales des
bons exemples.

A treize ans on apprend à faire de la musique, à réciter des vers, et
à faire les évolutions mimiques appelées Cho: à l'âge de puberté on apprend à faire les évolutions appelées Siañ, à tirer de l'arc et à conduire
les chevaux: à vingt ans on prend le chapeau viril; on commence à apprendre les cérémonies, on peut porter le manteau en fourrure et des
habits de soie, on fait les évolutions mimiques Ta-hia, on est très-soigneux
à remplir les devoirs de la piété filiale et de l'amour fraternel; on étudie
beaucoup, mais on n'enseigne pas; on reçoit, mais on ne donne pas: à
trente ans on se marie et on commence à se livrer aux travaux de l'homme
fait; alors on peut tout apprendre, sans être borné par aucune limite;
on est modeste avec ses amis, et on observe les intentions (qui les dirigent, pour en faire la règle de sa propre conduite): à quarante ans on
commence à remplir des fonctions publiques; on discerne les choses, on

---

(1) Voyez page 37.

enfante des expédients, on fait des prévisions, on marche d'accord dans la même voie (avec son souverain), de manière à occuper toujours l'emploi qu'on a; car, si on ne peut pas marcher d'accord (avec lui), il faut se retirer: à cinquante ans on est nommé Ta-fu avec charge de l'administration supérieure: à soixante-dix ans on se retire des affaires.

CHAPITRE XII.

IŬ-TSAO.

Quand il doit offrir un sacrifice (au Ciel ou aux ancêtres), l'empereur porte au chapeau douze rangs de perles (1) qui pendent devant et derrière (la tête), et il revêt l'habit (sur lequel est brodée l'image) du dragon. Quand de bon matin il sacrifie au soleil, en dehors de la porte du levant, et quand au premier jour de chaque mois il vaque aux affaires, en dehors de la porte du midi, il revêt le costume Hiŭèn-miên (qui ne comporte que trois rangées de perles au chapeau, et des broderies simples aux habits). Quand il reste chez lui (sans occupation), il revêt le costume (ordinaire qu'on nomme) Hiŭèn-tuan. A droite et à gauche il a des historiographes qui inscrivent ses actes et ses discours, tandis que ses chefs d'orchestre examinent si la musique est énergique ou énervée, (afin de juger par là de l'esprit général du pays).

Lorsque (les grands dignitaires) ont à se rendre au palais du souverain, ils passent la veille dans l'abstinence, ils couchent hors la chambre nuptiale, se lavent la tête et le corps, et reçoivent de leur secrétaire la tablette en ivoire (2) où sont inscrites (pour mémoire) leurs idées,

---

(1) On veut parler ici du chapeau antique nommé **Miên** qui se composait d'un bonnet rond surmonté d'une planchette oblongue aux extrémités de laquelle étaient suspendus des rangs de perles en nombre proportionné à la dignité de chaque personnage. Ce genre de coiffure est amplement décrit dans mon *Essai sur l'art et l'archéologie en Chine*, dont j'espère pouvoir bientôt réaliser la publication.

(2) Cette tablette était un insigne de dignité que les grands et les officiers de tous ordres portaient des deux mains, droite devant leur poitrine, et qui aidait à se tenir dans un maintien respectueux. La matière dont cette tablette était faite différait suivant le grade de chaque fonctionnaire, dans l'ordre descendant que voici: jade, ivoire, bambou veiné, bambou uni, bois verni, bois naturel. On l'appelait ordinairement **Kuéi**.

les réponses (à faire au souverain) et les ordres (que celui-ci avait donnés).

(Le jour de la visite), dès qu'ils sont habillés ils s'exercent à un maintien respectueux, et à faire résonner harmonieusement les pendeloques en jade (1); puis, ils sortent tout éclatants, saluent les officiers de leur maison, et montent en char, étalant ainsi une grande pompe.

L'empereur porte à la main la tablette Tiñ (qui est taillée carrément en haut et en bas, symbole) de la droiture et de la régularité avec lesquelles il gouverne l'empire. Les seigneurs (portent la tablette) Xu qui est arrondie en haut (en symbole) de leur soumission à l'empereur, et carrée en bas (en symbole de leur autorité sur le peuple qu'ils gouvernent). Les fonctionnaires au service des seigneurs portent une tablette arrondie aux deux extrémités, pour indiquer qu'ils doivent la soumission en toute circonstance (2). Quand il donne des instructions aux troupes et des avis aux agriculteurs, le souverain devrait porter (l'habit en fourrures nommé) Fu-kieu; mais contrairement à l'usage antique, il porte de nos jours l'habit Ta-kieu.

Les sages de l'antiquité portaient toujours des pendants de jade à leur ceinture; ceux du côté gauche (produisaient en s'entrechoquant) les notes Che et Kio, ceux du côté droit (produisaient) les notes Kuñ et Iü.

Quand on marche vite, (on doit avoir présente à l'esprit l'ode) Tsai-tze (3); quand on marche au pas ordinaire, (on doit se rappeler l'ode) Hai-hia: quand on tourne en rond, on doit faire un cercle parfait; quand on tourne en faisant un coude, on doit le faire à angle droit; quand on entre quelque part, on doit s'incliner légèrement; quand on recule, on doit se tenir droit: de toutes ces façons les ornements en jade (pendus à la ceinture) produisent des sons (en s'entrechoquant). Le sage, en effet (aime

____

(1) En grand costume officiel, les anciens portaient pendu à la ceinture un ornement composé de plusieurs plaques et pendeloques en jade distancés au moyen de chaînettes en or ou en argent, dont nous avons déjà parlé page 6. Au moindre mouvement, ces morceaux de jade s'entrechoquaient, et leur son limpide était regardé comme un appel constant à la vertu.

(2) La ligne droite était un des apanages de l'autorité, soit dans ses insignes, soit dans sa marche et dans le maintien de son corps; tandis que la ligne courbe, la démarche circulaire ou elliptique dans les cérémonies, et le maintien incliné en présence d'un supérieur, dénotaient l'infériorité de rang; application littérale de l'expression vulgaire « Faire la courbette. »

(3) C'est une ode du Xe-kiñ; ou Livre des Vers, qui engage à la gravité du maintien: celle dont il est question après appartient au même recueil, mais elle engage à l'activité des mouvements.

à entendre toujours les sons harmonieux qui adoucissent les mœurs); lorsqu'il est en char, il prête l'oreille aux accords des grelots, et lorsqu'il marche, les ornements en jade pendus à sa ceinture produisent des sons (doux qui le rappellent sans cesse à la vertu). Par ce moyen, la dépravation ne trouve aucune issue pour pénétrer dans son cœur.

Toute personne portant la ceinture, doit y avoir attachés des pendants de jade, à moins qu'elle ne soit en deuil. Les plaques de jade sont choquées par de petites pendeloques (qui les font tinter). A moins d'un motif spécial, le sage ne laisse jamais de porter du jade sur sa personne, car, à ses yeux, le jade est le symbole de la vertu (1).

En fait de maintien, (voici de quelle façon se comporte le sage) : quand il marche, il va droit devant lui et avec hâte; dans le temple des ancêtres il observe le recueillement, comme lorsqu'il se livre à l'abstinence; à la cour, il se tient avec beaucoup de gravité et en alerte continuelle; (dans les circonstances ordinaires de la vie), il a des dehors calmes et paisibles; mais s'il voit quelqu'un digne d'être honoré, il s'empresse de lui donner des témoignages sincères de son respect. En respirant, il ne fait pas de bruit; en se tenant debout, il est droit comme la vertu, et sur son visage il montre (sans cesse) un air sérieux; pendant ses loisirs, même, il donne l'exemple de la douceur.

Dans la carrière militaire, (le sage) a un aspect de grande bravoure; ses arrêts sont irrévocables, mais justes; son air est sévère et son regard très-clairvoyant. Debout, (il est immobile comme) une montagne; mais au temps voulu il se met en mouvement; sa respiration naturelle est toujours au même degré de plénitude, comme l'air où toutes choses se développent; et la couleur (de son visage est invariable comme celle) du jade.

---

(1) A partir de cet endroit jusque vers la fin du chapitre, le texte chinois renferme des expressions dissyllabiques (**Tañ-tañ, Tsi-tsi, Chai-chai, Siañ-siañ, Wen-wen, Ki-ki**) fort difficiles à traduire, parce que ce sont comme des onomatopées qui n'ont rien de commun avec la nature des choses auxquelles on les applique. Nous n'avions rien de mieux à faire que d'adopter le sens donné par les commentateurs.

CHAPITRE XIII.

TA-CHUEN.

GRANDE TRADITION.

En fait de cérémonies, si on n'est pas empereur on ne saurait offrir (aux ancêtres le sacrifice d'été nommé) Ti. L'empereur offre ce sacrifice à celui de ses ancêtres qui est regardé comme la souche de la famille, afin de donner un parallèle au grand père. Quand la sollicitude de l'empereur se porte au-dessus de lui vers (les membres de sa famille qui sont au même degré de génération que) son père ou son grand-père, il vénère leur caractère respectable : quand elle se porte au-dessous de lui vers (les membres de sa famille du degré de) ses fils et petits-fils, il chérit leur proximité : quand elle se porte à ses côtés sur ses frères et ses cousins, il resserre les liens de l'amitié (1).

Quand on réunit tous les parents dans le repas annuel de famille, on leur fait prendre rang à droite et à gauche, suivant leur ordre de parenté (2) et on les distingue par le cérémonial qui convient à chacun d'eux : de cette manière se trouve accompli l'ordre naturel qui existe entre les parents.

Pour tout souverain éminent en vertu qui de son palais orienté au midi gouverne tout l'empire, il y a cinq choses de première importance, dans lesquelles, cependant, le peuple n'est pas compris. La première, c'est d'avoir de la sollicitude pour ses parents ; la seconde, c'est de récompenser le mérite ; la troisième, c'est de mettre en relief les sages ; la quatrième, c'est d'employer les hommes capables ; la cinquième, c'est de se pénétrer de sentiments affectueux. Quand ces cinq choses reçoivent une

---

(1) La seconde partie de cette phrase manque dans le texte que nous avons généralement suivi dans cette traduction ; mais les commentateurs s'accordent à dire qu'il faut nécessairement l'admettre, en y ajoutant les deux caractères **mu-ieu**, sans lesquels le sens est incomplet.

(2) Dans les festins, comme dans le temple des ancêtres, les générations étaient classées sur deux lignes parallèles, où le père se trouvait toujours placé vis-à-vis de son fils, et on alternait ainsi de droite à gauche, depuis le degré le plus ancien jusqu'au dernier de la famille. Voyez page 16.

complète exécution dans l'empire, le peuple n'est privé d'aucune satisfaction, ni frustré de l'assistance dont il a besoin: mais si sur les cinq il y en a une qui fasse défaut, le peuple n'arrive pas à (mener une vie tranquille et à) mourir de sa belle mort.

(Toutefois, parmi les devoirs que nous venons d'énumérer), celui par lequel doit commencer tout souverain de qualités éminentes qui de son palais tourné vers le sud gouverne l'empire, c'est d'observer l'ordre naturel qui existe entre parents.

L'affection qu'on porte à son propre père doit s'étendre par degrés aux générations supérieures jusqu'aux aïeux. Les devoirs de convenance qu'on remplit à l'égard des aïeux doivent s'appliquer graduellement aux générations inférieures jusqu'au père. Voilà pourquoi l'ordre naturel entre parents veut qu'on aime son père: en aimant son père, on respecte son aïeul; en respectant l'aïeul, on estime les collatéraux; quand on estime les collatéraux, on a soin de réunir toute la parenté (au moins une fois par an, pour une fête de famille). Dans cette réunion des parents, le temple des ancêtres ne respire que la gravité: la gravité du temple des ancêtres consolide la paix de l'empire: en consolidant la paix de l'empire on porte de l'affection aux (magistrats de) tous noms (qui concourent au gouvernement du pays): en portant de l'affection aux magistrats de tous noms (1), les châtiments sont appliqués avec justice: quand les châtiments sont appliqués avec justice, le peuple vit tranquille: quand le peuple est tranquille, rien ne manque à ses besoins: quand tous les besoins sont satisfaits, tous les bons désirs peuvent se réaliser: quand les bons désirs se réalisent, les pratiques de l'urbanité s'accomplissent, et quand ces pratiques sont accomplies, tout le monde est content. Le livre des Vers dit: « (Wen-wañ) » n'était-il pas couvert de gloire? N'était-il pas respectueusement obéi, » sans que personne trouvât en lui le moindre sujet de déplaisir? » Eh bien! cela provenait de ce que nous venons de dire.

---

(1) On parle ici des fonctionnaires portant des noms différents, par opposition à ceux qui étant membres de la famille impériale ne portaient tous qu'un même nom. En recommandant l'affection pour les premiers, ce passage insinue que les derniers jouissaient de privilèges et de faveurs qui ne s'accordaient pas toujours avec le bien public.

CHAPITRE XIV.

RÈGLE DE CONDUITE DES JEUNES GENS.

Celui qui veut entrer au service du souverain, doit bien en peser toutes les circonstances avant d'y entrer, et ne pas attendre à y réfléchir après s'être engagé. Il doit en être de même de celui qui veut emprunter quelque chose à un tiers, ou gérer les affaires d'autrui. En agissant ainsi, le supérieur n'a pas de sujets de mécontentement, et l'inférieur éloigne de lui toute culpabilité.

Quand on est magistrat au service du souverain, on peut, (s'il oublie son devoir), lui faire des observations, mais non pas dire du mal de lui; on peut s'éloigner de sa personne, mais non pas se livrer à l'animosité; on peut faire l'éloge (de ses vertus réelles), mais non pas se livrer à la flatterie; on peut donner des conseils, mais non pas d'un ton orgueilleux. S'il y a de la décadence dans l'administration, on doit l'aider avec ardeur à se relever; si quelque chose est usée, on l'élimine et on la remplace. Voilà ce qu'on appelle un magistrat patriotique.

L'homme de lettres s'applique à la vertu par-dessus tout, et ne s'adonne que d'une façon secondaire à la culture des arts libéraux, semblable en cela à l'ouvrier qui suit d'abord les procédés fondamentaux de son art, et ne discute qu'après les changements à introduire dans leur application (1).

(L'héritier présomptif du trône) doit avoir une forme de langage respectueuse et sincère; à la cour, son maintien doit être parfaitement composé. Pendant les sacrifices, son extérieur doit annoncer le recueillement et la méditation. Les chevaux attelés à son char doivent être fringants,

---

(1) La comparaison n'est pas très-heureuse, dans les termes, surtout, où elle se trouve établie: on devine cependant, que l'auteur a voulu raisonner ainsi: De même que l'ouvrier fait d'abord son travail brut tel qu'il se fait d'ordinaire, sauf à l'embellir après par quelques détails; de même l'homme de lettres s'applique d'abord à l'étude et à la pratique de la vertu, sauf à charmer ensuite ses loisirs par la culture des beaux-arts.

et marcher bien d'accord; les grelots attachés devant et derrière son char doivent tinter avec harmonie.

Le sage porte un objet vide avec le même (calme dans ses mouvements) que s'il était plein: il entre dans un endroit où il n'y a personne, avec la même gravité que s'il y avait du monde.

Dans les visites au souverain, et entre princes, la chose la plus essentielle c'est le respect; dans les sacrifices, la chose la plus essentielle c'est la vénération; dans les cérémonies funèbres, la chose la plus essentielle c'est la douleur; dans les conférences, la chose la plus essentielle c'est la franchise; dans les opérations militaires, l'essentiel c'est de réfléchir aux dangers, et de tenir secrets les plans qu'on médite.

CHAPITRE XV.

HIO-KI

MÉMORIAL DES ÉTUDES

(Le souverain) qui tourne toutes ses pensées vers l'accomplissement des lois, et qui appelle à lui les hommes vertueux (pour leur confier des fonctions publiques), peut obtenir quelque peu de renommée, mais il ne peut, pour autant, exciter l'admiration générale. (Le souverain) qui va lui-même visiter les sages, et qui sympathise avec (les gens honnêtes) placés loin au-dessous de lui, peut exciter l'admiration générale, mais il ne peut, pour autant, réformer son peuple. Si le souverain désire réformer son peuple et en perfectionner les mœurs, il faut qu'il ait recours à l'enseignement. De même que le jade qui n'est point travaillé ne forme pas un objet à usage, de même l'homme qui n'a pas étudié ne possède aucun savoir. C'est pourquoi en fondant des royaumes et en gouvernant les peuples, les rois de l'antiquité plaçaient l'enseignement et les études en première ligne. (Le chapitre du Xu-kiñ intitulé) Iüe-miñ dit: « Depuis le » commencement jusqu'à la fin, les pensées doivent se reporter à l'étude: » ce qui s'applique parfaitement à ce sujet.

Dans l'enseignement chez les anciens, pour vingt-cinq familles il y avait une école; pour cinq-cent familles il y avait un collège; pour deux-mille-cinq-cent familles il y avait une académie; pour tout le royaume il y avait une université (1). On avait égard à l'âge pour faire commencer les études; mais les examens n'avaient lieu que tous les deux ans.

La première année on examinait si l'élève savait distinguer les phrases d'un livre et quelle était son intelligence. La troisième année on examinait à quelles occupations il donnait la préférence, et en compagnie de qui il se plaisait. La cinquième année on examinait s'il travaillait beaucoup, et s'il était docile aux leçons de son maître. La septième année on examinait s'il savait discourir sur les choses qu'il avait apprises, et de quels amis il faisait choix. (Quand le résultat de ces examens était favorable), on disait qu'on avait atteint la petite perfection. La neuvième année on examinait si l'élève connaissait bien les rapports des choses, s'il avait une vaste pénétration, et un caractère ferme que rien ne pût ébranler. (Quand le résultat de cet examen était favorable), on disait qu'on avait atteint la grande perfection.

Par ce moyen on peut parvenir à réformer le peuple et à changer ses mœurs, de façon à ce que ceux qui sont proches se plaisent à obéir, et que ceux qui sont éloignés soient pleins de bons sentiments. Tels sont les effets des études complètes. Un vieux proverbe dit: « La fourmi amasse toujours, » ce qui s'applique parfaitement à ce sujet (2).

Au début de l'enseignement dans le grand collège impérial, (les professeurs, revêtus du costume de cérémonie que comporte le bonnet en peau de cerf nommé) Pi-pièn, sacrifient aux anciens philosophes, afin de mettre en relief la doctrine du respect (que les élèves doivent à leurs maîtres. En même temps, on fait chanter aux élèves) trois paragraphes du Siao-ia, afin de les initier aux choses de la magistrature (3).

---

(1) Il m'a paru plus utile d'adopter les valeurs statistiques des mots **Kia**, **Hiün** et **Cheu**, que de donner simplement ces noms chinois qui par eux-mêmes n'auraient jeté aucune lumière sur l'organisation antique de l'enseignement en Chine. J'ai, de même, employé les dénominations de « Ecole, Collège, Académie et Université, » qui tout en n'étant pas d'une parfaite exactitude, rendent assez bien l'idée générale, et ont du moins le mérite d'épargner au lecteur les mots chinois de **Xu**, **Siañ**, **Siü** et **Hio**.

(2) Le sens de cette comparaison, fort laconique dans ses termes, est celui-ci: De même qu'à force de persévérance au travail, et tout en n'emportant que peu de chose à la fois, la fourmi parvient à faire de grands amas de terre et de vivres; de même, l'étudiant, à force de s'appliquer aux études graduelles qu'on lui impose, finit par devenir un homme accompli, et les connaissances qu'il a acquises prennent une importance bien plus grande encore, en rejaillissant sur le progrès moral du peuple.

(3) Ce sont les trois odes **Lu-miñ**, **Se-meu** et **Huañ-hua** du livre des Vers, où il n'est pas précisément question des devoirs ou des connaissances de la magistrature, mais bien des égards que les magistrats se doivent réciproquement et du zèle qu'ils doivent porter au service de l'empire.

Quand on entre au collège, (le surveillant) frappe du tambour et ouvre la boîte aux livres (que l'élève apporte), afin de faciliter l'étude (1). La latte et la baguette sont là toutes deux pour maintenir la gravité (parmi les élèves). Tant qu'on n'a pas fixé au moyen du sort le jour du sacrifice Ti (qui a lieu tous les cinq ans), on ne fait pas subir aux élèves leur dernier examen, afin de leur laisser la tranquillité d'esprit. Sans cesse on les occupe à la lecture, mais on ne leur donne pas d'explication, afin qu'ils s'habituent à réfléchir par eux-mêmes (sur le sens des ouvrages qu'ils lisent) (2). Quant aux plus jeunes élèves, on les fait écouter, sans leur permettre d'adresser des questions, car, dans les études on ne doit pas sauter d'une classe à une autre. Les sept pratiques (que nous venons d'énumérer) sont ce qu'il y a de plus essentiel dans l'enseignement. Un vieil adage dit: « Tout étudiant (doit diriger ses études suivant l'état qu'il em- » brasse): s'il entre dans des fonctions publiques, il doit apprendre à l'avance » les choses de son emploi: s'il entre dans la carrière des lettres, il doit » d'abord tourner son esprit (vers le but qu'il doit atteindre, lequel n'est » autre que la vertu). » Ceci s'applique à ce que nous venons de dire.

Dans le grand collège impérial, voici quel est le système d'enseignement. Chaque saison a ses cours particuliers, et fournit des occupations qui lui sont propres. Pendant les jours de vacance (les élèves) sont tenus d'étudier chez eux en particulier; car, si on n'apprend pas sans cesse à toucher les cordes d'un instrument, on ne peut pas en tirer facilement des sons harmonieux; si on n'apprend pas sur une vaste échelle les figures poétiques, on ne peut pas faire facilement des vers; si on n'apprend pas à porter toute sorte d'habits, on ne peut pas s'acquitter aisément du cérémonial, et si on ne marche pas résolument dans sa carrière, on ne peut pas trouver du plaisir à l'étude. Aussi, l'élève doué de sagesse est tout à ses devoirs quand il est au collège, et ne laisse pas que d'étudier quand il est en vacance.

----

(1) Le surveillant frappait sur un tambour en prononçant à haute voix le nom de chaque élève qui entrait: le son grave du tambour était regardé comme ayant pour effet de chasser la dissipation et de provoquer un recueillement d'esprit qui rendait l'étude facile. Il ouvrait ensuite la boîte aux livres, tant pour éviter à la classe le désordre et le bruit que l'élève aurait faits, que pour indiquer les pages à étudier.

(2) De nos jours encore, les maîtres d'école commencent par faire apprendre aux enfants la forme des caractères avant de leur en faire connaître la prononciation, et la prononciation avant de leur en expliquer le sens.

De cette manière on jouit de la paix pendant ses études, on captive
l'amitié de ses maîtres, on trouve du plaisir avec ses amis, et on a foi
dans la doctrine de la vertu. Il en résulte que quoiqu'on se sépare de
ses maîtres et de ses amis, on ne s'écarte pas pour cela du droit chemin.
(Le chapitre du Xu-kiũ intitulé) Iüé-miñ dit : « Par l'estime (1), la persé-
» vérance, l'application, et une constante diligence, on arrive au but de
ses efforts. » Ce qui revient à ce sujet.

Dans le grand collège impérial, on a pour règle d'empêcher (les vices)
qui ne se sont pas encore fait jour, ce qui s'appelle Obvier; de saisir le
moment où l'élève est apte à faire telle chose, ce qui s'appelle Profiter
du temps; de ne pas permettre qu'on saute brusquement d'un degré
(d'instruction à un autre trop élevé), ce qui s'appelle Suivre progressivement; enfin, de faire voir mutuellement aux élèves ce que chacun d'eux
a fait de bien, ce qui s'appelle Établir le frottement. C'est par ces quatre
moyens qu'on donne à l'enseignement une très-grande impulsion.

Quand le sage connaît bien les causes qui font prospérer l'enseignement, et celles qui le font échouer, alors il est apte à devenir précepteur.
En effet, le sage qui s'adonne à l'enseignement conduit doucement (ses
élèves) et ne les traîne pas de force; il les encourage et ne les tyrannise
pas; il les instruit graduellement et ne leur fait pas tout apprendre à la
fois. En les conduisant ainsi sans les forcer, il les tient en paix; en les
encourageant sans les tyranniser, il leur rend l'étude facile; en les instrui-
sant peu à peu sans leur ouvrir ample carrière, il leur laisse matière à
réfléchir. (Celui donc qui sait procurer à ses élèves) la paix, la facilité,
la réflexion, peut vraiment être appelé un excellent précepteur.

Chez les étudiants il règne quatre défauts que le précepteur doit bien
connaître. Dans leurs études, les uns pèchent par excès, d'autres pèchent
par défaut, les uns pèchent par entraînement, d'autres pèchent par inertie.
Ces quatre défauts se retrouvent à des degrés différents, suivant le caractère des élèves. Lorsque le maître a bien compris le caractère de
chacun, alors il peut entreprendre de corriger son défaut : l'éducation
veut, en effet, qu'on développe les bonnes qualités, et que l'on corrige
les défauts (des élèves).

(1) Il s'agit ici de l'estime active, c'est-à-dire du grand cas qu'on fait des études auxquelles
on doit se livrer; c'est une nuance de l'idée de respect inhérente au caractère Kiñ, mais modifiée
parce qu'elle ne s'applique pas à une personne.

Un bon chanteur fait que les autres imitent son chant : un bon précepteur fait que les élèves se pénètrent de ses sentiments vertueux ; ses paroles sont peu nombreuses, mais parfaitement intelligibles, elles sont très-simples, mais pleines de sens ; ses comparaisons sont petites, mais elles font très-bien comprendre sa pensée : c'est ainsi qu'il obtient que les élèves se pénètrent de ses bons sentiments.

Quand le sage sait bien distinguer parmi les étudiants ceux qui ont de la difficulté à apprendre, de ceux qui ont de la facilité, ceux qui ont un bon caractère, de ceux qui en ont un mauvais, alors il peut employer différentes méthodes d'enseignement ; quand il peut ainsi varier l'enseignement, alors il peut devenir précepteur : ayant pu devenir précepteur, il peut remplir les fonctions de supérieur : ayant pu être supérieur, il peut devenir souverain. L'instruction requise pour être précepteur n'est donc autre que celle qui est requise pour être souverain. Voilà pourquoi on ne saurait apporter trop de circonspection dans le choix des précepteurs. Un vieil adage dit : « Les quatre empereurs des trois dynasties (1) n'ont » dû qu'aux bons précepteurs (la grandeur et la prospérité de leurs » règnes). » Ce qui se rapporte à ce que nous venons de dire.

Tout (prince) qui fait ses études éprouve de la difficulté à respecter son précepteur (parce qu'il est habitué à traiter tout le monde comme ses sujets). Cependant, le respect pour son maître n'est qu'un hommage à la vertu, et en rendant hommage à la vertu, on fait que le peuple apprend à avoir de la considération pour les études. Aussi, y a-t-il deux circonstances où un souverain ne traite pas ses sujets comme des sujets : la première, c'est lorsque quelqu'un représente la personne d'un aïeul défunt ; la seconde, c'est lorsque quelqu'un remplit les fonctions de précepteur. De même, suivant l'étiquette du collége impérial, quoiqu'on ait à parler à l'empereur, il n'est pas indispensable qu'on se tienne le visage

---

(1) Littéralement, « Les quatre générations des trois familles impériales » ; allusion aux souverains qui ont fondé ces trois dynasties ; savoir, **Iŭ**, regardé comme le fondateur de la dynastie des **Hia** ; **Tañ**, fondateur de la dynastie des **Xañ** ; **Wen-wañ** et **U-wañ**, fondateurs de la dynastie des **Cheu** ; ces deux derniers personnages sont rarement cités séparément, quoique **Wen-wañ** n'ait pas porté le titre d'empereur. On pourrait croire de prime abord, qu'il s'agit des trois empereurs **Iŭ**, **Tañ** et **Wen-n** (**Wen-wañ** et **U-wañ**, ne comptant que pour un, ainsi que l'indique le livre élémentaire **Sau-tze-kiñ**) et des quatre dynastie **Iŭ**, **Hia**, **Xañ**, **Cheu** : mais cela n'est guère possible, attendu que, dans ce cas, l'empereur **Iŭ** figurerait deux fois comme chef des deux dynasties **Iŭ** et **Xañ**, ce qui est contraire au langage de l'histoire.

tourné vers le nord, (comme l'étiquette de cour l'exigerait), et cela par déférence pour les professeurs.

Celui qui étudie bien, laisse du loisir au précepteur, profite le double, et est très-content de son maître. Celui qui étudie mal, donne beaucoup de peine à son précepteur, ne profite qu'à moitié, et murmure toujours contre son maître. Celui qui questionne bien (son maître), est comme l'ouvrier qui travaille du bois dur; dans le commencement, le travail est facile, mais ensuite il se rencontre des nœuds (qu'il est difficile de travailler, et qui exigent beaucoup de soin et de patience): ce n'est, (de même), qu'à force de persévérance et de temps, que les choses s'expliquent les unes par les autres. Tout le contraire arrive à celui qui questionne mal. Le maître qui accueille bien les questions (de ses élèves), est comme une cloche sur laquelle on frappe: si on la frappe légèrement, elle rend un son faible; si on la frappe fort, elle rend un son fort: (mais quelle que soit la nature des questions qu'on lui adresse, le maître) attend que l'élève ait fait à loisir toutes ses demandes, pour y faire ensuite une réponse complète (1). Le contraire de ceci arrive, lorsque le maître ne sait pas bien répondre aux questions (de ses élèves). Telle est la voie du progrès dans la carrière des études.

Le fils d'un bon fondeur (en voyant tous les jours son père faire des raccommodages), apprend nécessairement à assembler (d'une façon analogue) des pièces de cuir. Le fils d'un bon faiseur d'arcs, apprend nécessairement à faire (par analogie) des paniers (en bambou et en osier). Le cheval qui commence à l'attelage, est placé au rebours des autres; le char est en avant et le cheval vient après (2). En observant ces trois faits, le sage peut par la réflexion les appliquer à l'étude.

Dans l'enseignement chez les anciens, on tirait des comparaisons d'objets

______

(1) Cette phrase présente beaucoup de difficultés, et elle est par conséquent expliquée de différentes manières par les commentateurs. Il en est qui la rattachent à la comparaison de la cloche, et qui disent « Quelle que soit la force du coup, le son va ensuite en diminuant jusqu'à extinction »; mais j'avoue ne pas comprendre le rapport qui peut exister entre cette particularité du son de la cloche et le maître que les élèves questionnent. La traduction que j'ai admise m'a été suggérée par le **Péi-wen-iün-fu** qui cite ce passage avec une variante propre à dissiper toute incertitude: il remplace **Xeŭ**, Son, par **Hio**, Instruction.

(2) C'était la coutume anciennement d'attacher derrière la voiture le jeune cheval qui n'avait pas encore servi à l'attelage, afin de l'habituer au trait. De nos jours, on l'attèle de préférence sur le devant à côté d'un cheval âgé dont on n'a plus à craindre aucun emportement, malgré les ruades de son compagnon.

de nature semblable (qui, quoiqu'étrangers, en apparence, au but qu'on
se proposait, ne s'y rapportaient pas moins d'une façon indirecte). Ainsi,
par exemple, le tambour ne figure point parmi les cinq notes, (et cependant, sans l'aide du tambour) les cinq notes ne peuvent pas s'har-
moniser: l'eau ne figure point parmi les cinq couleurs, (et cependant,
sans le secours de l'eau pour les délayer) les cinq couleurs ne peuvent
pas avoir de l'éclat (1): l'étude ne figure point parmi les cinq sens du
corps humain, (et cependant, sans l'étude) les cinq sens ne peuvent pas
être convenablement ordonnés: le précepteur ne figure point parmi (ceux
qui sont chargés de régler le cérémonial) des cinq sortes d'habits de
deuil, (et cependant, sans les enseignements du précepteur) les cinq sortes
d'habits de deuil ne réveillent point, par eux-mêmes, les sentiments d'affectueuse piété (dont on doit être pénétré en pareille circonstance) (2).

Un sage a dit: « Une grande vertu n'est pas absorbée par un seul
office public: une grande capacité ne doit pas être (bornée à un seul
usage), comme un ustensile: une grande loyauté n'a pas besoin d'être
liée par un contrat: une grande époque ne peut pas être bornée (à tel
temps ou à tels évènements). » En réfléchissant bien sur ces quatre idées,
on peut comprendre ce qui découle naturellement (de l'étude).

Quand les trois empereurs (chefs des trois dynasties Hia, Xañ et Cheu)
offraient des sacrifices aux eaux, ils sacrifiaient d'abord aux fleuves, puis
à la mer: à ceux-là, d'abord, comme étant la source, à celle-ci après,
comme étant le terme. Ceci s'appelle Faire attention à l'origine (des
choses et à leur cause primitive).

---

(1) Les couleurs sèches, soit en poudre, soit en morceaux, n'ont pas, en effet, le brillant que
leur donne la détrempe et la gomme qui les fixe. De tout temps, les Chinois n'ont peint qu'à l'eau,
et trois siècles de contact avec les Européens n'ont pas encore suffi pour leur faire adopter la peinture à l'huile: ils disent, avec quelque raison, que l'eau facilite la dégradation ou l'affaiblissement
progressif des nuances bien autrement que l'huile.

(2) On distingue, d'après sa durée, cinq sortes de deuil: le deuil de trois ans, qu'on porte
pour ses père et mère; le deuil d'un an qu'on porte pour ses frères, ses oncles et les parents à
ce degré; le deuil de neuf mois qu'on porte pour ses cousins germains; le deuil de cinq mois qu'on
porte pour des petits cousins; et le deuil de trois mois qu'on porte pour les alliés.

CHAPITRE XVI.

IO-KI.

MÉMORIAL DE LA MUSIQUE.

Tout air musical tire son origine d'une émotion du cœur humain, et
ces émotions sont produites par les objets extérieurs. Dès qu'un objet vous
frappe à l'improviste, on est ému, et on manifeste (les sentiments qu'on
éprouve) par des sons. Or, comme les sons répondent (à des sentiments
divers), il en résulte une grande variété, et c'est par leur variété que se
forment ce qu'on appelle les airs musicaux. Ces airs, on les embellit en
les enrichissant de sons (qui produisent l'harmonie), et lorsqu'on les accompagne de haches de guerre et d'étendards en plumes et en crin (avec lesquels
on fait des exercices d'escrime et de mimique), cela s'appelle de la musique.

____

(1) Pour bien comprendre ce chapitre, il faut se pénétrer des principes suivants, sur lesquels
repose toute la théorie des philosophes chinois en matière de musique.

« Le principal but et l'effet immédiat de la musique, disent-ils, c'est d'établir l'union des cœurs,
l'harmonie des sentiments entre les hommes; le principal but et l'effet immédiat des rites, c'est,
au contraire, d'établir des distinctions entre les hommes, en plaçant chacun au rang qui lui convient. De ce que ces régulateurs de la vie sociale agissent en sens opposé, on les emploie concur-
remment, afin de corriger l'un par l'autre, et atteindre le juste milieu qui seul constitue la vertu;
car, l'excès de l'un ou de l'autre serait également vicieux et nuisible. »

« Quand l'union est dans les cœurs, il lui faut une expression, une manifestation au dehors;
mais pour cela les sons musicaux ne sont pas suffisants, il faut y ajouter des objets matériels, tels
que des armes, des insignes, des ustensiles, des costumes etc., au moyen desquels on puisse exprimer certaines idées. Grâce à ces auxiliaires, la musique devient une représentation des choses,
une imitation mimique des hauts faits consignés dans l'histoire. Aussi, à chaque victoire, à chaque
évènement glorieux de leur règne, les empereurs ont-ils eu soin de composer un chant, qui, accompagné de certaines évolutions mimiques, en perpétuât le souvenir. Et afin d'empêcher qu'en se
vulgarisant trop, ces chants et ces représentations ne perdissent de l'estime qu'on devait y attacher,
les empereurs n'en permettaient l'exécution qu'à titre de récompense, aux princes feudataires qui
avaient bien mérité du suzerain dans le gouvernement de leur fief. La musique devenait par ce
moyen une indication exacte du mérite personnel de chaque seigneur, et il suffisait d'entendre les
pièces qui s'exécutaient à sa cour, pour savoir à quel degré d'estime il se trouvait auprès de l'empereur (Voyez page 15). Chez le peuple, la musique est aussi une indication exacte des mœurs
dominantes, et des sentiments de joie ou de tristesse que chacun éprouve.

On voit, d'après ce court exposé, que la musique chinoise telle que l'ont entendue les anciens,
avait tous les caractères d'une représentation théâtrale ayant pour but de parler tout à la fois aux
yeux, aux oreilles, à l'esprit et au cœur.

La musique se compose d'airs; mais elle prend sa source dans le cœur de l'homme impressionné par les objets du dehors. Aussi, lorsque le cœur est ému par des sentiments de commisération, les sons qu'il suggère sont arides et peu nombreux; lorsqu'il éprouve un sentiment de plaisir, les sons suggérés sont complets et paisibles; lorsqu'il ressent de la joie, les sons grandissent et prennent de l'ampleur; lorsqu'il est en proie à la colère, les sons deviennent rudes et sauvages; lorsqu'il est sous l'impression du respect, les sons sont droits et bien tranchés; lorsqu'il est inspiré par l'amour, les sons prennent de la douceur et de la tendresse. Ces six sortes d'affections ne sont pas absolument inhérentes à la nature de l'homme, mais elles sont provoquées par des objets extérieurs (1); c'est pour cela que les anciens empereurs observaient avec soin ce qui pouvait émouvoir le cœur de l'homme; c'est pour cela qu'ils imposèrent des cérémonies pour diriger les volontés; qu'ils instituèrent la musique pour réglementer les sons; qu'ils fixèrent des lois pour mettre de l'unité dans la conduite du peuple; et qu'ils établirent des peines pour empêcher les désordres. Le cérémonial, la musique, les peines et les lois n'avaient donc qu'un but, (celui d'éloigner du peuple les émotions involontaires), afin de le maintenir dans une égalité de sentiments, et atteindre ainsi le secret de gouverner en paix.

Tout air musical prend sa source dans le cœur de l'homme: les passions émues au dedans se manifestent au dehors par des sons: lorsque les sons forment une composition, cela s'appelle un air. En temps de paix, les airs respirent le calme et la joie, le gouvernement est tempéré. En temps de révolte, les airs sentent le reproche et la colère, le gouvernement est désordonné. En temps de dissolution de l'empire, les airs respirent la pitié et la réflexion, le peuple n'a plus d'issue; ce qui prouve qu'entre la nature des airs musicaux et l'état du gouvernement il y a un rapport intime.

---

(1) Cette proposition quelque peu paradoxale pour certaines de nos écoles, est le corollaire du principe fondamental de l'éthique chinoise qui fait naître l'homme bon, et n'attribue les vices dont tout adulte est plus ou moins infecté, qu'au contact des choses du dehors. La bonté native n'est, cependant, pas regardée comme excluant de l'âme des dispositions particulières susceptibles d'excès; mais, semblables à une matière flexible apte à recevoir des formes différentes, ces dispositions deviennent des vertus lorsqu'elles sont gouvernées par la raison, et des passions lorsqu'elles la dominent.

La note **Kuñ** se rapporte au souverain, la note **Xañ** se rapporte aux magistrats, la note **Kio** au peuple, la note **Che** aux affaires, et la note **Iŭ** aux choses (1). Si le désordre ne s'introduit pas dans ces cinq catégories, les airs ne respirent aucun obstacle.

Tout air prend sa source dans le cœur de l'homme; la musique est intimement liée avec les rapports essentiels des êtres. Aussi, connaître les sons, mais ne pas savoir les airs, c'est le propre des oiseaux et des bêtes brutes; savoir les airs, mais ne pas savoir la musique, c'est le propre du vulgaire: au sage seul il est réservé de comprendre la musique. C'est pourquoi on étudie les sons pour savoir les airs, qu'on étudie les airs pour savoir la musique, et qu'on étudie la musique pour savoir gouverner: de cette manière la science gouvernementale est complète. C'est pourquoi, à celui qui ne sait pas les sons on ne peut pas parler des airs, et qu'à celui qui ne comprend pas les airs on ne saurait parler de la musique. Mais la connaissance de la musique entraîne celle du cérémonial. Quand on possède le cérémonial et la musique, cela s'appelle Posséder la vertu; car le mot Vertu signifie Possession (2).

Mais la magnificence de la musique n'exige pas qu'on exécute des airs parfaits, comme la cérémonie des offrandes (qu'on fait dans le sacrifice d'été) n'exige pas qu'on donne aux mets offerts une saveur exquise; le luth, même, dont on joue dans le temple des ancêtres, n'a que des cordes en soie rouge, et quelques trous (dans la caisse d'harmonie). Là, une personne entonne le chant et trois autres (seulement) y répondent, bien d'autres parties musicales se trouvant ainsi exclues. Dans la cérémonie des offrandes de mets, on donne la préférence à l'eau (plutôt qu'au vin); les vases sacrés ne contiennent que du poisson cru, et le bouillon n'a aucun assaisonnement, bien des saveurs se trouvant ainsi exclues. C'est

____

(1) Voici encore une application de la théorie cosmogonique des rapports essentiels qui, selon la philosophie chinoise, existent entre les différents êtres matériels ou de raison, et les divers phénomènes de la nature. Voir mon Mémoire sur ce sujet, et plus haut chapitre VI.

(2) L'auteur raisonne par une espèce de calembour basé sur ce que le mot Vertu et le mot Possession se prononcent tous deux **Tœ**; mais son raisonnement n'est pas, au fond, aussi ridicule qu'il peut le paraître au premier abord; car, la vertu telle que l'entendaient les anciens Chinois, ne s'acquérait que par l'étude de la philosophie, du cérémonial, de la musique, de la gymnastique civile et militaire, et des autres sciences propres à l'homme instruit et polissé. Par conséquent, posséder, ou avoir atteint, les connaissances propres au sage, c'était la même chose que de posséder ou avoir atteint la vertu.

pour cela qu'en instituant les rites et la musique, les anciens empereurs
ne cherchèrent pas à satisfaire entièrement les appétits de la bouche et
du ventre, des oreilles et des yeux, mais qu'ils visèrent à apprendre au
peuple à tenir le milieu entre la passion du beau et l'aversion du mauvais,
afin de ramener les hommes aux principes naturels.

L'homme est naturellement paisible; c'est une qualité que le Ciel lui
a donnée. Les choses extérieures lui causent des émotions et excitent ses
appétits; c'est donc par le concours des choses extérieures que l'esprit
acquiert des connaissances, et que se manifestent ensuite l'amour et
l'aversion.

En instituant les rites et la musique, les anciens empereurs ont fixé
un juste milieu entre les excès naturels à l'homme. Les habits de toile
grossière non cousus, les sanglots, les larmes (et les autres rites funèbres)
ont été posés pour règle dans les différentes espèces de deuil. La cloche,
le tambour, le bouclier, la hache de guerre (et les autres instruments,
soit de musique, soit de combat, soit d'évolution) ont servi de règle à
la joie et au plaisir. Le mariage, la prise du chapeau viril et la prise de
l'aiguille à cheveux (1) ont réglé les rapports et la distinction entre l'homme
et la femme. Les repas de cérémonie entre princes et ceux entre agriculteurs ont déterminé les relations (dans les visites qu'on se fait annuelle-
ment). Les rites règlent les sentiments du peuple; la musique règle les
sons divers chez le peuple; les lois engagent à observer (les rites et la
musique); les châtiments empêchent qu'on s'en affranchisse: les rites, la
musique, les châtiments et les lois s'étendent donc partout, et il n'est
permis à personne de se révolter contre. Ainsi entendu, l'art du souverain
est complet.

La musique met de l'unité (dans les sentiments des hommes); les rites
établissent des distinctions (entre les différentes classes de personnes);
l'unité produit l'affection réciproque; les distinctions produisent le respect
mutuel. L'excès dans la musique occasionne une affection exagérée; l'excès
dans les rites occasionne l'éloignement: l'accord des sentiments et la no-

____

(1) De même que les jeunes gens prenaient, en grande cérémonie, le chapeau viril à l'âge de vingt
ans, de même, les jeunes filles qui atteignaient leur 15e année prenaient avec un cérémonial analogue, l'aiguille de tête destinée à fixer en chignon les cheveux qu'elles avaient jusqu'alors portés
flottants. Après cette cérémonie, les uns et les autres n'étaient plus regardés comme des adolescents
auxquels les jeux sont permis; leur conduite devait être celle des gens sérieux.

blesse des formes sont le propre de la musique et des rites (sagement combinés). En établissant des convenances rituelles, on distingue les nobles des plébéiens; mais en unissant tout le monde au moyen de la musique, on établit l'accord entre les classes supérieures et les classes inférieures.

(Quand le souverain) manifeste son attachement ou son aversion (pour quelqu'un, suivant que celui-ci cultive ou néglige la musique et les rites, le peuple apprend par là) à distinguer le sage de l'homme de rien; quand, par le châtiment, (le souverain) met un frein à l'homme pervers (qui se moque de la musique et des rites) et que, par des dignités, il élève le sage (qui les cultive avec soin), son gouvernement est d'une équité parfaite. (Toutefois, ce n'est point par la violence qu'on peut forcer quelqu'un à devenir un sage.) L'affection mutuelle (qu'inspire la musique suppose déjà) l'humanité du cœur, comme l'accomplissement exact (des rites suppose déjà) la justice. C'est par ces moyens que la paix règne dans la nation.

La musique provient du dedans, les rites s'accomplissent au dehors: de ce que la musique provient du dedans elle est paisible; de ce que les rites s'accomplissent au dehors ils sont élégants. La musique, assurément, est facile de sa nature, et les rites n'offrent certainement pas des difficultés. Si la musique survient, tous les reproches cessent; si les rites interviennent, il n'y a plus d'altercation. (Si un souverain réussit) à gouverner l'empire par la douceur, on peut affirmer que c'est par la musique et les rites (qu'il obtient ce merveilleux résultat). Quand il ne se forme pas des hommes pervers, que les seigneurs vont régulièrement faire leur visite à l'empereur, que les armes ne servent pas, que les cinq espèces de châtiments (1) ne sont pas employés, que le peuple n'est pas malheureux, que l'empereur n'est pas irrité, dans de pareilles circonstances, c'est que la musique a pénétré partout. Quand l'empereur remplit fidèlement les devoirs de la piété filiale, et qu'il met en relief la distinction entre les plus et les moins âgés, de façon (à ce que son exemple engage le peuple) compris dans les quatre mers (2) à être respectueux (envers ses

(1) Les cinq châtiments ont varié suivant les époques; chez les anciens, il y avait 1° l'amputation du nez, 2° l'amputation des oreilles, 3° la castration, 4° la marque au visage, 5° la mort. De nos jours il y a les verges de bâton, la déportation temporaire, l'exil et la mort.

(2) Ignorant la géographie du pays même qu'ils habitaient, les anciens Chinois supposaient que l'empire était borné par la mer aux quatre points cardinaux, et ils désignaient souvent la

parents et ses supérieurs), cette conduite du Fils du Ciel est une preuve que les rites se sont répandus.

De sa nature, la musique a une harmonie semblable à celle qui existe entre le Ciel et la Terre; de leur nature, les rites ont une gradation semblable à celle qui existe (entre les différents êtres) dans le ciel et sur la terre. L'harmonie est cause que les êtres ne périssent pas, la gradation fait qu'on offre certains sacrifices au Ciel et d'autres sacrifices à la Terre. Dans le monde visible il y a les rites et la musique, comme dans le monde invisible il y a les âmes et les esprits. Cela étant, si l'empire (est sous l'heureuse influence de la musique et des rites) tout le monde est respectueux et affectionné. Dans les rites il y a une foule de choses, mais toutes aboutissent au respect; dans la musique il y a beaucoup de compositions, mais toutes tendent à inspirer l'affection mutuelle; les rites et la musique sont donc de nature semblable. C'est pourquoi le souverain éclairé continue ce qui a été fait (d'essentiel par ses prédécesseurs); néanmoins, les choses (de détail qui concernent les rites) suivent les circonstances du temps, et le nom (des compositions musicales) change au besoin, afin d'être en rapport avec le mérite (des hauts personnages en honneur desquels on les chante).

La cloche, le tambour, le flageolet, la pierre sonore, l'étendard en plumes, la flûte, le bouclier et la hache de guerre sont des instruments en usage dans la musique. La courbure et la droiture (du corps), l'inclination et l'élévation (de la tête), la position relative (des rangs d'individus), la mesure de la marche (progressive ou rétrograde), la lenteur et la célérité sont des circonstances extérieures de la musique. Les vases Fu, Kuéi, Chu et Teu, les insignes réglés (par la loi ou l'usage) et les ornements du costume ce sont des ustensiles des rites: monter ou descendre, se tenir en haut ou rester en bas, faire un circuit et laisser paraître la jolie doublure de son habit, ce sont des circonstances des rites. Celui qui

Chine par l'expression de « Pays compris entre les quatre mers. » Certains auteurs supposent, avec quelque raison, peut-être, que les anciens ont envisagé comme des portions de mers inconnues les deux grands fleuves **Huañ-ho** et **Iañ-tze-kiañ** qui par leurs grands circuits entourent, en effet, les provinces dont se composait à son berceau l'empire de Chine. Quelle que soit l'origine du nom, il faut le prendre aujourd'hui comme synonyme de « Empire du Milieu » de « Terre fleurie » de « Royaume des **Tañ** » de « Empire des **Han** » et des autres expressions par lesquelles on désigne la Chine dans un sens figuré. Voyez ce qui est dit au chapitre XXI au sujet de la locution **Se-kuo** analogue à celle-ci.

connaît la nature de la musique et des rites peut les mettre à exécution ; celui qui a compris les circonstances de la musique et des rites peut les imiter. On appelle transcendant celui qui exécute (par ses connaissances personnelles), et intelligent celui qui imite (en se prévalant des connaissances d'autrui ; par conséquent, lorsqu'on dit) un imitateur et un exécuteur (d'initiative), c'est comme si on disait un homme intelligent et un homme transcendant.

L'harmonie de la musique est semblable à celle qui existe entre le ciel et la terre ; la gradation des rites (est comme celle qui existe entre les différents êtres) au ciel et sur la terre. En vertu de l'harmonie tous les êtres naissent ; en vertu de la gradation tous les êtres se distinguent entre eux. La musique est une imitation (de ce qui a lieu au) ciel ; les rites sont une application (de ce qui existe sur) la terre. Si on imite mal, il en résulte du désordre ; si on applique mal, il en résulte de l'oppression. Ayez donc d'abord une parfaite connaissance du ciel et de la terre, et ensuite vous pourrez pratiquer avantageusement la musique et les rites.

Les vers et les sons sans défaut sont l'essence de la musique ; la joie et l'affection en sont des effets extérieurs. Le juste milieu et la rectitude sans déviation sont la substance des rites ; la vénération profonde et la déférence respectueuse en sont les moteurs. Tant que les rites et la musique se bornent aux métaux et aux pierres (c'est-à-dire aux instruments de musique et aux ustensiles des cérémonies), et qu'ils ne produisent que des sons et des airs, ce sont simplement des choses en usage dans le temple des ancêtres et dans les sacrifices aux Dieux tutélaires du territoire et des moissons, aux montagnes, aux rivières, aux âmes et aux esprits, toutes choses à la portée du vulgaire.

Quand l'empereur a accompli quelque œuvre, il fait exécuter de la musique (destinée à en perpétuer le souvenir) : quand son gouvernement est bien établi, il règle les rites. Si son œuvre est grande, sa musique est parfaite ; si son gouvernement s'étend partout, ses rites sont complets. Les évolutions des boucliers et des haches de guerre ne constituent pas une musique parfaite (1).

------

(1) On voit encore par ce passage, qu'il était de l'essence de la musique, telle que les anciens Chinois l'entendaient, que non seulement l'orchestre fût accompagné d'une troupe d'acteurs, mais qu'il y eût un concours simultané de mimique civile et de mimique militaire. J'appelle mimique civile la représentation de hauts faits étrangers au métiers des armes, qu'on exécutait en manœu-

Les viandes bouillies offertes en sacrifice ne constituent pas un rite perpétuel. Sous les cinq empereurs (Fu-hi, Xèn-nuñ, Huañ-ti, Iao et Xuen) il y eut des époques (de nature) différente, la musique ne fut pas uniforme: sous les trois empereurs (Iü, Tañ et Wen-u) les temps différèrent, on ne suivit pas les mêmes rites. La musique poussée à l'excès produit de la tristesse; les rites grossièrement observés produisent l'inégalité. User de la musique autant qu'il est possible, sans provoquer la tristesse, et observer entièrement les rites, sans la moindre inégalité; ceci n'est accessible qu'à l'homme de qualités très-éminentes.

(1) Tous les êtres répandus entre le ciel qui est au-dessus, et la terre qui est au-dessous, ont une différente manière d'exister: de là, l'institution des rites (qui établissent des distinctions entre les hommes). Dans leur révolution, le ciel et la terre ne s'arrêtent point, et leur action combinée donne naissance à toutes choses: de là, la création de la musique. Au printemps tout pousse, en été tout grandit, (sans distinction des bonnes ou des mauvaises plantes; c'est l'image de) l'humanité (qui fait qu'on aime indistinctement tous ses semblables.) En automne on récolte, en hiver on met en réserve (tous les produits de la terre, bons et mauvais; c'est l'image de) la justice (qui punit ou récompense avec une égale impartialité). L'humanité a du rapport avec la musique, la justice a du rapport avec les rites. La musique est intimement liée avec l'harmonie (des sentiments); elle suit le principe supérieur (Iañ) et se dirige vers le ciel: les rites distinguent les choses qui conviennent; ils dépendent du principe inférieur (In) et se dirigent vers la terre. Aussi, les sages éminents (de l'antiquité) créèrent la musique pour répondre au ciel, et instituèrent les rites pour faire pendant à la terre. Lorsque les rites et la musique sont

---

vrant des hampes terminées par des plumes, ou des touffes de crin suspendues en guise de flamme, des étendards et d'autres insignes propres aux fonctionnaires civils. J'appelle mimique militaire la représentation de grands faits guerriers pour lesquels on se servait d'armes de différentes espèces. L'auteur dit ici que la mimique militaire toute seule ne suffisait pas pour que la mimique fût parfaite. Voyez pag. 25 et 64.

(1) Le célèbre encyclopédiste **Ma-tuan-lin** dit (liv. 181ᵉ) que ce passage est un des plus merveilleux qui aient jamais été écrits; et il en tire la preuve que l'ouvrage n'a pu être écrit postérieurement aux **Han**, parce que, dit-il, à dater de cette dynastie, il n'a paru aucun esprit assez supérieur pour concevoir des idées aussi profondes, et les formuler dans un langage aussi élevé. En ce qui touche l'origine du **Li-ki**, le raisonnement de l'encyclopédiste me semble passablement faux; quant à la valeur intrinsèque de la période, je laisse au lecteur le soin d'en juger d'après la traduction, que j'ai tâché de rendre aussi fidèle que possible.

exécutés avec perfection, le ciel et la terre s'acquittent également de leurs devoirs.

Le ciel est en haut, la terre est en bas; (c'est à leur instar) que furent établis le souverain et les sujets. Les hauteurs et les vallées sont répandues (sur la terre; c'est à leur instar) qu'il y a des hommes nobles et des hommes vulgaires. (De même que le principe du) mouvement et celui du repos se succèdent continuellement (sans se confondre; de même, les rites) petits et grands se distinguent tous.

Les cinq rapports sociaux réunissent ensemble des individus de même catégorie: (les rites) séparent les objets suivant leur espèce respective; cela, parce que la destinée n'est pas la même pour tous. Les figures (des astres et des phénomènes qui apparaissent) dans le ciel, ont été imitées (sur les costumes officiels, sur les étendards, les vases sacrés etc.; les formes qui se présentent) sur la terre (telles que les montagnes, les vallées, les grottes, les fruits, les animaux etc.) ont été prises pour modèle (dans la construction des édifices, des ustensiles, des vases sacrés etc.). De cette manière, les distinctions établies dans les rites sont celles-mêmes qui existent entre le ciel et la terre.

Le fluide terrestre monte en haut, le fluide céleste descend en bas; les (deux principes) In et Iañ sont mutuellement en contact; le ciel et la terre sont réciproquement d'accord. Pour remuer les êtres, il y a le tonnerre; pour leur donner de l'essor, il y a le vent et la pluie; pour les tenir en mouvement, il y a les quatre saisons; pour les chauffer doucement, il y a le soleil et la lune: par ces moyens, tous les êtres naissent et se développent (1). Cela posé, la musique (telle que le sage la comprend, n'étant qu'une imitation de l'accord qui règne dans la nature, on peut dire qu'elle) est l'harmonie du ciel et de la terre.

---

(1) Le sens que j'ai adopté ici comme plus rationnel et plus conforme à l'esprit du contexte, diffère de celui des commentateurs qui me servent habituellement de guides. Suivant eux il faudrait dire: « Quand les principes In et Iañ font du bruit, c'est le tonnerre; quand ils font des efforts, c'est le vent et la pluie; quand ils se meuvent; c'est les quatre saisons; quand ils éclairent, c'est le soleil et la lune: de là la naissance de tous les êtres. »

En comparant attentivement ce passage avec ce qui précède et ce qui suit, on voit aisément que le sens des commentateurs n'est pas logique, car il s'agit partout de l'action réciproque du ciel et de la terre, de leurs relations intimes avec les objets de la création, et nullement d'une définition grammaticale de leurs principaux phénomènes. Et quoique souvent, les raisonnements de l'auteur ne soient pas déduits avec beaucoup de précision, il me semble qu'en présence de deux traductions également autorisées par le texte, dont une a le bon sens, tandis que l'autre n'en a guère, il n'y a pas lieu à hésiter, dût-on prêter à l'auteur un peu plus de dialectique qu'il n'en avait, peut-être.

(Le pouvoir) des rites et de la musique atteint jusqu'au ciel et remplit toute la terre; il passe à travers (les principes) In et Iañ, et établit des rapports avec les âmes et les esprits; il atteint la plus grande élévation, il arrive à l'extrême de l'éloignement, et sonde les plus impénétrables profondeurs. La musique tient la place du Grand Principe (c'est-à-dire du Ciel); les rites tiennent la place des êtres créés, (c'est-à-dire de la Terre). En se montrant sans repos, (la musique est comme) le ciel qui est dans un mouvement perpétuel. En se montrant immuables, (les rites sont comme) la terre (qui reste immobile au centre de l'univers) (1). D'un côté le mouvement, de l'autre le repos, cela embrasse toutes les merveilles du ciel et de la terre. C'est pourquoi les hommes éminents en vertu ne parlent que de rites et de musique (parce que ces deux sortes d'occupations sont une imitation constante du Ciel et de la Terre) (2).

Dans l'antiquité, l'empereur Xuen fabriqua un luth à cinq cordes de soie, pour chanter l'ode du vent méridional (3). (D'après ses ordres, son ministre) Kuéi commença à régler le genre de musique qu'on permettait aux seigneurs à titre de récompense. C'est pourquoi les empereurs qui (récompensent en) déterminant la musique (dont on peut faire usage), récompensent dans les seigneurs la vertu dont ils sont doués. Si leur vertu est très-grande, s'ils apprennent (au peuple) à faire grand cas (des bons exemples qu'on lui donne, et que, par leur zèle à stimuler l'agriculture), les moissons soient mûres au temps voulu, alors on leur accorde la récompense de la musique. Aussi, lorsqu' (un seigneur) se donne beaucoup de peine pour bien gouverner le peuple, les rangs successifs (d'acteurs

---

(1) En Chine, comme ailleurs, les anciens astronomes ont admis le système de Ptolémée qui fait tourner tout le firmament autour de la terre, pendant que celle-ci reste au centre dans un état de complète immobilité par rapport aux corps célestes.

(2) Ici encore un examen approfondi du contexte m'a porté à adopter un sens différent de celui des commentateurs que je prends ordinairement pour guides. Suivant eux, le sens de ce passage serait celui-ci : « C'est pourquoi les hommes éminents en vertu se contentent de dire : Les rites et » La musique, (ces deux expressions rappelant assez par elles-mêmes le ciel et la terre, pour » qu'il ne soit pas nécessaire de nommer clairement ces derniers.) » Mais l'esprit de tout l'ouvrage indique, ce me semble, d'une façon péremptoire, que dans les rites et la musique les sages voyaient moins une synonymie de mots, que l'imitation (vraie ou fictive, peu-importe) des phénomènes du ciel et de la terre.

(3) Les historiens ont conservé de cette ode, Nan-fañ, les quatre premiers vers, qu'on peut traduire ainsi : « Le vent tempéré du sud a la vertu de chasser la tristesse du cœur de mon peuple ; » Le vent du sud qui vient au temps voulu a le pouvoir de rendre abondantes les richesses de » la nation. »

qu'on lui permet) dans les évolutions (qui accompagnent sa musique)
s'étendent au loin; tandis que celui qui gouverne à son aise le peuple,
ne voit dans les évolutions (de sa musique) qu'un nombre fort limité de
rangs successifs d'acteurs. De là, il suffit de regarder les évolutions (de
la musique chez un seigneur) pour savoir quelle est sa vertu, comme il
suffit d'entendre le nom posthume donné à un défunt, pour savoir quels
ont été les actes (de ce personnage durant sa vie.) (1)

(La musique) Ta-chañ, (composée par Iao), fait éclater (les vertus de cet
ancien empereur; la musique) Hièn-che, (composée par Huañ-ti, indique que
sous le règne de cet empereur tout était) complet: (la musique) Chao,
(composée par Xuen, annonce) la continuation (des vertus de son prédécesseur: la musique) Hia, (composée par Iü, respire) la grandeur (de ses
vertus): la musique des dynasties In et Che embrasse toutes (les significations qui se rattachent aux phénomènes célestes et aux affaires humaines).

La loi du ciel et de la terre est ainsi: si le froid et la chaleur ne
viennent pas en leur temps, il en résulte des maladies; si le vent et la
pluie n'ont pas de limites, il en résulte la famine. Eh bien! l'enseignement est pour le peuple comme le froid et la chaleur; si on ne le donne
pas en temps voulu, il en résulte un dommage grave pour la société: les
affaires publiques sont pour le peuple comme le vent et la pluie; si on
n'y observe pas de limites, il n'en résulte rien de bon. (En voyant ces
effets de l'accord ou du désaccord dans la nature), les anciens empereurs
ont donné la musique (pour enseignement), afin d'imiter le Ciel dans le
gouvernement (de l'empire; et le peuple à son tour) a imité la vertu, dès
qu'il a vu le souverain lui en donner l'exemple.

Les festins font la réjouissance des convives: la musique offre l'image
de la vertu: les rites mettent obstacle aux excès. Aussi, lorsqu'aux anciens
empereurs il survenait quelque grand deuil, ils ne manquaient pas d'observer les rites, afin de modérer leur chagrin: lorsqu'il leur arrivait quelque
chose de très-heureux, ils ne manquaient pas d'observer les rites, afin de
contenir leur joie: (par conséquent), le chagrin et la joie n'arrivent à
bonne fin que par les rites. La musique est une des choses dans lesquelles
les hommes éminents en vertu trouvent du plaisir, car elle a le pouvoir
de rendre le peuple bon, de toucher profondément les hommes et de

____

(1) Voyez ce qui a été dit page 10 au sujet des noms posthumes.

changer les mœurs. Aussi, les anciens empereurs divulguaient la musique comme un véritable enseignement.

Le peuple a des organes corporels et des facultés intellectuelles qui constituent sa nature: mais le chagrin et la joie, le plaisir et la colère (sont des mouvements de l'âme) qu'il n'éprouve pas toujours. S'il lui survient une émotion causée par quelque objet, aussitôt les sentiments du cœur se manifestent au dehors. C'est pourquoi, (lorsqu'on voit le peuple) composer des airs précipités, maigres, secs et allant en diminuant, (on peut en conclure) qu'il est pensif et triste. Lorsqu'il compose des airs larges, paisibles, lents, égaux, variés et lucides, (on peut en conclure) qu'il est prospère et joyeux. Lorsqu'il compose des airs qui commencent par des sons rudes et profonds, qui finissent par des sons brusques, et qui, (au milieu, expriment) une grande colère, (on peut en conclure) qu'il a de la fermeté. Lorsqu'il compose des airs saccadés, suivis, durs, droits, forts et francs, (on peut en conclure) qu'il est respectueux. Lorsqu'il compose des airs calmes, aisés, coulants, réglés dans toutes leurs parties et produisant l'accord, (on peut en conclure) qu'il est tendrement affectueux. Lorsqu'il compose des airs vagues, inégaux, désordonnés, éparpillés, interminables, et comme flottant au hasard, (on peut en conclure) qu'il est livré à ses passions.

C'est pourquoi les anciens empereurs prenaient les sentiments de la nature humaine pour base essentielle (de la musique), et qu'ils examinaient les règles (des sons et des instruments) divers pour déterminer ce qui convenait aux différents rites. (La musique, en effet, peut) favoriser l'harmonie du fluide producteur des êtres, et diriger les actes humains dans les cinq espèces de rapports sociaux: elle fait que le principe Iañ ne se développe pas trop, et que le principe In ne se concentre pas à l'excès (1); que

---

(1) Ce passage établit d'une façon péremptoire que les deux principes cosmogoniques In et Iañ, tout en ayant des domaines différents dans la nature, ne constituent, par leur harmonie, qu'un seul fluide générateur de toutes choses. Mais quelle est la nature de ce fluide? Suivant les uns, il est analogue à l'air que nous respirons; suivant d'autres il est analogue à la chaleur latente: cependant, la doctrine la mieux accréditée veut que ce soit un agent invisible et insensible, répandu dans l'univers entier, qui ne manifeste son existence que par la production des êtres, par la vie, le mouvement, la chaleur et la lumière. Dans le sens chrétien, ce serait le pouvoir créateur, ou Dieu lui-même, avec cette différence, néanmoins, que nous regardons ce Grand Être comme indépendant de l'action humaine, tandis que l'ancienne philosophie des Chinois attribue au concours de l'homme, à la musique par exemple, le pouvoir d'aider le fluide universel dans ses manifestations.

les caractères durs n'entrent pas en colère, et que les caractères doux ne se laissent pas aller à la peur. Ces quatre effets s'étendent et s'unissent dans le milieu qui leur est propre, pour se manifester ensuite au dehors, se tenant tous paisiblement à leur place, sans empiéter l'un sur l'autre.

Après cela, (les anciens empereurs) instituèrent des collèges et des degrés universitaires; ils donnèrent des développements à la musique dont ils avaient posé les règles, et en étudièrent les beautés, afin de concentrer la vertu naturelle; ils mirent de l'unisson entre les sons forts et les sons faibles; ils mirent de la gradation entre le commencement et la fin; de manière à donner une représentation des choses de la vie; enfin, ils firent en sorte que la doctrine (qui règle les devoirs) entre parents proches et parents éloignés, entre nobles et roturiers, entre plus âgés et moins âgés, entre hommes et femmes, se manifestât sensiblement sur tous ces points dans la musique. C'est pourquoi on dit : « au moyen de la musique on » peut voir ses profondeurs. »

Tout son dépravé émeut le cœur de l'homme, et soudain les penchants vicieux y répondent. Quand les penchants vicieux se réduisent en actions, il en résulte aussitôt une musique déréglée. Les sons réguliers émeuvent le cœur de l'homme, et soudain les bons penchants y répondent: quand les bons penchants se réduisent en actions, il en résulte une musique harmonieuse. Un commencement (quelconque a donc toujours) son écho qui lui répond: (de la même manière) les choses courbes, les choses inclinées, les choses crochues et les choses droites se rangent chacune dans sa catégorie, et d'après leur nature tous les êtres se meuvent respectivement, chacun selon son espèce.

C'est pourquoi le sage (s'efforce) de retourner vers les bons sentiments (que la nature lui avait donnés à sa naissance (1)), afin de rectifier ses pensées; et qu'il compare les choses (bonnes avec les mauvaises), afin de perfectionner ses actions. Ainsi, par exemple, les sons lascifs et les choses illicites ne trouvent accès ni à ses oreilles, ni à ses yeux; la musique vicieuse et les rites déréglés ne sont pas admis dans son cœur; le main-

---

(1) La première phrase du livre élémentaire **San-tzě-kiñ** qu'on donne aux enfants qui apprennent à lire, est ainsi conçue : « L'homme à sa naissance est doué d'une nature bonne. » C'est d'après cet aphorisme qui fait la base de l'éthique chinoise, que l'homme est ici invité à faire retour vers sa nature primitive, et à reprendre les bons sentiments que le contact d'un monde corrompu lui a fait perdre. Voyez page 83.

tien de la paresse et du laisser-aller ne se montre pas dans l'extérieur
de sa personne; mais il fait en sorte que ses oreilles, ses yeux, son nez,
sa bouche, son cœur et ses membres, concourent tous à la rectitude,
afin d'accomplir ce qui est du devoir.

Après cela, il fait entendre des sons et des airs; il y ajoute le charme
du luth et de la lyre (1), il fait des évolutions avec le bouclier et la
hache de guerre; il manie avec élégance les hampes ornées de plumes
et celles ornées de touffes de crin; enfin, il joue aussi du chalumeau et
de la flûte. (En faisant de la musique de cette manière, le sage) s'efforce
de jeter de l'éclat sur les vertus sublimes (dont la musique est l'expression), et de favoriser l'accord des quatre saisons (sur lesquelles la musique
peut exercer une grande influence), afin de rendre patents les rapports de
tous les êtres de la nature (avec la musique). Aussi, l'éclat (de la musique) est l'image du ciel; son ampleur est l'image de la terre; le commencement et la fin sont l'image des quatre saisons; les évolutions en
rond (qui font partie de la musique) sont l'image du vent et de la pluie.
(Les cinq notes, images des) cinq couleurs, forment un tout harmonieux
où il n'y a pas de confusion. (Les huit espèces de sons (2), images des)
huit vents (3), suivent les douze flûtes (4) sans le moindre désordre. Les
différents degrés (de l'échelle musicale) atteignent un nombre certain qui
est toujours sans variation (5). Les sons faibles et les sons forts se com-

----

(1) Il est difficile de donner un nom européen aux deux instruments de musique Kin et Xœ qui
n'existent que chez les Chinois, et je ne prétends pas que les mots Luth et Lyre soient de beaucoup plus exacts que ceux de Tympanon et de Guitare employés par d'autres sinologues: il faut
s'en faire une idée d'après les figures qu'en donnent la plupart des éditions illustrées des livres
classiques.

(2) Les huit espèces de sons se rapportaient aux huit espèces d'instruments de musique classés
suivant la matière première dont on se servait dans leur fabrication. Voyez ce qui a été dit à ce
sujet page 25.

(3) Les huit vents correspondent aux huit points cardinaux du compas, savoir N, N-E, E, S-E,
S, S-O, O, et N-O, chaque rhumb se trouvant ainsi à 45° de distance des rhumbs voisins.

(4) On a vu page 23 que les douze flûtes correspondent aux douze mois de l'année : il faut
savoir, maintenant, que chaque vent est censé présider à une demi-saison, c'est-à-dire à un mois
et demi, puisque chacune des quatre saisons de l'année comprend trois mois; or, comme les vents
sont au nombre de huit, il s'ensuit qu'ils président à huit fois un mois et demi, c'est-à-dire à
douze mois, ou à l'année entière, et que, par conséquent, ils se trouvent tout de même en accord
avec les douze flûtes; quoiqu'ils ne soient pas en égal nombre. Le lecteur avouera qu'il faut avoir
une singulière tournure d'esprit, pour aller chercher des rapprochements et des analogies de ce
genre.

(5) L'échelle musicale, ou gamme, dont on trouve le tableau dans la plupart des éditions des

binent parfaitement; le commencement et la fin se donnent mutuellement origine. L'intonation et l'accompagnement, avec leurs sons aigus ou leurs basses, se succèdent mutuellement en qualité de dominante. C'est pourquoi, lorsque (l'enseignement de) la musique est répandu, les cinq rapports sociaux sont parfaitement compris, les oreilles et les yeux sont sensibles et clairvoyants, le sang et les fluides sont dans un calme parfait, les mœurs publiques se réforment, et tout l'empire jouit d'une profonde paix.

C'est pour cela qu'on dit « La musique c'est la joie. » Mais pour le sage, la joie consiste à acquérir la vertu, tandis que la joie de l'homme de rien consiste à assouvir ses convoitises. En réglant au moyen de la vertu les appétits (naturels à l'homme), la joie n'a rien de désordonné : en se livrant à ses appétits par un complet oubli de la vertu, on ne sait sur quoi s'arrêter, et il n'y a pas de véritable joie. Voilà le motif pour lequel le sage retourne vers les bons sentiments (que la nature lui avait donnés à sa naissance), afin de rectifier ses pensées, et, qu'il donne une grande place à la musique, afin de rendre complets ses enseignements; car, si la musique prend beaucoup d'extension, le peuple est dirigé vers un but, et alors on peut voir (clairement les heureux effets de) la vertu (du souverain).

La vertu est le grand principe de la nature humaine. La musique est l'épanouissement de la vertu. Les métaux, les pierres, la soie et le bambou (servent à faire) des instruments de musique. Les vers (qui font partie de la musique) traduisent les pensées; le chant module la voix; la mimique met en mouvement le corps : ces trois choses prennent leur origine dans

---

Quatre Livres classiques, exprime la filiation et les rapports réciproques des cinq notes, en chiffres multiples de 3, ayant pour point de départ le chiffre 9. La raison d'être du chiffre 9 est prise dans la longueur du bambou produisant la note **Kuñ** qui était autrefois de 9 pouces, c'est-à-dire d'un pied antique, et non pas de 9 dixièmes de pied, comme quelques uns l'ont prétendu. Si on multiplie 9 par 3, on obtient 27, chiffre générateur propre à la note **Kuñ**: en multipliant le générateur 27 par 3, on obtient 81, caractéristique de la même note. Si de 81 on retranche 27, on obtient 54, caractéristique de la note **Che**: en divisant 54 par 3, on obtient 18, chiffre générateur propre à cette note. Si on ajoute 18 à 54, on obtient 72, caractéristique de la note **Xañ**: en divisant 72 par 3, on obtient 24, chiffre générateur propre à cette note. Si de 72 on retranche 24, il reste 48, caractéristique de la note **Iŭ**: en divisant 48 par 3, on obtient 16, chiffre générateur de cette même note. Si on ajoute 16 à 48, on obtient 64, caractéristique de la note **Kio**: en divisant 64 par 3 on obtient 21, plus une fraction qui s'oppose à de nouvelles opérations ternaires exactes, preuve que c'est ici que les combinaisons naturelles des sons doivent s'arrêter. Quant au motif pour lequel tantôt on ajoute et tantôt on retranche, c'est que le produit ne doit jamais dépasser 90 dixièmes, c'est-à-dire 9 pouces, longueur du bambou propre à la note **Kuñ** qui est le plus long.

le cœur, et, à la suite, les instruments de musique en accompagnent l'expression. Il suit de là que la nature (de la musique a beaucoup) de profondeur, (parce qu'elle a une connexion intime avec la vertu), et que sa manifestation extérieure a beaucoup d'éclat. (Son pouvoir est comme celui du) fluide immense qui crée merveilleusement toutes choses. Mais il faut que l'harmonie soit concentrée au dedans pour s'épanouir au dehors, car, la musique est une chose qu'on ne peut falsifier.

La musique est le produit des émotions du cœur; les sons et les airs sont le corps de la musique; l'élégance et la mesure sont les ornements des sons. (Pour faire de la vraie musique), le sage commence par émouvoir son cœur, puis il se complaît à la reproduction extérieure de cette émotion, et enfin il en règle les ornements. C'est pour cela qu'avant (que les évolutions qui font partie de la musique soient commencées), il frappe du tambour, afin de donner l'éveil et qu'on se prépare: alors, (les acteurs) font trois pas en guise de prélude: il recommence à frapper pour donner le signal de la marche. (A la fin des évolutions, lorsque les acteurs) s'en retournent pêle-mêle à leur place, (il sonne du grelot (1)), afin d'embellir ce retour. (Pendant les évolutions), quelle que soit la rapidité des mouvements, il n'arrive aucun accident fâcheux, (et la musique), si profonde qu'elle soit, n'a rien de caché (qu'on ne puisse comprendre. En usant de la musique pour soi) seul, on se réjouit dans son cœur, et on ne se dégoute pas de la vertu; (en enseignant la musique au peuple), on fait ressortir toutes les vertus qu'elle conseille, et on ne s'approprie rien de ce qu'on pourrait désirer. Aussi, les sentiments (du sage) apparaissent-ils, et le devoir se trouve clairement établi: la musique a-t-elle fini par se répandre partout, et la vertu est en grande vénération. (En entendant la musique), le sage prend plus de goût pour le bien, et l'homme corrompu entend (le reproche) de ses vices: de là l'adage, « Parmi le peuple, la musique est une grande chose. »

La musique est un épanchement (de la vertu du sage sur tout le peuple:)

---

(1) Le commissaire impérial **Ki-in** m'a fait présent d'un de ces grelots antiques, qui se trouve figuré dans la grande collection **Si-tsin-ku-kien**, livre 37e., avec neuf autres de forme un peu différente, auxquels on donne le nom générique de **U-nao**. C'est une sphère en bronze, creuse et à jours, montée sur un pied et entourée d'un grand cercle vertical, au dedans de laquelle peut se mouvoir librement une petite boule en pierre ou en métal, qui produit un certain son quand on agite l'instrument.

les rites sont un retour de gratitude. La musique fait qu'on se plaît dans
son origine (qui a été la vertu): les rites font qu'on remonte à leur principe (qui a été de reconnaître les bienfaits reçus.) La musique embellit
la vertu: les rites sont un retour de gratitude pour l'affection (dont on
a été l'objet. Par ces deux moyens) on remonte donc vers une origine.

La musique gît dans un milieu de sentiments humains qui ne sont
sujets à aucune variation: les rites reposent sur des doctrines qui ne
peuvent changer. La musique unit tous les hommes: les rites distinguent
les dissemblables. Par conséquent, lorsqu'on dit Les rites et la musique,
(on dit par cela même) Accord avec les sentiments de l'homme.

C'est le propre de la musique de faire pénétrer la nature des choses
et d'en faire comprendre les vicissitudes: c'est le propre des rites de rendre
la sincérité manifeste, et de chasser la dissimulation. Les rites et la musique se rapprochent de la nature du Ciel et de la Terre; ils aboutissent
aux vertus des Esprits (qui sont, l'amour et la justice; ils ont le pouvoir
de faire) descendre les Esprits qui sont en haut, et monter ceux qui sont
en bas; ils font tomber sous les sens les principes qui régissent les petites
comme les grandes choses, et gouvernent les devoirs respectifs entre père
et fils, entre souverain et sujets.

C'est pourquoi dès que les hauts personnages mettent en grand relief
les rites et la musique, le Ciel et la Terre y répondent (par leur concours.)
Alors, le Ciel et la Terre se plaisent dans un parfait accord; les principes
In et Iañ s'harmonisent mutuellement; les fluides céleste et terrestre couvrent
et nourrissent toutes choses: après cela, les plantes et les arbres croissent
en abondance; les bourgeons s'épanouissent; les oiseaux remplissent l'espace;
les quadrupèdes naissent (en quantité); les insectes subissent leurs trans-
formations; les oiseaux déposent et couvent (des œufs); les animaux à
poil font des portées et nourrissent (leurs petits); parmi les vivipares il
n'y a pas d'avortement, et parmi les ovipares il n'y a pas d'œufs fêlés (qui
ne peuvent éclore). Tout cela n'est autre chose que l'harmonie de la musique rejaillissant (sur tous les êtres de la nature).

Ce qu'on appelle musique ne consiste pas dans les sons Huañ, Chuñ et
Ta-liü, non plus que dans les instruments à cordes, dans le chant, les
boucliers et les haches de guerre; car, dans la musique, ces choses arrivent les dernières en importance; la preuve en est que ce sont des enfants qui font les évolutions mimiques. Les apprêts de la table (du sacrifice ou du festin), l'étalage des jarres et des plateaux, l'arrangement des

vases pour le riz, et de ceux pour les viandes, l'art de monter et de descendre pour remplir le cérémonial; tout cela ne compte qu'en dernier dans les rites; aussi y a-t-il des employés chargés de remplir ces fonctions. Le maître de musique connaît les sons et les poésies, (mais il ne s'occupe pas du sens profond de la musique ornée de tous ses accessoires): c'est pourquoi (il se contente de) jouer de son instrument, le visage tourné vers le nord (1). Les gens de service dans les temples des ancêtres connaissent le cérémonial en usage dans ces temples, (mais ils n'en pénètrent nullement le sens mystérieux); c'est pourquoi (ils ne font autre chose) que de se tenir derrière le représentant vivant de l'aïeul. Les officiers des pompes funèbres connaissent le cérémonial des funérailles; mais leur office se borne à se tenir derrière celui qui conduit le deuil. Tout cela provient de ce que la pratique de la vertu occupe un rang supérieur, tandis que l'exercice d'un métier quelconque a toujours l'infériorité: l'homme vertueux, en effet, passe toujours avant, et l'homme d'affaires ne vient qu'après (2). Voilà pourquoi les anciens empereurs placèrent les uns en haut, les autres en bas, les uns avant, les autres après, (suivant le mérite de chacun), et qu'ils parvinrent ainsi à régler l'empire.

Le prince Wen du royaume de Wéi adressa la question suivante à Tze-hia (disciple de Confucius.) « Pourriez-vous me dire pourquoi, lorsque j'entends de la musique ancienne en costume de cérémonie, je ne crains rien tant que de m'endormir, tandis que quand j'entends des airs des royaumes de Chen et de Wéi, je ne m'en fatigue jamais? »

Tze-hia répondit en disant: « Dans la musique ancienne on avance avec ordre et on rétrograde de même; tout y est accord, exactitude et grandeur. Les instruments à cordes, ceux en calebasse et ceux à languettes métalliques obéissent tous aux coups de tambour. Le commencement (de chaque morceau) est annoncé par le tambour: quand (les acteurs) s'en retournent pêle-mêle à leur place, c'est le grelot en cuivre (qu'on agite):

---

(1) On a vu page 57 que dans les grandes assemblées de cour, le souverain, soit que ce fût l'empereur, soit que ce fût un prince feudataire, se tenait toujours le dos tourné au nord, et le visage regardant le midi: les grands dignitaires se tenaient sur deux lignes latérales et parallèles, les uns tournés à l'est, les autres à l'ouest, selon leur rang respectif. Les officiers d'ordre inférieur, les gens de service et les musiciens occupaient le fond de la salle, le visage tourné vers le souverain, et par conséquent vers le nord. On attachait à toutes ces positions un sens figuré.

(2) On aime à retrouver ces beaux principes dans l'antiquité d'un peuple aujourd'hui si attaché à la matière et aux plaisirs des sens.

quand le désordre (s'est introduit parmi les acteurs, on les rappelle à
l'ordre au moyen de l'instrument nommé) Siañ: quand il y a trop de pré-
cipitation, (on la modère en frappant sur l'instrument appelé Ia (1). Le
sage (qui comprend les conseils de vertu renfermés dans cette musique)
en parle sans cesse, et fait l'éloge de la musique ancienne; (mais il ne
se borne pas à des paroles, il la fait servir) au perfectionnement de sa
personne et de sa famille, et à la prospérité de tout l'empire. Tels sont
les effets de la musique ancienne. »

« Maintenant, prince, ce sur quoi vous me questionnez c'est la musique; mais ce que vous aimez ce sont les airs. Or, quoique la musique
ait beaucoup d'affinité avec les airs, ce n'est pourtant pas la même chose. »

Le prince Wen dit alors; « Eh bien! comment cela? » Tze-hia répondit
en disant: « Dans l'antiquité, lorsque le ciel et la terre suivaient leurs
lois, que les quatre saisons venaient en temps voulu; lorsque le peuple
était vertueux et que les récoltes étaient abondantes; lorsque les maladies
ne sévissaient pas, et qu'il n'apparaissait pas des phénomènes extraordinaires, on appelait cet état de choses La grande prospérité. Après (l'avènement de cette prospérité) les hommes éminents déterminèrent les devoirs
entre père et fils, entre souverain et sujets, et ils en firent le gouvernail (2) (de la vie sociale): ce gouvernail étant droit, l'empire est dans
un état de grande régularité. Quand l'empire jouit de cette grande régularité, on perfectionne les six tons, on met d'accord les cinq notes, (on
fait intervenir) les instruments, le chant, les vers, les poésies élogieuses,
et alors on appelle cela un air vertueux; et ce n'est que lorsqu'un air est
vertueux qu'on lui donne le nom de Musique. Le livre des Vers dit: « Doué
» des qualités les plus brillantes, sa vertu était célèbre et pénétrait facile-

---

(1) Les quatre caractères Wen, U, Siañ et Ia sont détournés ici de leur sens naturel pour indiquer des instruments à faire du bruit. Le tambour Wen et le grelot U n'ont pas besoin d'être
décrits. Le Siañ était, dit-on, une espèce de sac en natte rempli d'écorce de riz bien sèche: en
frappant dessus avec la main on produisait un bruit sourd qui avertissait les acteurs, sans interrompre l'orchestre. Le Ia était comme une demi-sphère en bois vernis sur laquelle on frappait avec
un marteau de bois: les bonzes font encore usage d'un instrument analogue.

(2) Je ne trouve dans nos langues européennes rien d'identique à l'expression figurée Ki-kañ
qui signifie « Le manche d'un filet de pêcheur ». Si vous tenez le manche, vous êtes maître de
tout ce qui y est attaché, vous imprimez à volonté le mouvement ou le repos. Le P. Gonsalvez a
traduit par « Base; » quelque autre part j'ai traduit par « Moteur: » je me sers ici de la figure
de « Gouvernail, » à cause de l'épithète « Droit » à laquelle il faut donner une application quelque
peu raisonnable, et exprimant la pensée de l'auteur chinois.

» ment toute chose: mais non seulement il avait cette perspicacité; il
» discernait encore facilement le bien et le mal; il pouvait facilement
» remplir les fonctions de supérieur, il pouvait facilement remplir celles
» de souverain. Gouvernait-il ce grand royaume, il pouvait facilement se
» rendre le peuple docile, et établir la bonne harmonie entre les supé-
» rieurs et les inférieurs. Quand on arriva à Wen-wañ (qui a été un des
» empereurs les plus remarquables), sa vertu ne fut pas regrettée (comme
» éteinte avec lui), car de la félicité que l'Être suprême lui avait départie,
» il en resta encore assez pour ses descendants (1). » Ceci revient à ce
que je dis. »

« Maintenant, prince, ce que vous aimez ce sont les airs où une seule
pensée domine. Les airs de ce genre tendent tous vers les plaisirs des
femmes, et causent du dommage à la vertu: c'est pourquoi on ne les emploie pas dans les sacrifices. Le livre des Vers dit: « La musique où s'ac-
» cordent le Su et le Iuñ est agréablement écoutée par les ancêtres. » Su
signifie Respect, Iuñ veut dire Harmonie: avec le respect et l'harmonie y
a-t-il quelque chose dont on ne puisse venir à bout? »

« Celui qui gouverne les hommes doit faire une grande attention à ce
qu'il aime et à ce qu'il déteste; car, dès que le souverain aime une chose,
les magistrats la font aussitôt, et dès que les gens haut-placés la font,
le peuple suit immédiatement leur exemple. Le livre des Vers dit: « Rien
» de plus facile que d'induire le peuple (au bien ou au mal), par les
» exemples qu'on lui donne. » Ceci revient à ce que je dis. »

« Après (l'institution de la musique dans la haute antiquité), des hommes
éminents firent les instruments Tao, Ku, Kiañ, Kié, Hiúèn et Che (2); ces

---

(1) Dans le Xe-kiñ ce passage se rapporte à Wañ-ki père de Wen-wañ qu'on peut regarder comme
le fondateur de la dynastie des Cheu, bien que le titre de premier empereur de cette dynastie n'ait
été porté que par son fils U-wañ.

Le P. Lacharme que j'ai consulté sur ce passage, donne (page 151.) une traduction, en général,
plus obscure que le texte chinois, et dans certains points complètement erronée. La voici telle
quelle, avec le commencement de la phrase qui a été supprimé dans le Li-ki; qu'on en juge:

« Hic erat scilicet Ouáng-ki qui a rerum domino et dominatore animum sortitus erat prudentem
in judicando, purum, nulla labe contaminatum; solertem et perspicacem qui rem quamlibet suo
momento ponderare novisset, gravem qui quod praecipuum est praestare posset atque ita solio di-
gnum. Hic visus est, si in magni regni solium eveheretur, posse clementia sua sibi subditos populos
regere et summos inter et infimos animorum concordiam fovere. Ouen-ouang autem, cum ad ipsum
perventum est, ea virtute fuit quae nihil invisum haberet, nihil quod populis minus esset acceptum,
sic rerum domini et dominatoris beneficium accepit quod ad posteros suos transmisit. »

(2) J'ai préféré désigner ces instruments par leur noms chinois que par une description qui eût

six sortes d'instruments produisaient des sons en harmonie avec la vertu : la cloche, les pierres sonores, la flûte et le luth vinrent ensuite s'accorder avec eux : les boucliers, les haches, les hampes ornées de plumes et celles ornées de crin servirent pour les évolutions. Voilà ce qui servait pendant les sacrifices qu'on offrait dans le temple des anciens empereurs; voilà ce qui servait (dans les festins) où l'hôte portait à ses visiteurs des santés auxquelles ceux-ci répondaient; voilà ce qui servait à distinguer, parmi les magistrats, les grades élevés des grades inférieurs, de façon à ce que chacun obtînt ce qui convenait à son rang (1); voilà, enfin, ce qui servait à faire connaître aux générations postérieures la gradation établie entre les gens de distinction et les gens vulgaires, entre les supérieurs et les inférieurs. »

« Le son de la cloche fait Heñ.. ñ... (2). Le son Heñ (qui, pour les musiciens, est le signal de l'exécution musicale), rappelle le commandement du général en chef (qui, pour les troupes, est le signal des mouvements stratégiques). Ce commandement inspire le courage, et le courage fait faire des prodiges de valeur. Eh bien! quand le sage entend le son de la cloche, il pense aussitôt aux vaillants capitaines. »

« Le son de la plaque de jade suspendue fait Kiñ.. ñ... (Par la nature inflexible et entière de la matière qui le produit), le son Kiñ rappelle la netteté de conduite. La netteté de conduite fait qu'on affronte la mort, (s'il le faut, plutôt que de manquer à son devoir.) Eh bien! quand le sage entend le son de la plaque de jade suspendue, il pense aussitôt aux officiers qui meurent à la défense des frontières. »

été trop longue dans le texte. Le **Tao** a déjà été décrit page 15; le **Ku** était le tambour ordinaire : le **Kiañ** était le même que le **Chu** décrit page 15. Le **Kié** avait la forme d'un tigre couché ayant, le long de son épine dorsale, une espèce de crête dentelée sur laquelle on traînait une baguette en bois; le saut que faisait la baguette en passant d'une coche à l'autre, produisait un bruit que la nature métallique et le vide de l'instrument rendaient un peu sonore. On l'appelait aussi **Iŭ**. Le **Hiŭen** était une espèce d'œuf en terre cuite avec lequel on sifflait, soit à vide, soit en y mettant de l'eau. Le **Che** n'était autre chose qu'une espèce de flageolet. Ces instruments sont figurés dans la plupart des éditions commentées des Quatre livres classiques.

(1) Cette phrase, expliquée dans des sens très-bizarres par la plupart des commentateurs, se rapporte, selon moi, à ce qui a été dit plus haut des récompenses que les empereurs accordaient aux princes ou aux magistrats de mérite, en leur permettant l'usage de certains chants ou de certaines représentations musicales. Voyez pag. 15 et 82 en note, et 92 dans le texte.

(2) Onomatopée du son prolongé et retentissant de la cloche, analogue au coup de voix que donne le général qui commande très-haut, afin de se faire entendre au loin par toute son armée.

« Le son que produisent les cordes en soie est comme un son de douleur. La douleur fait qu'on est absorbé par une seule idée (1): quand on est absorbé par une idée (douloureuse, l'esprit) est rappelé à des pensées de vertu. Eh bien! quand le sage entend le son du luth et de la lyre, il pense aussitôt aux magistrats animés par la seule pensée du devoir. »

« Le son du bambou rappelle le débordement des eaux. Le débordement des eaux rappelle une grande agglomération (de gens venus de villes et de villages, épars au loin comme les eaux d'un fleuve débordé.) L'agglomération se forme par la réunion de tous (les hommes liés par une même idée ou un même intérêt.) Eh bien! quand le sage entend le son des instruments en bambou Iü, Xeü et Siao, il pense aussitôt aux magistrats qui savent réunir les hommes (2). »

« Le son du tambour et celui du tambourin sont bruyants. Les sons bruyants émeuvent (les troupes): l'émotion fait qu'elles avancent toutes ensemble. Eh bien! quand le sage entend le son du tambour ou le son du tambourin, il pense aussitôt à un général en chef. Ainsi donc, quand le sage entend de la musique, il ne se borne pas à écouter des notes plus ou moins sonores, mais il pense aussi à quoi elles se rapportent. (En tenant son esprit en haleine par tous ces souvenirs et ces rapprochements, le sage ne se sent pas, comme vous, envie de dormir (3)). »

Pin-meu-kia étant assis à côté de Confucius, Confucius vint à parler de la musique, et dit: « Pourquoi dans la pièce musicale U est-on si longtemps à s'apprêter (après que le tambour a donné le signal du commencement?) » Pin-meu-kia répondit: « C'est la crainte de ne pas obtenir l'assentiment de tout le monde (4). »

---

(1) Le mot **Lièn** signifie L'angle, ou L'arête d'un objet ayant deux surfaces placées à angle droit, et il est souvent employé au figuré pour désigner la ligne indivisible qui sépare un état de choses d'un autre, p. ex. le bien du mal, le vrai du faux. Quand une chose est placée sur un angle bien net, sa position n'admet pas de partage; pour peu qu'elle dévie, à droite ou à gauche, elle n'est plus dans le juste milieu: de là, les idées d'Exactitude, de Précision, de Fidélité à ses devoirs, de Justice et d'Intégrité qui se rattachent souvent au mot **Lièn**, mais qui reviennent toujours à l'idée fondamentale de Tout l'un ou tout l'autre. Voyez le chapitre XXIX.

(2) On jugeait anciennement de la vertu d'un prince ou d'un magistrat par le nombre de familles qui allaient se ranger sous son autorité, parce qu'on supposait, avec raison, qu'elles étaient attirées là par la renommée de vertu, de justice et de douceur qu'il avait acquise.

(3) A l'exemple de Confucius et des autres philosophes de son temps, **Tze-hia** se contente de poser des principes, d'établir des comparaisons, et laisse à son interlocuteur le soin d'en tirer les conséquences naturelles qui en découlent: les paraboles de l'Evangile ont quelque chose de cela.

(4) Allusion indirecte à l'entreprise hardie que célébrait le morceau musical U, par laquelle

« Que signifie, (ajouta Confucius), le chant si prolongé (qu'on remarque dans la musique U? » Pin-meu-kia répondit en disant: « C'est la crainte qu'on n'arrive pas à temps pour l'entreprise » (1).

« Pourquoi, (reprit Confucius), cette rapidité à se mouvoir et à jouer des pieds et des mains? » Pin-meu-kia répondit: « Parce que le temps d'agir est arrivé » (2).

« Pourquoi, (continua Confucius), au moment où dans la pièce musicale U les acteurs doivent s'agenouiller, mettent-ils le genou droit à terre et relèvent-ils le genou gauche? » Pin-meu-kia répondit: « Ce n'est pas là la manière de s'agenouiller propre à la musique U. »

« Pourquoi, (dit Confucius), ces sons qui semblent convoiter (le trône de la dynastie des) Xañ? » Pin-meu-kia répondit: « Ces sons-là n'appartiennent point à la musique U. » Confucius reprit: « Si ce ne sont pas des sons propres à la musique U, d'où viennent alors ces sons-là? » Pin-meu-kia répondit : « Ils proviennent de quelque fonctionnaire qui aura perdu la tradition de la musique. S'il n'en était pas ainsi, il faudrait donc dire que U-wañ a eu des pensées stériles, (ce qui est incompatible avec la renommée de ses hautes qualités.) » « En effet, dit Confucius, j'ai entendu Chañ-huñ raconter la même chose que vous; c'est vrai. »

Pin-meu-kia se leva, quitta sa place et s'adressa respectueusement (à Confucius) en ces termes: « La lenteur qu'on met dans les apprêts de la pièce musicale U, je la comprends parfaitement, grâce à votre bienveillance; mais oserai-je vous demander pourquoi après un premier retard, (de la part des musiciens, à se rendre à leur place), il survient encore, (avant qu'ils commencent à exécuter), un second retard qui se prolonge fort longtemps? » Confucius répondit: « Asséyez-vous, je vais vous le dire. La musique est l'image d'évènements qui se sont accomplis. (Dans la pièce musicale U, il y a un acteur qui) serre un bouclier contre lui et se tient

---

U-wañ, simple seigneur feudataire de l'empire, se mit en campagne contre l'empereur, avant de savoir si sa cause serait épousée par les nombreux seigneurs ses collègues qui, en cas de guerre, étaient tenus de prêter main-forte à leur commun suzerain. Il a fallu à U-wañ beaucoup de précaution et de mesure avant de tenter un coup décisif, et c'est cela qu'on voulait exprimer dans la représentation musicale U, en faisant une longue pause au début de l'exécution.

(1) Allusion à la longue attente où a été laissé U-wañ, par les seigneurs qui devaient s'unir à lui pour renverser la dynastie des Xañ.

(2) Allusion au moment où le prince U-wañ se décida à livrer combat à l'armée impériale.

debout (immobile comme une) montagne: (ceci est une imitation) de ce
que U-wañ a fait. La rapidité avec laquelle les acteurs se démènent en
agitant les pieds et les mains, est une image de l'esprit qui animait
Tai-kuñ. Lorsqu'au moment du pêle-mêle (marqué dans la pièce musicale) U, les acteurs tombent tous à genoux, (on veut donner une
image de la manière dont les deux ministres) Cheu et Chao gouvernaient
le peuple. »

« Lorsque commencent (les évolutions de la pièce musicale) U, (les
acteurs) se dirigent vers le nord, (en imitation de U-wañ qui, de son fief
placé dans le sud de l'empire, marcha contre l'empereur dont la rési-
dance était au nord.) Dans la 2ᵉ partie (de cette pièce, on imite) l'extinction de la dynastie des Xañ. Dans la 3ᵉ partie on revient vers le sud,
(pour imiter U-wañ retournant dans son fief après avoir défait l'empereur
Cheu.) Dans la 4ᵉ partie, (on imite U-wañ) raffermissant (son autorité contre
les seigneurs des) pays méridionaux (qui refusaient de se soumettre.)
Dans la 5ᵉ partie on se divise, (pour rappeler le partage de l'administration entre les deux ministres) Cheu-kuñ et Chao, dont le premier fut
chargé de l'est, le second de l'ouest. Dans la 6ᵉ partie on revient au point
de départ, comme pour élever U-wañ à la dignité impériale. »

« (Pendant la 1ᵉʳᵉ partie) deux champions s'attaquent quatre fois, (afin
de représenter) la puissance formidable (de U-wañ) qui s'est répandue sur
le royaume central (1). (Deux officiers munis chacun d'une clochette) se
tiennent sur les flancs des légions (d'acteurs) et les pressent d'avancer,
(rappelant, ainsi, que) l'entreprise (de U-wañ) était d'une exécution urgente,
(à cause des vexations intolérables que le peuple endurait sous le tyrannique empereur Cheu. Quand les acteurs) se tiennent longtemps debout
au point de départ, (c'est qu'ils veulent imiter U-wañ) qui attendit l'arrivée des autres seigneurs feudataires (avant d'aller attaquer l'empereur
Cheu). »

« Bien plus, seriez-vous le seul à ne pas avoir entendu raconter l'histoire de Meu-ié? (eh bien! la voici). U-wañ ayant vaincu la dynastie des

---

(1) L'expression **Chuñ-kuo** ne doit pas être prise ici dans l'acception ordinaire d'Empire du
milieu, de la Chine proprement dite, entourée de royaumes tributaires. Elle s'applique uniquement
à la province centrale, dont l'empereur se réservait personnellement l'administration, et dont il
est question au chapitre v page 13. A l'époque dont il s'agit ici, la cour était dans le **Ho-nan** qui
était, en effet, le point central du territoire sur lequel s'étendait l'autorité de la dynastie **Xañ**.

In (1), arriva jusqu'à la capitale (que les **Xañ** avaient fondée.) Il n'était pas encore descendu de son char, qu'il avait déjà donné, aux descendants de **Huañ-ti**, l'investiture de la principauté de **Ki**, aux descendants de **Iao**, l'investiture de la principauté de **Chu**, et aux descendants de **Xueu** l'investiture de la principauté de **Chèn**. Après être descendu de son char, il donna aux descendants de **Iŭ** l'investiture de la principauté de **Ki**; il relégua les descendants des **In** dans la principauté de **Suñ**; donna un tombeau convenable au prince **Pi-kan** (2); relâcha **Ki-tze** de sa prison, et le chargea (d'aller en Corée) suivre les usages de la dynastie des **Xañ**, en y reprenant son ancienne dignité (3); il affranchit le peuple des mauvaises lois, et augmenta les appointements de tous les employés. »

« (**U-wañ**) traversa le fleuve et se rendit (dans son fief, qui se trouvait) du côté de l'ouest; ses chevaux se répandirent au sud de la montagne **Hua-xan**, et personne ne les monta plus; les bœufs (qui avaient servi à

---

(1) Vers le milieu de la dynastie des **Xañ**, l'empereur **Pan-ken** entreprit de rendre au trône impérial le prestige et l'autorité que les vices de ses prédécesseurs lui avaient fait perdre, et, dans ce but, il fit d'abord de nombreuses réformes dans l'administration, puis il changea le nom dynastique de **Xañ** contre celui de **In**, de la même manière que si une race nouvelle de souverains était arrivée au pouvoir. Dans les poésies de l'époque, le nom de **In** a été généralement admis, par déférence pour les volontés impériales; mais les siècles postérieurs ont maintenu de préférence le nom de **Xañ** pour toute la série d'empereurs de la même famille auxquels ont succédé les **Cheu**.

(2) C'était l'oncle de l'empereur **Cheu**, le dernier de la dynastie des **Xañ**, qui, ayant fait des remontrances à son neveu sur sa conduite vicieuse et tyrannique, fut mis à mort par ordre de ce dernier. En le faisant égorger, le cruel monarque se moquait encore de sa constance, en lui disant que bientôt il aurait le plaisir de voir comment était fait le cœur du sage.

(3) **Ki-tze** avait rempli des fonctions élevées auprès de l'exécrable empereur **Cheu** dont il était l'oncle; mais ayant cru de son devoir de donner quelques bons conseils à son souverain, il fut jeté en prison et n'échappa au supplice par lequel périt **Pi-kan** son frère, qu'en feignant d'être fou. Lorsque **Cheu** fut détrôné, et que **U-wañ** eut en main le pouvoir impérial, ce prince, aussi juste que bon, rendit la liberté à **Ki-tze** et lui offrit à sa cour un poste important: mais malgré les persécutions qu'il avait eu à subir de la dynastie déchue, **Ki-tze** lui resta fidèle, et ne voulut accepter aucun emploi. Alors, **U-wañ** qui ne voulait pas violenter les opinions, l'engagea à rassembler les mécontents et les ennemis du nouveau régime, lesquels étaient très-nombreux, et d'aller avec eux en Corée fonder un royaume distinct, où il leur serait facultatif de suivre les usages et les lois de la dynastie **Xañ** dont ils regrettaient la chute. C'est de cette époque éloignée que date la fondation du royaume de Corée, et probablement aussi celle du royaume du Japon qui lui est contigu. La Corée était regardée alors comme une île où l'on ne pouvait se rendre que par la voie de la Mer Orientale: ce n'a été que beaucoup plus tard qu'on découvrit la voie de terre par le **Léao-tuñ**. Cette émigration, plus forcée, sans doute, que volontaire, nous offre dans les temps les plus reculés de l'histoire, un exemple frappant de ces malheureuses expatriations qui, de notre temps, ont été, tour à tour, le triste apanage des partis vainqueurs; tant il est vrai, comme dit le Sage, qu'il n'y a rien de nouveau sous le soleil!

traîner les chariots de guerre) se répandirent dans les contrées incultes de Táo-lin, et ne furent plus attelés; les chars de guerre et les cuirasses furent enduits de sang, mis en réserve dans l'arsenal, et ne servirent plus (1) les armes furent renversées sens-dessus-dessous, et enveloppées dans des sacs en peau de tigre qu'on nommait Kièn-kao (2) les officiers ayant eu des commandements supérieurs furent nommés gouverneurs (dans les provinces) après cela, tout l'empire comprit que U-wañ ne voulait plus faire la guerre.

« L'armée étant dissoute, on se mit à tirer de l'arc dans le collège impérial (uniquement pour s'exercer à agir avec droiture) dans l'aile gauche (de ce collège), on tira de l'arc (au chant de l'ode) Li-xeu; dans l'aile droite, on tira de l'arc (au chant de l'ode) Cheu-iü; quant au tir de l'arc où l'on cherche à transpercer une cible en cuir, on ne s'y exerça plus (parce que ce genre de tir n'était utile que pour le cas de guerre): Les habits et le chapeau des fonctionnaires civils (formèrent le seul costume en usage): on prit la tablette de cérémonie, et les gardes-du-corps déposèrent leur épée. (U-wañ) offrit un sacrifice (à son père) dans le grand salon du palais, (et par cet exemple, inouï sous la dynastie antérieure), le peuple apprit la piété filiale. (Il régla la manière dont les vassaux devaient) faire leurs visites à la cour, et alors les feudataires comprirent quels sont les devoirs d'un vassal. (Selon l'usage antique négligé par la dynastie des Xañ), il laboura lui-même le champ réservé (dont les produits étaient offerts à l'Être suprême), et les seigneurs comprirent alors ce qu'ils devaient vénérer. Ces cinq choses furent de grands enseignements pour l'empire. »

« Dans le festin en honneur des vieillards qui se donnait dans le grand collège, l'empereur retroussait ses manches et découpait les viandes; il prenait les assaisonnements et il en offrait; il prenait la coupe et donnait à boire. (Il prenait aussi part aux évolutions accompagnées de musique

---

(1) Les anciens Chinois enduisaient de sang de bœuf, ou de tout autre animal, les armes et les instruments de guerre qu'on mettait en réserve, afin de les préserver ainsi de la rouille et de la moisissure. C'est à l'espèce de cristallisation éprouvée par ce vernis, sous l'action du temps, qu'on doit attribuer la patine toute particulière qui caractérise les armes et les bronzes antiques de la Chine. Au point de vue archéologique, il y aurait de l'intérêt à étudier les phases par lesquelles passe cette patine à différents âges.

(2) On s'accorde à dire que, dans le texte chinois, cette phrase a subi une transposition erronée, et qu'il faut rétablir après les mots **Hu-pi**, les cinq caractères **Miñ che iüe kièn-kao**.

qui avaient lieu après, s'en allant, couvert de son) chapeau de cérémonie, tenir un bouclier serré contre lui, afin d'apprendre à ses vassaux à respecter leurs aînés. De cette manière, les grandes vertus pénétrèrent partout, et les rites et la musique se répandirent dans tous les sens. Pensez-vous, maintenant, que les retards prolongés (qui caractérisent le commencement de la pièce musicale U, et qui ont pour but d'imiter la prudente lenteur de U-wañ), soient convenables? » (1).

Au dire du sage, l'urbanité et la musique ne doivent pas se séparer un seul instant de notre personne. Quand on se pénètre à fond (de l'esprit) de la musique, afin de régler son cœur, les sentiments de droiture et de bonté y poussent avec vigueur (2): quand les sentiments de droiture et de bonté ont pris naissance dans le cœur, on est content: quand on est content, tout se fait paisiblement (et va de soi-même): quand tout se fait paisiblement, il peut y avoir longue durée. La longue durée est propre au Ciel: le Ciel est propre aux Dieux; (et de même que) le Ciel n'a pas besoin de parler pour qu'on y ait confiance, et que les Dieux n'ont pas besoin de manifester de la colère pour avoir de la majesté; (de même le sage n'a pas besoin de beaucoup promettre et de beaucoup raisonner pour faire croire à ses vertus, tout comme il n'a pas besoin d'affectation dans ses manières pour inspirer le respect. Tels sont les effets qui se produisent) quand on pénètre à fond (l'esprit de) la musique, afin de régler son cœur.

Lorsqu'on se pénètre à fond (de l'esprit) des rites, afin de régler son extérieur, on prend de la gravité et un maintien respectueux: quand on

---

(1) Dans tout ce dialogue, comme dans beaucoup d'autres de la même époque, les réponses ne semblent pas toujours en rapport avec les questions posées. Cela provient de ce que, soit par modestie, soit par politesse, les anciens philosophes ne relevaient pas directement l'ignorance ou l'étourderie de leurs interlocuteurs. Ils commençaient par poser eux-mêmes d'autres questions qu'ils résolvaient; puis, au moyen de paraboles, de comparaisons ou d'anecdotes se rattachant indirectement au sujet proposé, ils arrivaient à une conclusion qui renfermait bien la réponse voulue, mais qu'ils s'abstenaient de développer dans des termes clairs et précis. Il résulte de là, que les dialogues des anciens philosophes chinois ont souvent le caractère d'énigmes dont il faut chercher le véritable sens.

(2) Si on voulait traduire plus littéralement, il faudrait dire, « Ils poussent comme s'ils étaient huilés » expression curieuse que les Chinois appliquent aux plantes douées d'une végétation vigoureuse, parce que les feuilles et les pousses tendres en sont brillantes, molles et grasses, comme si on les avait imprégnées d'huile, tandis que dans les plantes malingres et souffreteuses, les feuilles et les scions sont mats, racornis et en partie desséchés.

a de la gravité et un maintien respectueux, on a un air qui impose.
Si le cœur est un instant sans la paix et le contentement (qui résultent
de la pratique incessante de la vertu), les sentiments bas et faux y entrent
de suite. Si l'extérieur manque un seul instant de gravité et de maintien respectueux, on est bientôt livré à des penchants qui exciteront
le mépris.

La musique (tire son origine) des émotions intérieures: les rites s'accomplissent par des mouvements extérieurs. (Lorsque le sage) fait une
étude approfondie de l'accord propre à la musique (afin de régler son
cœur), et qu'il étudie de même les convenances propres aux rites (afin
de régler son extérieur), au dedans il est en accord parfait, et au dehors
il est en conformité avec les convenances. Alors, rien qu'à voir l'aspect
de son visage, le peuple s'abstient de lui chercher querelle, et rien qu'à
regarder l'extérieur de sa personne, le peuple se trouve éloigné de tout
sentiment de mépris. C'est pourquoi, quand l'éclat de la vertu scintille
au dedans (du sage), il n'y a personne, parmi le peuple, qui ne l'imite
et ne l'écoute : et quand les rites se manifestent au dehors, il n'y a personne, parmi le peuple, qui ne s'y conforme. De là cet adage : « Quand
on s'est bien pénétré (de l'esprit) de la musique et des rites, on peut
faire tout ce qu'on veut dans l'empire (sans la moindre difficulté. »

La musique (tire son origine) des émotions intérieures; les rites s'accomplissent par des mouvements extérieurs. Il s'ensuit que l'essence des
rites est de rapetisser, (à ses propres yeux, celui qui les observe), et que
l'essence de la musique est de remplir (le cœur de sentiments de bon
accord avec tout le monde.) Mais tout en se rapetissant (par modestie)
dans les rites, on ne doit pas moins aller en avant, car, il est bon d'avancer
(jusqu'aux limites que la modestie permet; de même que), tout en remplissant (son cœur des sentiments qu'inspire) la musique, on ne doit pas
moins se restreindre, car il est bon qu'on se restreigne (dans les limites
d'une sage modération.) Si dans les rites on se rapetisse sans avancer, on
se réduit à rien : si dans la musique on se remplit sans se restreindre, on
se livre à la dissipation. C'est pourquoi dans les rites on avance, et que
dans la musique on recule. Lorsque dans les rites on parvient à avancer
(jusqu'aux limites voulues par la modestie), on est content; et lorsque
dans la musique on parvient à se restreindre (dans les limites de la modération), on est en repos. Cependant, la marche en avant dans les rites,
et la retraite en arrière dans la musique, ont absolument le même sens,

(savoir, qu'en toutes choses il faut se tenir dans un juste milieu, de façon
à ce qu'il n'y ait jamais ni trop, ni pas assez.)

La musique contient la joie dans des bornes dont la nature du cœur
humain ne peut s'écarter. Telle est la loi chez l'homme, que la joie se
manifeste par la voix, et se rend visible par les mouvements ou le repos
(du corps. Dans les éclats) de la voix, dans les mouvements ou le repos,
l'agitation des passions se manifeste aussi tout entière. L'homme ne peut
pas être exempt de joie; la joie ne peut pas rester sans manifestation. Si
elle se manifeste sans être convenablement dirigée, elle ne peut pas échapper
au désordre. Les anciens empereurs avaient honte de ce désordre (lorsqu'ils
le voyaient se produire chez leur peuple;) et c'est pour cela qu'ils établirent les chants Ia et Suñ (1), afin de donner une direction (raisonnable
à la joie;) ils firent en sorte que la voix donnât à la joie un cours suffisant, sans qu'elle se répandît à l'excès; ils firent en sorte que les poésies
(Ia et Suñ) fournissent assez de matière à réflexion, sans que la joie fût
arrêtée; ils firent en sorte que (la musique renfermât) des sons rentrants
et des sons droits, des sons pleins et des sons maigres, des sons détachés
et des sons suivis, des sons d'arrêt et des sons de liaison qui eussent juste
la faculté d'émouvoir le cœur de l'homme et de le porter au bien; mais
ils ne voulurent pas que la musique fût cause que le peuple se livrât à
la dissipation et à des sentiments déréglés. Tel a été le système des anciens empereurs, lorsqu'ils instituèrent la musique.

Quand on fait de la musique dans le temple des ancêtres, le souverain
et les magistrats, les supérieurs et les inférieurs l'entendent ensemble, et
il n'est personne, parmi eux, qui ne soit naturellement porté au respect.
(Quand on fait de la musique) dans une parenté ou dans un village, les
plus âgés et les moins âgés l'entendent ensemble, et il n'est personne,
parmi eux, qui ne se sente naturellement porté à suivre les règles de son
rang. (Quand on fait de la musique) à la maison, le père, le fils, les
frères aînés et les frères cadets l'entendent ensemble (2), et il n'est personne, parmi eux, qui n'éprouve naturellement des sentiments d'affection.
Dans la musique, le cœur s'applique à établir l'accord (qui existe entre

---

(1) Ce sont les parties les plus importantes dont se compose le Xe-kiũ, ou Livre des vers.

(2) Les femmes et les filles ne sont pas plus mentionnées que si elles ne faisaient pas partie
de la maison, preuve qu'alors, comme de nos jours, on les tenait dans une grande infériorité, et
que les devoirs sociaux n'étaient pas regardés comme s'étendant à elles.

l'harmonie des sons et ses propres sentiments); les objets qu'on y emploie (tels que les instruments, les ustensiles et les armes pour les évolutions), ajoutent des embellissements extérieurs: le commencement et la fin s'accordent pour la formation d'un morceau complet, qui, étant exécuté, produit l'harmonie entre le père et le fils, le souverain et les magistrats, et concilie l'affection et l'attachement de tout le peuple. Tels sont les résultats du système adopté par les anciens empereurs dans l'institution de la musique.

En entendant le chant des odes la et Sun, les pensées s'agrandissent; en maniant les armes, (dans les évolutions), et en s'exerçant à incliner et à lever la tête, à se courber et à se redresser, l'extérieur prend de la gravité: en se tenant dans le rang et à la place voulus, en observant les règles stratégiques (propres aux évolutions qui accompagnent la musique), les divers rangs (d'acteurs) sont bien alignés, les marches et les contre-marches se font avec un parfait ensemble. Voilà pourquoi la musique (est envisagée comme) un enseignement du Ciel et de la Terre, comme le principe du juste milieu (en toutes choses), et comme le frein dont les passions humaines ne peuvent être affranchies.

La musique est un embellissement que les anciens empereurs donnèrent à (la manifestation de) leur joie; les troupes et les armes sont l'appui qu'ils donnèrent à (l'application de) leur colère. Mais leur joie et leur colère se tinrent toujours dans les limites de la raison; aussi, quand ils étaient joyeux, tout l'empire était en accord de sentiments avec eux, et quand ils entraient en colère, les oppresseurs et les insoumis étaient saisis de crainte. (La conséquence de cela est) que dans le système gouvernemental des anciens empereurs, les rites et la musique avaient une très-haute importance.

Tze-kuñ (1) ayant rencontré le maître (de musique) I, lui fit cette question: « J'ai ouï dire que pour chaque personne il y a un chant particulier qui lui convient: à moi, par exemple, quel est le chant qui me conviendrait? » Le maître I répondit: « Je ne suis qu'un pauvre artiste; comment pourrais-je répondre, par moi-même, à la question de savoir ce qui convient à chacun! Mais permettez-moi de vous raconter ce que j'ai entendu

----

(1) C'est un des disciples les plus célèbres de Confucius, dont on trouve des maximes assez remarquables dans les livres classiques. Il avait pour prénom Se, et c'est ainsi qu'il s'appelle lui-même au commencement de ce dialogue, comme s'il disait, Moi Se.

dire à ce sujet: vous choisirez vous-même (ce qui vous semblera répondre à votre question.) Aux hommes à idées très-variées, mais calmes, aux hommes faibles, mais droits, convient le chant Suñ: aux hommes à idées grandes, mais calmes, aux hommes d'une grande pénétration, mais dignes de foi, convient le chant Ta-ia: aux hommes respectueux et économes, mais fidèles aux rites, convient le chant Siao-ia: aux hommes droits et intègres, mais calmes, aux hommes personnels, mais condescendants, convient le chant Kuo-fuñ: aux hommes d'une rectitude inflexible, mais bienveillants, convient le chant Xañ: aux hommes doux, mais qui savent se décider, convient le chant Tsi (1). La nature des chants veut qu'on se perfectionne d'abord soi-même (et qu'on choisisse après le chant propre) à manifester les vertus qu'on a acquises. Quand on met ses vertus en pratique, le ciel et la terre y répondent, les quatre saisons sont en harmonie, les corps célestes suivent leurs lois, et tous les êtres prospèrent. »

« Le chant Xañ nous a été légué par les cinq empereurs; mais de ce que sous la dynastie des Xañ on le possédait très-bien, on l'a appelé Xañ. Le chant Tsi nous a été légué par les trois dynasties (Hia, Xañ, Cheu); mais de ce que les gens de la principauté de Tsi le savaient très-bien, on l'a appelé Tsi (2). Quand on pénètre bien (le sens que renferment) les airs du chant Xañ, on est apte à décider toutes les choses qui se présentent. Quand on pénètre bien (le sens que renferment) les airs du chant Tsi, on cède volontiers aux autres, même en présence des avantages certains qu'on voit (et qu'on pourrait s'approprier.) Décider toutes les choses qui se présentent, c'est de la hardiesse: céder aux autres, en présence d'avantages certains, c'est de la raison. La hardiesse et la raison, qu'est-ce qui peut les rendre durables, si ce n'est les chants (Xañ et Tsi)? »

---

(1) Le but de la question posée par **Tze-kuñ** était de se faire désigner un chant qui indiquât les vertus dont il supposait qu'on le croyait doué. Le maître de musique qui a deviné l'arrière-pensée du philosophe, se garde bien de lui dire « Tel chant convient à votre caractère; » mais il lui fait un tableau des qualités personnelles qui conviennent à chacun des principaux chants, et lui dit: « Choisissez; » ce qui revient à dire « Décidez vous-même quelles sont vos vertus, et alors mon exposé vous fera connaître quel chant vous convient. » Si cette anecdote est véridique, elle prouve que les philosophes n'étaient pas les seuls à envelopper leurs réponses d'allusions indirectes, de comparaisons et de maximes dont ils laissaient à leurs auditeurs le soin de tirer les conséquences naturelles.

(2) Les deux chants **Tsi** et **Xañ** sont perdus; mais les autres dont il est question plus haut font partie du Livre des Vers, tel que Confucius nous l'a légué.

« Dans le chant, les notes hautes sont comme lorsqu'on tient des mains un objet le plus haut possible: les notes basses sont comme quand on laisse tomber quelque chose: les notes courbes sont comme quand on s'incline: les notes qui s'arrêtent tout court sont comme (lorsqu'on brise) du bois sec: les notes anguleuses sont comparables à l'équerre: les notes arrondies sont comparables à un crochet; les notes qui se suivent sans interruption sont comparables à un collier de perles (1). Le chant n'est autre chose que la parole, mais la parole prolongée. Quand on est plein de joie, on sent le besoin d'exprimer sa joie par la parole: la parole (ordinaire) ne suffisant pas, on la prolonge: la parole prolongée ne suffisant pas, on vocalise (2) sur un ton langoureux: la vocalisation ne suffisant pas, on se met, sans savoir ce qu'on fait, à agiter les bras et à faire des gambades. »

CHAPITRE XVII.

TSA-KI.

MÉLANGES (3).

Tze-kung étant allé voir la fête Cha (qu'on donne aux agriculteurs à la fin de l'année), Confucius lui demanda: « Dites-moi, Se; vous êtes-vous réjoui? » Celui-ci répondit en disant: « Les habitants du royaume ressemblent tous à des fous; je ne saurais comprendre cette joie-là. » Con-

---

(1) Quoique, à la rigueur, on puisse comparer des airs à des objets ou à des accidents matériels, comme nous disons de tel motif musical qu'il est Large, Sec, Dur, etc., il faut avouer que les comparaisons adoptées par l'artiste chinois sont, en général, fort mauvaises: c'est une amplification gâtée de ce qu'il a dit plus haut.

(2) D'après certains commentaires il faudrait dire Triller, au lieu de Vocaliser; mais je crois cette dernière expression plus conforme à l'esprit du contexte.

(3) Ce chapitre, si court dans l'édition commentée que nous suivons ici, est d'une grande étendue dans les éditions sans commentaires regardées comme complètes. Il a principalement trait aux funérailles, et c'est sans doute pour cela que, dans leur aversion pour tout ce qui n'est pas heureux et de bon augure, les commentateurs l'ont sauté à pieds joints, se bornant à quelques phrases, étrangères au deuil, qu'on attribue à Confucius. Ainsi mutilé, ce chapitre ressemble assez au chapitre xxxvi, et il ne justifie plus le titre de Mélanges, qu'il peut jusqu'à un certain point porter étant complet.

fucius reprit: « Pour cent jours de peine, un jour de bienfaits! (1) Ce
ne sera jamais vous qui comprendrez cela. »

« Tendre l'arc sans jamais le lâcher, (c'est une chose qu'avec toute
leur puissance) Wen-wañ et U-wañ ne pouvaient point faire. Lâcher l'arc
sans jamais le tendre, c'est ce qu'ils ne faisaient pas non plus. Le tendre
un temps et le lâcher un autre; voilà quel était leur système. »

CHAPITRE XVIII.

TSI-FA.

LOIS DES SACRIFICES.

Voici les règles établies par les saints empereurs relativement aux sacrifices à offrir. On sacrifie à celui qui a fondé de bonnes lois pour le
peuple. On sacrifie à celui qui est mort victime de son zèle pour la chose
publique. On sacrifie à celui qui a enduré beaucoup de fatigues pour la
pacification de l'empire. On sacrifie à celui qui a pu empêcher une grande
calamité. On sacrifie à celui qui a pu obvier à de grands malheurs.

Ainsi, le fils de l'empereur Li-xau-xe, appelé Nuñ, (fut mis au nombre
des personnages auxquels on sacrifie), parce qu'il avait fondé la culture de
toutes les espèces de céréales: à la chute de la dynastie des Hia, (le célèbre
agronome) Ki fut choisi par les Cheu, (ses descendants), pour le remplacer;
alors, on lui offrit des sacrifices, en tant que protecteur de l'agriculture.

Le fils de l'empereur Kuñ-kuñ-xe, appelé Heu-tu, (fut également mis au
nombre des personnages auxquels on sacrifie, parce qu') il était parvenu
à mettre en exploitation les neuf provinces (dont l'empire était alors composé): c'est pourquoi on lui offrit des sacrifices en tant que protecteur
de l'empire (2).

---

(1) Ainsi qu'on l'a vu page 30, cette fête était donnée aux frais de l'état qui récompensait,
par des bienfaits de différente nature, le zèle dont on avait fait preuve dans le cours de l'année
agricole. Voyez aussi page 22.

(2) Les sinologues (et moi du nombre) ont souvent fait une seule locution des noms sacrés
Tsi et Xœ qui indiquent, l'un, le Dieu protecteur des produits agricoles, l'autre, le Dieu protecteur du sol. Ainsi réunis, ces deux caractères ont été traduits par, « Dieu, ou Génie tutélaire
de l'empire, » ce qui à la rigueur pourrait être admis dans un sens très-étendu : il est évident,
toutefois, que ce sont deux génies distincts, ayant chacun ses attributions.

L'empereur Ti-ku a fait connaître à tout le monde l'ordre qui régit les corps célestes. Iao accorda les récompenses et infligea les châtiments avec une parfaite équité, et observa la justice jusqu'à la fin (léguant la succession au trône à Xuen qui était vertueux, plutôt qu'à son propre fils qui était vicieux.) Xuen était tout dévoué aux affaires qui regardaient son peuple, et il mourut en province (pendant qu'il faisait sa tournée dans l'empire, au lieu de mourir dans le repos de son palais). Kuen laissa obstruées les eaux de l'inondation (1), et fut mis à mort: Iü parvint à exécuter avec un ample succès les travaux où Kuen (son père avait échoué.)

Huañ-ti fixa le nom de tous les objets (2), afin d'éclairer le peuple (sur l'usage) des richesses communes: Chuen-chu (3) a perfectionné cette œuvre. Sié a rempli les fonctions de précepteur en chef, et, (grâce à son zèle), le peuple est devenu vertueux.

Min (surintendant des eaux) a rempli ses fonctions avec dévouement, et il est mort noyé. Tañ (fondateur de la dynastie des Xañ) a gouverné le peuple avec libéralité, et a fait disparaître les restes de la tyrannie (dont son prédécesseur Kié avait largement usé à l'égard du peuple.)

Wen-wañ gouverna l'empire par les vertus civiles: U-wañ se rendit célèbre par ses exploits militaires; mais l'un et l'autre éloignèrent du peuple les calamités (qui le menaçaient.) Tous ces personnages sont des hommes de grand mérite aux yeux du peuple.

Viennent ensuite le soleil, la lune et les étoiles vers lesquels le peuple élève ses regards; les montagnes, les forêts, les rivières, les vallées, les monticules et les collines, où le peuple recueille les choses à son usage (4). Tout ce qui n'appartient pas à ces catégories n'est pas compris dans la loi qui règle les sacrifices à offrir.

---

(1) Il s'agit des eaux qui couvraient encore une grande partie de la Chine, lorsqu'elle commença à être habitée, et qui, d'après les critiques, ne pouvaient être que des restes du déluge auxquels la nature du pays n'avait pas laissé d'écoulement vers la mer.

(2) Il me paraît fort curieux que les plus anciennes traditions de la Chine aient conservé le souvenir d'un fait identique à celui dont parle la Genèse, lorsqu'elle fait dénommer par le premier homme tous les objets de la création. Il y a là, ce me semble, une preuve historique de la spontanéité, ou de l'inspiration divine de la parole.

(3) La prononciation donnée à ces deux caractères n'est pas celle qu'on trouve habituellement dans les dictionnaires chinois; elle fait exception pour cet endroit, au dire des Annales historiques.

(4) Il serait difficile de ne pas voir ici un culte idolâtrique rendu aux grands êtres de la nature, indépendamment même de l'Esprit qui est censé présider à chacun de ces êtres. Nous avons déjà vu quelque chose d'analogue page 62.

CHAPITRE XIX.

TSI-I.

SENS DES SACRIFICES.

Les sacrifices ne veulent pas d'excès en trop, car le trop engendre l'ennui, et l'ennui n'est pas du respect. Les sacrifices ne veulent pas d'excès en trop peu, car le trop peu est une preuve de négligence, et la négligence est de l'oubli.

C'est pourquoi le sage se met en accord avec les phénomènes du ciel. Au printemps, il offre le sacrifice Io; en automne, il offre le sacrifice Chaū. Quand (à la fin de l'automne) il tombe de la rosée et de la gelée blanche, le sage qui les foule aux pieds éprouve des sentiments de tristesse qui ne sont pas causés par le froid, (mais par le souvenir de ses ancêtres qui ont disparu de ce monde, comme disparaissent, aux premières gelées, toutes les richesses de la végétation.) Quand au printemps la pluie et la rosée humectent le sol, le sage qui les foule aux pieds éprouve des sentiments d'affection (qui ne sont pas causés par la douceur de la saison, mais par le réveil de la nature), comme s'il devait revoir bientôt ses ancêtres (rendus à la vie (1). Dans cette circonstance), il se réjouit comme celui qui reçoit quelqu'un qui arrive; (dans l'autre circonstance), il s'attriste comme celui qui accompagne quelqu'un qui s'en va. Voilà pourquoi dans le sacrifice Io, (offert au printemps), il y a de la musique, tandis que dans le sacrifice Chaū, (offert en automne), il n'y en a pas.

Les anciens empereurs pratiquaient ainsi la piété filiale : ils avaient toujours présents devant leurs yeux les traits (de leur père et mère); ils entendaient sans cesse leur voix, et n'oubliaient jamais leurs sentiments et leurs désirs; ils (continuaient) de leur porter une affection extrême, comme s'ils avaient été encore vivants, et étaient d'une attention scrupuleuse, comme s'ils avaient été en leur présence. En n'oubliant jamais de les envisager comme vivants et présents, comment n'aurait-on pas été

---

(1) Pour peu qu'on voulût étendre ce mysticisme ridicule qui approprie tout à ses rêves, il serait facile de trouver dans ce passage la croyance à la résurrection; mais mon avis est, qu'en saine raison, on ne doit y voir qu'une de ces locutions figurées fort communes chez les anciens,

sans cesse pénétré de respect! Le sage respecte et soutient ses père et
mère tant qu'ils vivent: après leur mort il les vénère et leur fait des offrandes, étant pénétré de cette pensée que, jusqu'à sa mort, il n'est pas
dispensé du respect (envers ses parents.)

Il n'y a que l'homme de vertus éminentes qui puisse (convenablement)
sacrifier à l'Être suprême: il n'y a que le fils pieux qui puisse (convenablement) sacrifier aux parents. Sacrifier, c'est diriger son intention
(vers le but du sacrifice); quand on a dirigé son intention, alors on peut
sacrifier, (car, sans cela, le sacrifice ne serait qu'un acte matériel dénué
de valeur) (1). Aussi, le fils pieux n'a aucune honte de paraître devant
le représentant de son père défunt, (car ses actes répondent aux sentiments de son cœur.) Il a beau être souverain, qu'il ne mène pas moins
lui-même par une corde la victime du sacrifice, tandis que sa femme
porte des mets d'abstinence: il fait des offrandes au représentant du défunt, et sa femme offre des vases pleins de viande: les grands dignitaires
Kiñ et Ta-fu assistent le souverain, leurs femmes assistent son épouse. Tous
deux se tiennent avec le respect le plus profond: ils se plaisent dans les
actes de leur dévotion, et brûlent du désir que leur sacrifice soit agréable
aux ancêtres.

Le fils pieux qui doit aller sacrifier à ses parents, pense à l'avance
aux choses qu'il est indispensable d'apprêter. Le moment (du sacrifice)
étant arrivé, tous les ustensiles et les objets nécessaires ne peuvent pas
ne pas être au complet. Alors, le cœur doit être débarrassé (de toute
pensée étrangère), pour ne s'occuper que du sacrifice.

Dans le sacrifice du fils pieux, il faut que le recueillement soit complet, pour que ce soit du recueillement: il faut que la sincérité soit absolue, pour que ce soit de la sincérité; que le respect soit extrême, pour
que ce soit du respect; que le cérémonial soit strictement observé, sans
la moindre infraction, soit par excès, soit par défaut: en avançant ou en
se retirant, il faut qu'il se conduise avec le même respect que s'il en-

-----

(1) Ce raisonnement est basé sur un jeu de mots semblable à celui qui a été signalé page 21;
de ce que le mot Hiañ « Sacrifier » est homophone de Hiañ « Diriger son intention » l'auteur
conclut à la connexion intime de ces deux idées. Abstraction faite du calembour, il est curieux
de voir, au point de vue moral et religieux, que les Chinois, ce peuple si matériel et si forma-
liste, aient reconnu la nécessité de joindre l'intention et les sentiments du cœur aux pratiques
extérieures du culte.

tendait de ses oreilles les ordres (de ses parents), et de la même manière que si quelqu'un le faisait agir de la sorte (1).

Les anciens empereurs (se sont efforcés d'inculquer) cinq (principes) pour arriver à bien gouverner l'empire. (Ces principes sont): d'honorer les gens vertueux, d'honorer les hommes en dignité, d'honorer les vieillards, de respecter les plus âgés que soi, et d'affectionner les jeunes gens: voilà les cinq principes au moyen desquels les anciens empereurs affermirent l'empire. On doit honorer les gens vertueux: pourquoi? parce qu'ils sont proche de la vérité (2); on doit honorer les hommes en dignité, parce qu'ils sont près du souverain; on doit honorer les vieillards, parce qu'ils se rapprochent de nos vieux parents: on doit respecter les plus âgés que soi, parce qu'ils se rapprochent de nos frères aînés: on doit affectionner les jeunes gens, parce qu'ils se rapprochent de nos enfants. (Parmi ces principes, les plus importants sont la piété envers ses père et mère et le respect envers ses aînés.) La piété filiale dans toute son étendue est, en effet, un devoir pressant pour l'empereur lui-même, comme le respect pour ses frères aînés est un devoir impérieux, même pour les princes: car, l'empereur, tout Fils du Ciel qu'il est, n'a pas moins un père (qu'il ne peut pas se dispenser de vénérer), et les princes, tout seigneurs qu'ils sont, n'ont pas moins des frères aînés (qu'ils ne peuvent pas se dispenser de respecter.) Les anciens empereurs enseignèrent au peuple à suivre toujours ces principes, sans y rien changer, et par là ils établirent l'union entre les familles et les états dont se compose l'empire.

Confucius dit: Si vous voulez fonder l'affection (mutuelle dans l'empire), commencez par aimer vous-même vos père et mère, et vous enseignerez par là au peuple à vivre en bonne intelligence. Si vous voulez fonder le respect, commencez vous-même par respecter vos aînés, et vous enseignerez par là au peuple à obéir. En enseignant ainsi l'affection et

---

(1) Locution difficile qu'on pourrait rendre en français par l'expression figurée « Comme s'il était mu par un ressort, » le respect filial étant le ressort qui fait mouvoir.

(2) D'après les philosophes chinois on entend par le mot **Tœ** Ce que l'homme a obtenu par ses propres efforts, ou la vertu acquise; et par le mot **Tao** Ce à quoi tous les hommes doivent tendre, Ce qui est convenable, Ce qui est dans l'ordre, ou la vertu dans le sens abstrait. Or, il n'y a, selon moi, que le Vrai qui réunisse ces conditions; car, selon la philosophie chrétienne, Dieu lui-même est la Vérité! Je préfère donc traduire **Tao** par Vérité, que d'adopter la traduction de Voie, dont le moindre défaut est de ne rien dire. Voyez, au reste, la définition du **Tao** page 142.

la bonne harmonie, le peuple apprend à faire grand cas des sentiments affectueux: en enseignant le respect pour ses aînés, le peuple apprend à faire grand cas de l'obéissance: quand la piété filiale envers ses parents et l'obéissance aux ordres de ses supérieurs sont répandus dans l'empire, il n'y a rien qu'on ne puisse mettre à exécution. »

Le sacrifice qu'on offre dans la campagne est un acte de grande reconnaissance envers le Ciel, et principalement envers le soleil, auquel on associe la lune. On sacrifie au soleil sur un autel élevé; on sacrifie à la lune dans un endroit creux, afin de mettre une distinction entre le sombre et le lumineux, entre le supérieur et l'inférieur. On sacrifie au soleil du côté de l'orient; on sacrifie à la lune du côté de l'occident, afin de mettre une distinction entre le (principe Iañ qui tend toujours à se répandre au) dehors, et le (principe In qui tend sans cesse à se concentrer au) dedans, et afin de se mettre en rapport avec la place (qu'ils occupent dans la nature.) Le soleil se lève à l'orient, la lune croît du côté de l'occident; les principes In et Iañ, celui-ci long, celui-là court (1), l'un commençant, l'autre finissant, se succèdent mutuellement sans interruption, afin de maintenir l'harmonie dans l'univers.

La doctrine (2) (que les anciens empereurs se sont efforcés d'établir) dans l'empire, veut qu'on s'applique à remonter vers la nature primitive (qui n'était point corrompue); qu'on s'applique aux choses des âmes et des esprits; qu'on s'applique à avoir le modeste nécessaire; qu'on s'applique à ce qui est juste, et qu'on s'applique à la condescendance. On s'applique à remonter vers la nature primitive, afin d'honorer sa propre origine; on s'applique aux choses des âmes et des esprits, afin d'honorer les supérieurs; on s'applique à avoir le modeste nécessaire, afin de pou-

---

(1) On pourrait appliquer ceci aux jours longs d'été où domine le principe Iañ, et aux jours courts d'hiver auxquels préside le principe In : mais je suis porté à croire que l'auteur parle, dans un sens plus général, de la nature expansive du Iañ qui tend toujours à augmenter, et de la nature concentrative du In qui tend toujours à diminuer.

(2) Si on donnait au mot Li, qui dans le texte chinois est le 4e de cette période, le sens accoutumé de Rites, Cérémonial, Urbanité, on tomberait, à la suite de quelques commentateurs, dans un labyrinthe inextricable où il faudrait sacrifier le bon sens. Mais il est évident, selon moi, que l'homophonie du mot Li, Doctrine, Raison, a fait substituer par erreur la forme graphique de Li, Rites, ou que, tout au moins, ce dernier caractère n'est plus employé ici dans son acception habituelle. Au reste, cette confusion de formes dans les caractères homophones est fréquente, même de nos jours, et elle est souvent une source de graves erreurs de la part des sinologues auxquels la langue chinoise parlée n'est pas familière.

voir s'acquitter des devoirs sociaux (qui lient le peuple) (1). On s'applique à ce qui est juste, afin d'obvier aux désordres entre les supérieurs et les inférieurs; on s'applique à la condescendance, afin d'éloigner les disputes. Ces cinq choses réunies forment la théorie de bien gouverner l'empire; car, quoique malgré cela il survienne encore quelque chose d'irrégulier, les désordres ne peuvent jamais être que fort petits.

Tsai-go (disciple de Confucius) dit (à son maître): « J'ai entendu souvent les noms d'Ame et d'Esprit, mais j'ignore ce qu'ils signifient. » Confucius dit (2): « La respiration de l'homme est une manifestation de l'esprit; le corps est une manifestation de l'âme. La réunion des mots Ame et Esprit en une seule expression Kuéi-xèn est un sujet d'enseignement sublime (3). D'après la nature de l'être humain, on a adopté un nom honorifique en fixant clairement l'expression Kuéi-xèn (Ame-Esprit), afin de donner une règle au peuple (4) et que tous les hommes se pénètrent de crainte et de soumission. »

« Mais les hommes éminents en sagesse ne trouvèrent pas que cela fût

---

(1) Dans l'esprit du texte chinois, cette phrase semble se rapporter aux anciens empereurs, lesquels, voulant établir dans le peuple les devoirs sociaux, lui apprirent à se procurer le modeste nécessaire qui dégage l'esprit de l'inquiétude inhérente à la misère. Mais comme cette interprétation dérangeait toute l'économie de la période, j'ai préféré laisser toute l'action au peuple, et faire abstraction des anciens empereurs, ce qui, du reste, n'altère pas sensiblement le sens de la phrase.

(2) On ne se sert pas ici de l'expression « Il répondit, » parce que, d'après les règles de l'urbanité chinoise, le maître n'est jamais censé répondre à son disciple, ni à un inférieur quelconque qui n'a pas le droit de lui adresser des questions.

(3) Confucius semble distinguer dans l'homme deux substances immatérielles ayant avec le corps des rapports différents, distinction qui rappelle les subtilités à peine spirituelles de Jh. de Maistre sur l'esprit vital. Mais chez le philosophe chinois les théories psychologiques ont peu d'importance: il ne les regarde que comme bonnes à intimider ou à encourager le vulgaire ignorant, et ne les traite, par conséquent, que d'une manière toute superficielle, s'arrêtant plutôt aux mots qu'aux idées. C'est un des faits les plus remarquables dans l'histoire de l'esprit humain, que les Chinois n'aient jamais tenté sérieusement d'approfondir les mystères de l'âme.

(4) Nous avons dans l'expression figurée Kin-xeu, littéralement « Têtes noires, » que nous avons traduite par « Peuple, » une preuve incontestable que ce passage a été écrit, au moins, deux siècles après Confucius; car, d'après le témoignage du Xó-wen, le plus ancien de tous les dictionnaires, publié sous les Han, et d'après les annales historiques, ce n'est que sous la dynastie des Tsin (de l'année 255 à l'année 206 avant notre ère), que l'expression de Kin-xeu « Têtes noires » a été imaginée pour désigner le peuple, par allusion à la couleur noire du bonnet qu'il portait dans ce temps-là. Les mêmes auteurs affirment que sous la dynastie des Cheu, contemporaine de Confucius, on appelait le peuple Li-xeu. Donc, en supposant que Confucius ait réellement émis les idées qu'on lui prête dans ce passage, il est évident qu'on a altéré ses expressions, et qu'on lui a prêté un langage qui n'est pas exactement celui de son époque.

suffisant. Après avoir fixé les deux mots (formant l'expression **Kuéi-xên**) ils instituèrent en outre deux rites différents. Ils établirent, (en premier lieu), que dans le sacrifice du matin on rôtirait des viandes qui exhaleraient une odeur agréable, pendant que monterait la flamme brillante de l'armoise desséchée; cela, afin de témoigner de la reconnaissance à l'Esprit (des aïeux), et de cette manière on enseignait à tous à remonter vers leur origine. (Ils établirent, en second lieu), qu'on offrirait des grains, qu'on offrirait du foie, des poumons, de la tête et du cœur (d'animaux) accompagnés de deux jarres de vin, et qu'on y ajouterait du vin parfumé (destiné aux libations), afin de témoigner de la reconnaissance à l'âme (des aïeux. A la fin du sacrifice, la cérémonie de boire du vin en commun et de se partager les viandes offertes) enseignait au peuple à s'entr'aimer, et à avoir une communauté de sentiments, sans égard au supérieur ou à l'inférieur, (au plus âgé ou au plus jeune). C'était là le sublime du rite. »

Tsen-tze dit: « La piété filiale a trois degrés: le degré le plus élevé consiste à entourer d'honneur ses père et mère; le second consiste à écarter d'eux toute espèce d'humiliations; le dernier consiste à fournir à tous leurs besoins. » **Kun-min-i** s'adressant à **Tsen-tze** lui dit: « Maître, de cette manière on peut dire que vous avez la piété filiale. » **Tsen-tze** répondit: « Que dites-vous là, que dites-vous là! Ce que le sage appelle Piété filiale consiste à aller au devant des pensées de ses père et mère, de parfaire leurs volontés et de les exhorter à la vertu: moi (1), je ne fais autre chose que de les nourrir, comment peut-on dire que ce soit là la piété filiale! »

« Cuire de la nourriture, la goûter, puis la présenter à ses père et mère, ce n'est pas là leur témoigner de la piété filiale; c'est tout simplement les nourrir. Ce que le sage appelle Piété filiale, c'est ce que tout le monde désire en disant: « Quel bonheur, que d'avoir un fils comme celui-là! » On appelle Piété filiale ce qui par soi-même sert d'enseignement à tout le monde; on appelle Nourrir, l'application de ces sentiments de piété (dans l'ordre des besoins matériels.) La nourriture, on peut facilement la fournir, mais le respect est difficile: le respect est possible, mais le porter naturellement et sans efforts est chose difficile: porter naturellement (respect à ses parents pendant qu'ils vivent) est encore chose

---

(1) **Tsen-tze** se désigne ici par son prénom qui était **Tsan**.

possible, mais le porter ainsi jusqu'à sa mort est chose difficile. Quand on a perdu ses père et mère, ce n'est qu'en veillant attentivement sur ses propres actions, de manière à ne pas leur infliger (la honte posthume d') un nom entaché, qu'on peut se dire (qu'on a pratiqué la piété filiale) jusqu'à la fin. (La plupart des vertus tirent leur origine de la piété filiale:) l'amour de son semblable découle de l'amour pour ses père et mère; l'urbanité est une extension des égards qu'on a pour eux; la droiture est une conséquence de l'habitude qu'on a de faire son devoir de fils; la sincérité provient de la façon sincère dont on pratique la piété filiale; l'énergie prend sa source dans la résolution qu'on apporte dans l'accomplissement de ses devoirs envers ses père et mère; la joie, enfin, prend sa naissance dans la conformité à ce grand devoir, et les châtiments sont causés par son inobservation.

Tseñ-tze dit « La piété filiale est quelque chose d'infiniment grand. Comparée à un objet planté) verticalement, elle va depuis la terre jusqu'au ciel; (comparée à un objet placé) horizontalement, elle s'étend aux quatre mers : en passant aux générations qui se succèdent, elle ne connaît pas de fin : en atteignant la mer orientale, elle y fait loi; en atteignant la mer occidentale, elle y fait loi; en atteignant la mer méridionale, elle y fait loi; en atteignant la mer septentrionale, elle y fait loi. Le livre des Vers dit « A l'ouest et à l'est, au sud et au nord il n'y a personne qui » pense à ne pas se soumettre. » Ce qui s'applique à ceci (1). »

La piété filiale est de trois espèces (suivant la catégorie des personnes qui la pratiquent, savoir:) la petite piété (propre aux classes inférieures, qui fait) qu'on emploie ses forces; la piété moyenne (propre aux grands dignitaires, qui fait) qu'on se livre à des efforts; et la grande piété (propre au souverain, qui fait) qu'on ne manque de rien. Quand les pensées sont tournées à l'affection et qu'on oublie la fatigue, on peut appeler cela Employer ses forces: quand on fait grand cas de l'amour de son semblable et qu'on observe la justice, on peut appeler cela Faire des efforts: quand on répand largement les bienfaits, et qu'on tient prêtes toutes les choses (dont le peuple peut avoir besoin); on peut appeler cela Ne laisser rien manquer.

---

(1) Cette citation, comme la plupart de celles que l'auteur a tirées du Xe-kiñ, est complètement détournée du sens qu'elle a dans l'original, où il n'est nullement question de piété filiale, mais bien de la soumission spontanée de tous les princes feudataires de l'empire à l'autorité naissante de U-wañ.

Dans les temps anciens, la dynastie de Iü honorait la vertu, mais elle estimait aussi l'âge; la dynastie des Hia honorait la dignité, mais elle estimait aussi l'âge; la dynastie des In honorait la richesse, mais elle estimait aussi l'âge; la dynastie des Cheu honorait la parenté, mais elle estimait aussi l'âge. Ces quatre dynasties ont fourni à l'empire des souverains très-célèbres, dont aucun n'a négligé de (faire attention) à l'âge. L'estime qu'on a pour l'âge est donc une chose fort ancienne dans l'empire, (et c'est avec raison, puisque le vieillard) prend place immédiatement après nos père et mère.

C'est pour cela qu'à la cour, parmi les personnages égaux en dignité, on accorde une estime particulière aux plus âgés. Ainsi, les septuagénaires portent, même à la cour, le bâton (qui leur sert d'appui), et si le souverain leur parle, il les fait asseoir: les octogénaires ne vont pas à la cour, et si le souverain veut leur demander quelque chose, il va lui-même chez eux. Le respect des moins âgés pour les plus âgés est donc observé à la cour.

En marchant, on ne va pas côte-à-côte (avec les vieillards), ni on se tient sur le côté un peu en arrière; mais on suit derrière eux. Si, étant en voiture, on aperçoit un vieillard, on l'évite (1) (en faisant un détour. Si on aperçoit) un homme aux cheveux gris (chargé d'un fardeau), on ne le lui laisse pas porter tout le long de sa route; c'est que le respect du moins âgé pour le plus âgé est observé sur les grands chemins.

Les habitants des villages ont égard à l'âge. Les vieillards sans ressource n'y sont pas abandonnés; les hommes robustes ne les offensent pas, quoique faibles; ceux qui sont en nombre ne les oppriment pas, quoique seuls: c'est que le respect des moins âgés pour les plus âgés est observé dans les villages.

D'après l'usage antique, les hommes de 50 ans ne sont plus soumis à aucune corvée (et lorsqu'après la chasse) on distribue le gibier, une plus large part est donnée aux plus âgés: le respect des moins âgés pour les plus âgés est donc pleinement admis dans ce qui concerne la chasse.

Dans les régiments et les compagnies de dix et de cinq hommes, entre individus égaux en grade, on estime de préférence les plus âgés: c'est

---

(1) Rien ne choque plus les Chinois qui viennent en Europe, que de voir les piétons, de tout âge et de tout sexe, subordonnés aux caprices impérieux des personnes en voiture, qui s'arrogent le droit de ne jamais se déranger; il faut avouer, néanmoins, que même chez eux on a beaucoup rabattu à cet égard de l'antique politesse sur le parcours des palanquins.

que le respect des moins âgés pour les plus âgés est répandu dans les régiments.

Dès que la piété filiale et le respect pour ses aînés se montrent à la cour, on les pratique aussitôt sur les chemins, dans les villages, à la chasse, à l'armée: tout le monde s'en fait un devoir tellement indispensable, qu'on aimerait mieux mourir, plutôt que de l'enfreindre.

(Quand l'empereur) sacrifie (à **Wen-wañ** dans la grande salle nommée) **Miñ-tañ**, ce qu'il enseigne aux princes feudataires, c'est la piété filiale. Quand il fait la cérémonie en honneur des vieillards dans le grand collège, ce qu'il enseigne aux princes feudataires c'est le respect des moins âgés pour les plus âgés. Quand il sacrifie aux anciens sages dans le collège situé à l'occident de son palais, ce qu'il enseigne aux princes feudataires c'est la vertu. Quand il laboure le champ dont la culture lui est réservée, ce qu'il enseigne aux princes feudataires c'est d'être pleins d'égards envers père et mère. Quand (à des époques déterminées) il fait grande réception à sa cour, ce qu'il enseigne aux princes feudataires c'est de remplir les devoirs de vassaux. Ces cinq articles sont dans l'empire des sujets de grand enseignement.

C'est l'empereur qui a fondé les quatre collèges: néanmoins, lorsque son fils aîné (qui est l'héritier présomptif du trône) entre dans un de ces collèges (pour y faire ses études), on n'a égard qu'à son âge (par rapport aux autres élèves, et nullement à sa haute dignité.)

Quand l'empereur obtient quelque avantage, il en rapporte le mérite au Ciel: quand les princes feudataires obtiennent quelque avantage, ils l'attribuent à l'empereur: quand les grands dignitaires **Kiñ** et **Ta-fu** obtiennent quelque avantage, ils en font hommage aux princes: quand les petits fonctionnaires et le peuple obtiennent quelque avantage, ils en attribuent l'origine à leurs père et mère, aux supérieurs et aux vieillards (1). Les appointements, les dignités et les faveurs par lesquels l'empereur veut récompenser quelqu'un, il les accorde dans le temple des ancêtres, afin de donner un témoignage de sa déférence pour eux.

Anciennement, les hommes transcendants en savoir et en vertu observèrent les phénomènes du **In** et du **Iañ**, du ciel et de la terre, et ils en

____

(1) Tout cela ne devait exister que dans les formes du langage, car je ne pense pas que les anciens fussent tellement exempts d'amour-propre, qu'ils attribuassent sincèrement à autrui leur mérite personnel.

firent la base du I-(kiñ, ou Livre des changements, au moyen duquel
se font les divinations. Quand on veut faire une divination), le devin prend
la tortue, et se tient le visage tourné vers le sud: l'empereur, revêtu de
son costume de cérémonie, se tient le visage tourné vers le nord (1), et
quoiqu'il ait un profond savoir, il ne s'avance pas moins pour demander
une décision sur ses propres vues, manifestant par là qu'il n'ose pas trancher en maître, mais qu'il fait un cas extrême (des décisions) du Ciel.
(Si l'oracle trouve) bons (les projets qu'il lui a soumis, l'empereur) fait
honneur de ces projets à autrui; (si, au contraire, l'oracle les trouve)
mauvais, il se les attribue à lui-même, enseignant ainsi, que par honneur
pour les sages il ne faut pas se vanter.

Le fils pieux qui se dispose à offrir un sacrifice (à ses père et mère)
doit rendre son cœur pur et sérieux, afin de pouvoir réfléchir sur ce
qu'il va faire, apprêter les habits et les objets voulus, mettre en bon ordre
le temple et régler toutes les choses nécessaires.

Le jour du sacrifice étant arrivé, sa figure doit être douce et sa démarche craintive, comme s'il craignait que son amour filial ne fût pas
suffisant. Pendant qu'il fait les libations, son air doit être doux, son corps
doit être courbé, comme s'il voulait parler (à ses parents), ce qui n'est
pourtant pas. Toutes les pensées étrangères (au sacrifice) il les chasse
au dehors: il se tient debout avec modestie: il ne bouge point, et reste
parfaitement droit, comme s'il allait bientôt (partir et) ne plus voir (ses
parents.) Après le sacrifice il s'en va lentement, comme (s'il suivait quelqu'un pas à pas, et avait envie) de rentrer (avec lui dans le temple.)
Ainsi, l'application et la modestie ne se départent pas de son extérieur;
les oreilles et les yeux ne se séparent pas du cœur; les pensées ne s'é-
loignent pas de ses père et mère; (le respect et l'amour) se fixent dans
son cœur et se manifestent extérieurement dans toute sa personne; sur
chaque point il réfléchit (aux moyens de témoigner de plus en plus son
respect et son affection.) Tels sont les sentiments d'un fils ayant vraiment
la piété filiale.

---

(1) Ici la position des personnages est opposée à ce qu'elle était dans les circonstances ordinaires et dans les assemblées de cour. Au lieu de regarder le sud, l'empereur regarde le nord,
parce qu'il est l'inférieur de l'Esprit auquel il adresse des questions; tandis que le devin qui porte
la tortue regarde le sud, parce qu'il tient la place de l'Esprit qui va rendre ses oracles. Voyez
pag. 57 et 99.

CHAPITRE XX.

TSI-TUN.

GÉNÉRALITÉS SUR LES SACRIFICES.

Dans la théorie du gouvernement des hommes, il n'y a rien de nécessaire comme les rites. Les rites sont de cinq sortes, mais dans le nombre il n'y en a pas d'aussi important que celui des sacrifices. Le sacrifice n'est pas une chose qui vienne du dehors; c'est du dedans qu'elle sort, puisqu'elle prend naissance dans le cœur. Le cœur éprouve des sentiments affectueux et en fait hommage au moyen des rites: aussi, n'y a-t-il que le sage qui puisse entrer parfaitement dans l'esprit des sacrifices.

Dans les sacrifices qu'il offre, le sage trouve toujours une félicité, mais non pas dans le sens que le monde attache au mot Félicité. La félicité du sage c'est l'accomplissement. On appelle Accomplissement l'obéissance à tous les devoirs (qui se rattachent aux sacrifices, car) l'accomplissement proprement dit n'admet aucune exception à cette obéissance: ce qui revient à dire: au dedans, accomplissement intégral de tous les devoirs du cœur; au dehors, obéissance complète à tout ce qui fait loi (dans les sacrifices.) Les services que le magistrat fidèle rend au souverain, les égards que le fils respectueux témoigne à ses père et mère reposent sur les mêmes bases. (Celui qui remplit intérieurement et extérieurement tous les devoirs); en haut, il se trouve en conformité avec les Esprits et les Dieux; au dehors, il satisfait son souverain et ses chefs; au dedans (de sa maison) il exerce la piété filiale envers ses parents: c'est encore cela qu'on appelle Accomplissement. Le sage seul est capable de réaliser cet accomplissement, et ce n'est que lorsqu'on a cette capacité, qu'on peut offrir des sacrifices. Aussi, lorsqu'il sacrifie, le sage porte (d'abord) au plus haut degré la sincérité du cœur et le dévouement du respect: il offre (ensuite) des objets, il observe les cérémonies, il y ajoute le charme de la musique, il met (ses sacrifices) en accord avec les saisons, et fait, enfin, l'offrande de sa vertu, sans s'enquérir de ce qui lui en reviendra. Tels sont les sentiments du fils véritablement imbu de la piété filiale.

Quand au dedans de soi tout est parfaitement disposé (pour le sacrifice), on doit chercher une aide au dehors, c'est-à-dire qu'on doit se marier (1); car, dans les sacrifices il est indispensable que le mari et la femme concourent personnellement, de façon à ce que les dignitaires des deux sexes (2) s'y trouvent au complet. Les dignitaires étant au complet, tous les accessoires du sacrifice le sont également, (vu que chacun porte ce qui lui est assigné. Le soin qu'on met à rendre le tout complet est tellement grand.), que si on pouvait offrir tout ce que le ciel produit et ce que la terre fait croître, il n'y aurait rien qu'on oubliât, afin de prouver qu'on a épuisé la série des objets à offrir. Au dehors, l'assemblage complet de tous les objets voulus, au dedans, le concours absolu de tous les sentiments requis. Tel est l'esprit des sacrifices.

L'empereur laboure lui-même (le champ qui lui est réservé) à la campagne, du côté du midi, afin de fournir le riz nécessaire aux sacrifices. L'impératrice va à la campagne, du côté du nord, cueillir des feuilles de mûrier pour la culture des vers à soie, afin de fournir les habits usités dans les sacrifices. Les seigneurs labourent, (chacun dans son fief, le champ qui lui est réservé) à la campagne, du côté du levant, également afin de fournir le riz nécessaire aux sacrifices; leurs femmes vont à la campagne du côté du nord cueillir des feuilles de mûrier pour la culture des vers à soie, afin de fournir les habits officiels (usités dans les sacrifices. Tout haut placés qu'ils sont); l'empereur et les princes feudataires ne laissent donc pas de labourer; l'impératrice et les femmes des feudataires ne laissent donc pas de cueillir des feuilles de mûrier; donnant ainsi personnellement le plus haut témoignage de leur sincérité. Quand on dit sincérité, on dit Plénitude; quand on dit plénitude, on dit Vénération; une fois que la vénération est complète, alors on peut rendre hommage aux Esprits. Telle est la doctrine des sacrifices.

---

(1) Les lois du cérémonial antique voulaient que le chef de la maison fût toujours assisté de son épouse dans les sacrifices qu'il offrait à ses ancêtres; car, il y avait deux rôles distincts qui ne pouvaient pas être remplis séparément. Chacun des époux avait ses cérémonies à faire, ses offrandes à présenter, sa place à occuper et ses prières à dire. Aussi, quel que fût l'âge de l'homme devenu veuf, il était obligé de se remarier, sous peine de ne pas offrir de sacrifices à ses aïeux, et de manquer, par là, au plus grand de tous les devoirs, à la piété filiale.

(2) Littéralement « Les dignitaires du dedans et ceux du dehors » l'expression Dedans s'appliquant aux femmes, dont les occupations et les devoirs sont renfermés à l'intérieur de la maison, tandis que les hommes s'occupent des affaires du dehors. De là, les locutions **Neï-tze, Neï-jèn, Tsièn-neï** « La personne du dedans, Mon humble intérieur etc. » par lesquelles le mari désigne sa femme. Dans les sacrifices en question, les dignitaires femmes c'étaient les dames d'honneur de l'impératrice qui avaient aussi un rôle spécial dans les cérémonies, mais qui n'y auraient pu assister, si l'empereur n'eût pas eu d'épouse vivante.

Quand le temps de sacrifier approche, le sage se livre à l'abstinence. S'abstenir, c'est comme si on disait Egaliser, c'est-à-dire rendre égal ce qui est inégal, afin d'arriver à une égalité parfaite. (Alors, le sage) repousse les choses illicites, il comprime ses désirs et ferme ses oreilles à la musique. De là le vieil adage « Celui qui se livre à l'abstinence ne prend aucune part à la musique, » ce qui revient à dire qu'il craint de jeter la distraction dans ses pensées. En effet, si l'esprit n'est pas livré au vagabondage des idées, il ne peut manquer de suivre la bonne voie: si les mains et les pieds ne se livrent pas à des mouvements désordonnés, ils ne peuvent manquer de suivre les rites. C'est pourquoi l'abstinence du sage est l'application à atteindre le plus haut degré d'une fine et brillante vertu. Aussi, l'abstinence modérée dure-t-elle sept jours, afin de recueillir l'esprit, et l'abstinence rigoureuse trois jours, afin de l'égaliser. On peut donc appeler Abstinence le recueillement, et dire que par l'abstinence on atteint la fine et brillante vertu. Ce résultat une fois obtenu, on peut entrer en communication avec les Esprits.

Le moment arrivé où on entre pour faire les évolutions (qui accompagnent la musique), le souverain prend le bouclier et la hache, et se rend à sa place d'évolution. La place du souverain est la première du côté du levant: là, revêtu du costume de parade, il gouverne les mouvements des armes, et dirige la foule de ses officiers (dans les évolutions qu'ils font), afin de procurer du plaisir à l'auguste représentant du défunt. C'est pour cela que les sacrifices offerts par l'empereur sont envisagés comme des représentations, en petit, de la joie répandue dans tout l'empire, de même que les sacrifices offerts par les seigneurs sont envisagés comme des représentations de la joie répandue dans leur territoire. Eux aussi, revêtus du costume de parade, gouvernent les évolutions des différentes armes, et dirigent la foule de leurs officiers, afin de causer de la joie à l'auguste représentant du défunt. Il se rattache encore à cela une signification, celle de la joie répandue dans le territoire soumis à leur autorité.

Les sacrifices ont trois choses d'important. Parmi les divers objets qu'on offre, aucun n'est important comme le vin parfumé: parmi les sons (qu'on y fait entendre) aucun n'est important comme le chant (qui s'exécute) à l'étage supérieur (du temple): parmi les évolutions (qui accompagnent la musique), aucune n'est importante comme celle appelée U-su-ié. Telle est la doctrine (admise sous la dynastie) des Cheu. Ces trois

choses empruntent au dehors les moyens de rendre sensibles les sentiments du sage: aussi, sont-elles toujours proportionnées aux sentiments
du cœur. Si les sentiments sont légers, elles sont légères: s'ils sont profonds, elles sont considérables. Avoir le cœur léger et vouloir faire au
dehors des choses considérables, c'est de toute impossibilité, même au
sage doué de qualités transcendantes. C'est pour ce motif que, dans ses
sacrifices le sage fait personnellement tous ses efforts, afin de montrer
clairement ce qui a de l'importance: il dirige ses sentiments au moyen
des rites extérieurs; il fait l'offrande des trois choses importantes (mentionnées tout à l'heure), et présente tout cet ensemble à l'auguste représentant du défunt. Telle est la doctrine des sages éminents.

Dans les sacrifices il y a des viandes offertes qu'on mange après. Ces
viandes sont la dernière chose du sacrifice; néanmoins, il n'est pas permis
d'ignorer (le sens qui s'y rattache.) C'est pourquoi les anciens avaient
un adage qui disait: « Une bonne fin est semblable au commencement, »
ce qui s'applique aux viandes offertes qu'on mange après le sacrifice. C'est
encore pourquoi les anciens sages disaient: « Le représentant du défunt
mange les restes des âmes et des esprits, » image des bienfaits (que
l'empereur accorde au peuple) et par lesquels on peut juger de son
gouvernement.

La règle de manger les viandes offertes est, qu'à chaque changement
de convives, on augmente le nombre des personnes (1), de façon à mettre
une distinction entre les classes élevées et les classes humbles, et à mettre
en évidence l'image de la distribution des bienfaits (par le souverain.)
Aussi, lors-même qu'on ne distribuerait alors que quatre vases de riz,
on ne laisse pas de le faire au milieu du temple, car, l'intérieur du
temple est l'image de l'intérieur du royaume.

Dans les sacrifices, les bienfaits sont la plus grande chose. En effet,
le souverain doué d'une grande bienfaisance répand infailliblement des
bienfaits sur les inférieurs; sur les grands, d'abord, et sur les petits ensuite; car, il ne s'agit pas pour les grands de tout amasser pour eux, et

---

(1) Après le sacrifice, il y avait cinq différentes tablées de convives qui se succédaient pour
consommer les mets offerts. A la 1ère il y avait le représentant du défunt et son assistant: à la
2e il y avait le souverain et trois grands dignitaires Kiû: à la 3e il y avait six dignitaires Ta-fu:
à la 4e il y avait huit magistrats Xe: à la 5e il y avait tous les gens de service, le nombre des
convives allant ainsi en augmentant progressivement de deux à la fois.

de laisser au peuple le froid et la faim pour partage. Mais lorsque le souverain est très-bienfaisant, tous les individus dont se compose le peuple attendent, comme au bas d'un courant d'eau, sachant fort bien que les bienfaits vont bientôt arriver jusqu'à eux. (Comment savent-ils cela?) c'est à voir ce qui a lieu pour les mets offerts qu'on mange après le sacrifice. C'est de cela qu'il est dit que (par ce moyen) on peut juger du gouvernement.

Offrir un sacrifice est une grande chose : les objets dont on y fait usage sont au complet; mais ce qui les complète c'est le concours d'une respectueuse soumission. Telle est la base de l'enseignement. C'est pour cela que, dans sa doctrine, le sage enseigne à honorer au dehors (de chez soi) le souverain et les supérieurs, et à observer dans (sa famille) la piété filiale à l'égard de ses père et mère. C'est pour cela que quand un souverain éclairé occupe le trône, tous les magistrats lui obéissent et le suivent. Quand on traite avec un profond respect les choses qui se rattachent au culte des ancêtres et des Dieux tutélaires, les fils et les neveux suivent le chemin de la piété filiale (qu'on a tracé devant eux par l'exemple.) En remplissant ainsi son devoir, en suivant ainsi le droit chemin, on donne par là-même un enseignement.

Le sage qui sert son souverain doit se prendre lui-même pour règle. Ce qu'il n'approuve pas chez ses supérieurs il ne doit pas l'appliquer à ses inférieurs : ce qui lui déplaît chez ses inférieurs, il ne doit pas le pratiquer au service de ses supérieurs : si ce qu'il trouve mauvais chez les autres il le fait lui-même, ce n'est pas là la manière d'enseigner les hommes. En effet, les enseignements du sage ont pour base (les exemples que donne sa propre conduite; si son exemple est conforme à ses discours), il est en parfait accord avec les vrais principes. Les sacrifices sont exactement dans le même cas : de là cet adage, « Les sacrifices sont la base de l'enseignement. »

Les sacrifices renferment dix ordres d'idées. Il y a la manière de servir les âmes et les esprits; il y a les devoirs entre souverain et sujets; il y a les rapports entre père et fils; il y a le classement de gens distingués et de gens vulgaires; il y a la progression décroissante entre parents proches et parents éloignés; il y a la distribution des dignités et des récompenses; il y a la distinction entre homme et femme; il y a l'égalité dans les actes du gouvernement; il y a la gradation entre plus âgés et plus jeunes; il y a, enfin, les relations de supérieur à inférieur. Voilà ce qu'on appelle les Dix ordres d'idées.

Anciennement, le souverain éclairé qui avait des dignités à conférer à des hommes vertueux, ou des appointements à accorder à des hommes bien-méritant, donnait invariablement ces deux récompenses dans le grand temple des ancêtres, faisant voir par là qu'il n'osait pas agir en maître, (mais bien sous l'inspiration de ses aïeux.) C'est pour cela qu'au jour du sacrifice, après avoir fait une offrande, le souverain descendait à l'extrémité méridionale de l'escalier situé à l'est, et se tenait le visage tourné vers le sud; ceux à qui il signifiait ses ordres ayant le visage tourné vers le nord, et l'historiographe se tenant à sa droite, pour donner lecture des diplômes qu'il tenait dans ses mains (1). (Les personnes qui avaient été l'objet des faveurs impériales) faisaient de nouvelles salutations en baissant les mains jointes et en courbant le front jusqu'à terre: ils recevaient ensuite leur diplôme, et s'en retournaient pour aller dans le temple de leurs ancêtres faire hommage (des faveurs qu'ils venaient d'obtenir.) C'est ainsi que les dignités et les récompenses étaient accordées.

Les différents vases usités dans les sacrifices, (quoique consacrés au culte des Esprits, ne laissent pas que de servir aux officiers du temple dans le repas qu'ils font après la cérémonie), afin qu'il apparaisse clairement que les sacrifices sont toujours suivis de bienfaits. De cette manière, les gens de distinction n'usent pas à l'excès (des viandes offertes), et les gens de condition humble ne s'en trouvent pas privés: d'où résulte une égalité parfaite. Quand les bienfaits sont distribués avec égalité, le gouvernement fonctionne bien: quand le gouvernement fonctionne bien, les affaires publiques réussissent à souhait: quand les affaires publiques réussissent à souhait, le mérite (du souverain) se trouve établi. Il n'est donc par permis d'ignorer la cause première qui établit (aux yeux de tous) le mérite (du souverain; car, c'est dans l'exemple) des vases de viandes offertes d'où ressort clairement l'égalité des bienfaits, que le souverain sachant bien gouverner trouve une similitude (avec ce qu'il doit

______

(1) Le mot **Min** Ordonner, Signifier, Intimer, que dans l'esprit du contexte je traduis par Lire, renferme, selon les commentateurs, l'explication du « C'est pour cela, » en apparence si peu motivé, par lequel commence la phrase. D'après eux, cet « Ordre » dont on donnait lecture était censé émaner des ancêtres: il était même rédigé de telle façon, que les faveurs accordées par le souverain semblaient provenir directement de ses aïeux. De nos jours encore, les proclamations que les empereurs publient dans de grandes circonstances, commencent presque toujours par un éloge des aïeux, et tendent à prouver que c'est à eux qu'on doit rapporter tout ce qui s'est fait de bien dans le gouvernement de l'empire. Voyez page 125.

faire (1).) Voilà pourquoi on dit que (dans les dix ordres d'idées que renferment les sacrifices), il y a l'égalité dans les actes du gouvernement.

Dans les sacrifices on donne (des mets offerts) aux gardiens des cuirasses, aux préposés à la viande, aux musiciens et aux portiers, image des bienfaits accordés aux gens de basse condition. Le souverain doué de sagesse peut seul pratiquer cela: son intelligence lui permet de voir le sens qui s'y rattache; son humanité lui permet de donner. Le mot Pi signifie, en effet, Donner, c'est-à-dire qu'il donne son surplus à ses inférieurs. C'est pour cela que lorsqu'un souverain éclairé est sur le trône, les peuples compris dans les limites de son territoire ne souffrent ni du froid, ni de la faim. Voilà ce qu'on appelle les relations entre supérieur et inférieurs (2).

Les sacrifices Cho et Ti (qu'on offre à ses ancêtres, l'un au printemps, l'autre en été), relèvent du principe Iañ. Les sacrifices Chañ et Chen (qu'on offre, l'un en automne, l'autre en hiver), relèvent du principe In. Le sacrifice Ti répond au maximum du Iañ; le sacrifice Chañ répond au maximum du In (3). C'est pourquoi on dit: « Rien n'est aussi important que les sacrifices Ti et Chañ. »

Anciennement, à l'époque du sacrifice Ti on conférait les dignités, et on faisait des présents d'habits, afin de se conformer au principe Iañ (dont relèvent la gloire, la célébrité et les objets éclatants:) à l'époque du sacrifice Chañ on concédait des champs et des territoires, et on appliquait les lois pénales (4), afin de se conformer au principe In (dont relèvent

---

(1) Le philosophe chinois s'est alambiqué le cerveau pour combiner, avec les idées les plus disparates, ce raisonnement puéril, fort peu intelligible dans la dialectique européenne, à savoir, que l'usage des viandes offertes et des vases sacrés, de la part des gens de service dans le temple, est l'image d'un bon gouvernement! Je laisse au lecteur patient et clairvoyant le soin de chercher les rapports logiques qui sont censés exister entre les différents termes de cette déduction éminemment chinoise: j'ai assez pour ma part des difficultés que la traduction a présentées.

(2) Les éditions du Li-ki qui passent pour complètes expliquent un à un les dix ordres d'idées (page 130) que renferment les sacrifices. Le texte commenté que nous suivons ici s'est borné aux trois ordres qu'on vient de lire, les seuls qui semblent nécessiter quelques explications.

(3) Le règne du Iañ commence au solstice d'hiver et va chaque jour en augmentant de puissance jusqu'au solstice d'été où il a atteint son plus haut degré de force, comme les jours ont atteint alors leur plus grande longueur. A partir de ce moment commence le règne du principe In qui va en gagnant le dessus jusqu'au solstice d'hiver, où il est le plus puissant, et où les jours ont atteint leur minimum de durée.

(4) Littéralement, Les lois de l'automne: allusion à l'usage fort ancien, mais encore en vigueur de nos jours, dans les cours criminelles de la Chine, de ne connaître des crimes ordinaires et de n'appliquer la peine de mort qu'en automne, sous l'influence du principe fâcheux In. On ne fait exception à cette règle que pour les grands crimes qui demandent une prompte justice.

la terre, les punitions et toutes les affaires désagréables.) C'est pourquoi
l'adage dit: « Le jour du sacrifice Chañ on met dehors (tout ce qui était
en réserve) dans les dépôts publics, afin de distribuer des récompenses. »
À l'époque où l'on fauche l'herbe, on marque au front les criminels;
(par conséquent), tant que l'application des lois pénales n'est pas com-
mencée, le peuple n'ose pas faucher.

Voilà pourquoi on dit: Les sacrifices Tĭ et Chañ ont une grande portée;
ils sont la base d'un bon gouvernement, et il n'est pas permis d'en ignorer
(le sens élevé.) C'est au souverain qu'il appartient d'en pénétrer clairement la signification: c'est aux magistrats qu'est dévolu le soin des apprêts extérieurs (de ces sacrifices.) Le souverain qui n'en pénètre pas
clairement le sens est incomplet: le magistrat qui n'en soigne pas tous
les détails extérieurs est incomplet. Le sens (des sacrifices Tĭ et Chañ) fixe
les projets (suggérés par la piété filiale), et donne carrière aux sentiments
vertueux (de reconnaissance et d'amour qu'on a pour ses parents décédés.)
C'est pourquoi, lorsque ces sentiments vertueux sont profonds, les projets
(de reconnaissance) sont grands: lorsque ces projets sont grands, le sens
(des sacrifices) est clairement compris: lorsque ce sens est bien compris,
les sacrifices sont respectueux: lorsque les sacrifices sont respectueux, il
n'y a, dans toute l'étendue du royaume, aucun fils ni petit-fils qui ne soit
respectueux. Guidé par ces principes, le sage offre ses sacrifices en personne, et ne charge autrui de le remplacer que lorsqu'il en est empêché
par quelque grave motif.

Quand il s'agit des inscriptions des vases sacrés, on discute et on met
par écrit les vertus des ancêtres, leurs mérites, les récompenses obtenues,
les faveurs de cérémonial, les présents (reçus du souverain), la renommée
acquise, en un mot, tout ce que l'empire sait sur leur compte, et on se
conseille sur ce qu'il convient (de faire graver) sur les vases des sacrifices.
Par là, on s'assure à soi-même la réputation (de fils respectueux et reconnaissant, et on a des vases spécialement consacrés) à offrir des sacrifices
à chacun de ses ancêtres.

En donnant de l'éclat à ses ancêtres, on élève la piété filiale (dont on
est pénétré); en se mentionnant soi-même (sans ostentation), on fait son
devoir, et en éclairant les générations à venir (sur les mérites de leurs
aïeux), on leur lègue un enseignement.

Dans ces inscriptions il n'y a qu'un éloge; cependant, les ancêtres et
les descendants y ont une égale part. Aussi, quand le sage regarde une

inscription sur les vases sacrés, il admire tout à la fois le personnage
(dont elle loue les vertus) et celui (de ses descendants) qui l'a composée.
En effet, celui qui l'a composée a eu assez de pénétration pour en saisir
l'importance; il a eu assez d'humanité pour que le souverain lui accordât
la permission de la faire graver (1); et il a eu assez d'habileté pour en
faire une chose avantageuse. Tout cela peut être appelé Sagesse; et quand
la sagesse est sans ostentation elle peut s'appeler Modestie.

CHAPITRE XXI.

KIÑ-KIAI.

SENS GÉNÉRAL DES LIVRES CANONIQUES.

Confucius dit: « Il suffit d'entrer dans un royaume pour savoir de suite
quelles choses on y enseigne. Les habitants sont-ils doux et sincères, c'est
qu'on y enseigne le (Livre des poésies) Xe-kiñ. Sont-ils pleins de connaissances et versés dans les choses anciennes, on y enseigne le (Livre par
excellence, le) Xu-kiñ. Ont-ils de la grandeur d'âme et de la bonté de
cœur, on y enseigne le (Mémorial de la musique, le) Io-ki (2). Sont-ils
calmes et capables de donner de grandes suites aux plus petites choses,
on y enseigne le (Livre des changements, le) I-kiñ. Sont-ils modestes,
économes, sérieux et respectueux, on y enseigne le (Mémorial des rites,
le) Li-ki (3). Ont-ils un langage suivi et en accord avec les actes, on y

---

(1) Dans les temps anciens il n'était pas permis de faire graver telle inscription qu'on voulait
sur les vases en bronze, en usage, même chez soi, pour les sacrifices aux ancêtres. Il fallait, pour
cela, une autorisation spéciale du souverain qui ne l'accordait qu'en faveur des personnages dont
les vertus et les mérites avaient déjà acquis un grand éclat.

(2) Il y a ici un manque absolu, non seulement de critique, mais de la plus simple attention,
car Confucius ne pouvait pas parler du Mémorial de la musique inséré dans cet ouvrage, qui lui
est de beaucoup postérieur, et où l'on rapporte de longs dialogues attribués tant à lui qu'à ses
disciples. Cela prouve, en général, qu'on ne peut pas se fier à l'authenticité des maximes que l'auteur
du Li-ki met dans la bouche du grand philosophe.

(3) Autre anachronisme que l'auteur a sans doute commis sciemment, afin de donner plus de
poids et d'antiquité à son ouvrage: mais il est incontestable que, si dès le temps de Confucius il
existait déjà sur les Rites quelques mémoires épars, ils ne formaient pas un ensemble qui pût être
l'objet de l'enseignement public, et prendre rang parmi les livres fondamentaux ou canoniques
dont il est principalement question dans ce chapitre.

enseigne les (Annales) Chuen-tsieu (1). (Mais si un profond enseignement des livres canoniques développe certaines vertus, un enseignement superficiel et insuffisant favorise certains vices propres à la nature de chaque livre :) ainsi, le vice provoqué par le (Livre des Vers) Xe-kiñ c'est la bonhomie; le vice provoqué par le (Livre par excellence) Xu-kiñ, c'est la duplicité; le vice provoqué par le (Mémorial de la musique) Io-ki, c'est l'exagération; le vice provoqué par le (Livre des changements) I-kiñ, c'est l'hérésie; le vice provoqué par le (Mémorial des rites) Li-ki, c'est (l'obséquiosité) ennuyeuse; le vice provoqué par les (Annales) Chuen-tsieu, c'est la confusion. Si les habitants de ce royaume sont doux et sincères, sans tomber dans la bonhomie, c'est qu'ils comprennent à fond le Livre des Vers. S'ils sont pleins de connaissances et versés dans les choses anciennes, sans donner dans la duplicité, c'est qu'ils comprennent à fond le Livre par excellence. S'ils ont de la grandeur d'âme et de la bonté de cœur, sans se laisser aller à l'exagération, c'est qu'ils comprennent à fond le Mémorial de la musique. S'ils sont calmes, et aptes à donner de grandes suites aux plus petites choses, sans tomber dans l'hérésie, c'est qu'ils comprennent à fond le Livre des changements. S'ils sont modestes, économes, sérieux et respectueux, sans être ennuyeux, c'est qu'ils comprennent à fond le Mémorial de rites. S'ils ont un langage suivi et en accord avec les actes, sans tomber dans la confusion, c'est qu'ils comprennent à fond le Livre des annales. »

L'empereur est l'égal du Ciel et de la Terre: aussi, sa vertu est à la hauteur du ciel et de la terre, et ses bienfaits se répandent à la fois sur toute chose. Son intelligence est lumineuse comme le soleil et la lune; elle éclaire tout l'empire, et ne laisse rien d'inaperçu, si petit que ce soit. Quand il tient des assemblées de cour, sa conversation roule sur les dif-

---

(1) Les erreurs de critique relatives au **Io-ki** et au **Li-ki** pourraient être atténuées, jusqu'à un certain point, en supposant que Confucius a voulu parler ici des mémoires sur la Musique et les Rites qui devaient exister de son temps, et que, plusieurs siècles plus tard, on a réunis en un corps d'ouvrage avec certaines additions; mais cette excuse ne saurait être produite pour ce qui concerne les annales du royaume de **Lu**, ou le **Chuen-tsien** qui est le propre ouvrage de Confucius, et qui ne pouvait guère être connu du vivant de l'auteur, puisque celui-ci le rédigeait au fur et à mesure des évènements dont il était témoin, et qu'il le laissa même incomplet. J'ai cherché si on ne pourrait pas faire disparaître tous ces lourds anachronismes, en n'attribuant à Confucius que la première phrase de ce chapitre, et en envisageant tout ce qui suit comme la paraphrase de cette sentence; mais la forme de la période et l'opinion générale des commentateurs s'y opposent complètement.

férents degrés d'humanité, de prudence, d'urbanité et de justice: quand il est dans les loisirs de la vie privée, il écoute les chants Ia et Suñ (où sont célébrées les vertus des anciens empereurs:) quand il marche, il porte attachées à sa ceinture des pendeloques en jade qui produisent un son (pur, emblème de la pureté et de la sincérité du cœur): quand il monte en char, il a des grelots qui résonnent (autour de lui pour lui inspirer de bonnes idées:) quand il se repose, il garde le décorum: quand il va, ou qu'il vient, il le fait avec mesure. (Lorsque l'empereur pratique ainsi la vertu), tous les fonctionnaires publics remplissent leur devoir et toutes les affaires s'accomplissent au temps voulu. Le livre des Vers dit: « L'excellent homme que le sage! dans sa personne rien ne pèche: et dès » que dans sa personne rien ne pèche, il peut réformer les quatre extré- » mités de l'empire (1), » ce qui revient à ce que nous disons.

Quand le souverain publie un ordre et que le peuple l'accueille avec plaisir, cela s'appelle Accord. Quand les supérieurs et les inférieurs se portent une affection mutuelle, cela s'appelle Amour de son semblable. Quand le peuple obtient ce qu'il désire sans le demander, cela s'appelle Confiance. Quand on éloigne les calamités qui surviennent dans ce monde, cela s'appelle Justice. La justice et la confiance, l'accord et l'amour de son semblable sont les instruments d'action de celui qui gouverne: sans ces instruments, on a beau avoir l'intention de bien gouverner le peuple, on n'y parvient jamais.

Les rites servent à rectifier les mœurs de l'empire, comme la balance sert à distinguer les choses lourdes des choses légères, ou comme la ligne noircie (dont font usage les charpentiers) sert à distinguer ce qui est droit de ce qui est courbé, ou comme le disque et l'équerre servent à distinguer ce qui est rond de ce qui est carré (2). Et de même que la balance

---

(1) Dans sa traduction du Xe-kiñ le P. Lacharme a traduit la locution Se-kuo par Les quatre royaumes, ce qui pour être littéral n'en est pas moins inexact. Cette locution, analogue à celle de Se-hai, « Les quatre mers, » c'est-à-dire L'empire, signifie les royaumes situés aux quatre points cardinaux, c'est-à-dire, tous les royaumes d'alentour. Dans l'original, il est question d'un prince feudataire dont le fief, ou royaume, est entouré, non point par quatre, mais par vingt autres royaumes dont se compose l'empire. Voyez page 86.

(2) Avant leurs rapports avec les Européens, les Chinois ne connaissaient point le compas: l'instrument dont ils se servaient, et se servent encore généralement dans les arts, pour tracer des ronds, n'est autre chose qu'un disque en bois ou en métal de forme parfaitement circulaire. Leur équerre ressemble à la nôtre.

étant suspendue, il n'est pas possible de se tromper sur le poids lourd ou léger; que la ligne noircie étant tendue, on ne peut pas se tromper sur le droit ou le courbe; que le disque et l'équerre étant appliqués, on ne peut pas se tromper sur le rond ou le carré: de même, le sage qui examine bien les rites ne saurait se tromper en prenant pour vrai ce qui est faux.

Celui qui fait grand cas des rites et qui les observe, s'appelle un personnage réglé: celui, au contraire, qui n'en fait aucun cas et ne les observe point, s'appelle un homme sans règle. (Les rites) procèdent du respect et de la modestie: si on les observe dans le temple des ancêtres, il y a respect: si on les observe en entrant à la cour, les personnages élevés et ceux qui le sont moins ont leur place respective: si on les observe à la maison, il y a amour entre père et fils, et bonne harmonie entre aînés et cadets: si on les observe dans son village, il y a la distinction voulue entre les personnes âgées et celles qui le sont moins. Confucius dit: « Pour » procurer la tranquillité au supérieur et la prospérité au peuple, il n'y » a rien de meilleur que les rites. » Ce qui revient à ce sujet.

Le cérémonial (établi par les anciens empereurs pour être) usité dans les visites en cour, a pour but de mettre au grand jour les rapports qui lient les sujets au souverain. Le cérémonial déterminé pour les visites que se font les princes feudataires, a pour but de les engager à se respecter mutuellement. Le cérémonial usité dans les funérailles et les sacrifices, a pour but de faire clairement ressortir la reconnaissance des sujets (envers le souverain) et des enfants (envers leurs aïeux). Le cérémonial usité dans la fête de boire du vin au district (1), a pour but de mettre en évidence la gradation qui existe entre les plus et les moins âgés. Le cérémonial usité dans le mariage, a pour but d'établir clairement la distinction entre l'homme et la femme. (Si on supprime le cérémonial, il n'y a plus que désordre dans tout cela:) aussi, quoique les enseignements de réforme que le cérémonial implique semblent imperceptibles, ils n'arrêtent pas moins le mal (dans sa racine) avant qu'il ait pu prendre du développement; ils ne font pas moins que l'homme se rapproche journellement du bien, et s'éloigne du mal, sans même s'en apercevoir. Voilà pourquoi les anciens empereurs faisaient un si grand cas du cérémonial.

-----

(1) Il s'agit ici du rite qui fait le sujet du chapitre XXXII.

CHAPITRE XXII.

ĜAI-ĶUÑ-WEN.

QUESTIONS DE ĜAI-ĶUÑ.

Ĝai-ķuñ, (seigneur de l'état de Lu), questionna Confucius en ces termes: « Qu'est-ce que des rites importants? Comment se fait-il que le sage fasse un si grand cas de ce qu'il appelle les rites? » Confucius répondit « Parmi les choses qui procurent au peuple (la tranquillité de) la vie, ce sont les rites qui ont le plus d'importance. En effet, sans les rites, on ne peut pas régler le culte des Esprits, le culte du Ciel et celui de la Terre: sans les rites, on ne peut pas déterminer la position respective du souverain et des sujets, des supérieurs et des inférieurs, des plus âgés et des moins âgés: sans les rites, on ne peut pas distinguer les relations de famille entre le mari et la femme, le père et le fils, les frères aînés et les cadets, ni les rapports sociaux entre époux et entre amis. C'est sur ces considérations que le sage base d'abord le profond respect (qu'il a pour les rites); ensuite, il enseigne au peuple (les rites) qu'il est au pouvoir de celui-ci d'accomplir, prenant soin qu'on ne manque, ni le temps, ni la mesure (où ils doivent être accomplis.) »

« Quand l'accomplissement d'un rite est arrêté, on fait les vases en bronze gravé et les habits de différentes couleurs ornés de broderies, qui doivent toujours servir par la suite. Le peuple étant disposé favorablement, on explique les différentes périodes de deuil; on prépare les marmites et les tables-supports; on apprête la viande de porc et les viandes sèches; on arrange le temple des ancêtres, et on observe les années et les époques voulues pour offrir respectueusement les sacrifices, et pour distinguer, (dans des festins religieux), le degré auquel se trouvent les membres de la même famille. (Quant à ce qui est purement personnel,) on se tient de bon cœur dans l'économie; on revêt des habits communs, on habite une humble demeure, on a un char sans ciselures et sans vernis, des ustensiles sans sculptures, et on mange sans des raffinements de goût, afin de ne pas jouir de plus d'avantages que le peuple. Telle est la manière dont les anciens sages pratiquaient les rites. »

Confucius étant assis en compagnie de Ĝai-ķuñ, celui-ci lui dit: « Oserais-je

vous demander quel est le plus grand moyen de gouverner les hommes? »
Confucius changea soudain de visage, et répondit en disant: « Cette question, prince, est (un gage de) bonheur pour votre peuple: aussi, j'oserai
vous répondre sans détours. Le plus grand moyen de gouverner les hommes,
c'est la loi. » Kuñ reprit: « Oserais-je vous demander ce que c'est que
la loi? » Confucius répondit: « La loi c'est la droiture (1). Si le souverain est droit, le peuple imite (son exemple) et a aussi de la droiture;
car, ce que le souverain fait, le peuple l'imite toujours, et ce que le souverain ne fait pas, comment le peuple l'imiterait-il? » Kuñ ajouta: « Oserais-je vous demander comment se fait la loi? « Confucius répondit: « La
distinction à établir entre le mari et la femme, l'affection entre le père
et le fils, la gravité des relations entre le souverain et les sujets, voilà
trois points (qui, étant observés avec) droiture, font que toutes les autres
choses suivent de même (2). »

Kuñ reprit: « Quoique, humble personnage que je suis, je ne ressemble
en rien (à un homme vertueux), je désirerais, cependant, savoir le moyen
de pratiquer ces trois points: pourrais-je savoir cela? » Confucius répondit: « Chez les anciens, la loi avait pour grand mobile l'amour des
hommes: pour mettre en pratique cet amour, le plus grand moyen c'étaient
les rites: dans la pratique des rites, la plus grande chose c'était le respect. Le respect!! En effet, il n'y a rien au-dessus. (Mais parmi les choses
qui méritent le respect) le rite du mariage vient en première ligne. Grande
chose, en effet, que le rite du mariage! Et puisqu'il a tant d'importance,
(on doit s'y rendre) en costume officiel, et aller soi-même au devant de
l'épouse: (on lui donne par là un témoignage) de l'amour qu'on lui porte,
et en l'aimant, on gagne son amour. C'est pour cela que le sage considère
que là où il y a respect, il y a véritable affection, et que là où le res-

____

(1) Le raisonnement de Confucius est encore basé sur un calembour, en ce que les mots Loi,
et Droiture se prononcent tous deux Chen. On ne doit pas s'étonner de voir les plus grands philosophes de la Chine se livrer à ces jeux de mots: cela tient à la nature même de la langue qui
ayant un nombre très-limité de mots qui sonnent différemment, suggère très-souvent ces rapprochements d'idées.

(2) C'est à dessein que Confucius signale ces trois devoirs à son prince qui ne s'occupait que
de femmes, qui ne faisait aucun cas des siens, et qui tripotait les affaires avec les bas courtisans,
laissant de côté ses ministres et tous les hommes de mérite. C'est donc une réprimande indirecte
qu'il lui adresse, suivant l'usage adopté en Chine, et dans tous les pays du monde où le despo-
tisme ne veut pas tolérer qu'on lui dise clairement ses vérités.

pect manque, l'affection n'existe pas. Si on ne va pas soi-même au devant de l'épouse, il n'y a pas d'amour (1) : si on ne se comporte pas avec respect, il n'y a pas de rectitude. L'amour et le respect sont donc l'essence des lois. »

Kuñ ajouta : « Je voudrais encore vous demander un mot. Revêtir le costume officiel et aller en personne au devant de l'épouse, ne sont-ce pas des choses auxquelles on attache trop d'importance? » Confucius changea soudain de visage et lui répondit en disant : « Si le ciel et la terre ne sont pas en harmonie, les divers êtres de la nature ne peuvent se développer : (par similitude), le mariage, (accompli comme il doit l'être), est la continuation des générations humaines : comment pouvez-vous dire, prince, qu'on y attache trop d'importance! Dans la vie privée, lorsqu'il s'agit de faire des cérémonies au temple des ancêtres, (l'épouse) sert à faire, (conjointement avec son mari), le couple (nécessaire) pour sacrifier aux esprits (des aïeux) qui sont au ciel ou sur la terre (2). Dans la vie publique, lorsqu'il s'agit des réceptions de cour, (l'épouse, par ses bons conseils), sert à établir le respect entre le souverain et les sujets (3). Si certaines affaires causent de l'abattement, elle sert de soutien : si l'empire décline, elle aide à le relever. Dans la formation des lois, le rite (du mariage) doit donc passer en premier, étant essentiel à la législation. »

Confucius continua en disant : « Anciennement, lorsque les empereurs éclairés des trois dynasties (Hia, Xañ et Cheu) instituèrent des lois qui imposent le respect à l'égard de l'épouse (qu'on va recevoir soi-même) et

----

(1) Appuyés sur la lettre du texte qui semble, en effet, leur donner raison, la plupart des commentateurs trouvent dans ce passage cette vérité de M. de la Palisse « Si vous n'aimez pas, vous n'avez pas d'affection!! »

(2) On a vu page 120, que Confucius semble distinguer dans l'homme deux principes immatériels. Selon lui, l'âme proprement dite est d'une nature céleste, et remonte au ciel après sa séparation du corps; il l'appelle Ki ou Huen. Mais par le départ de l'âme, le corps ne reste pas un monceau de matière brute allant se confondre avec la terre : un autre principe sémi-spirituel l'accompagne et ne s'en sépare point; c'est ce qu'il appelle Po. Cela n'est pas fort clair; mais comme je l'ai déjà fait observer, les plus grands philosophes de la Chine ont peu cherché à approfondir la théorie de l'âme, et se sont contentés d'aperçus et d'hypothèses fort vagues.

(3) Les commentateurs disent qu'on fait ici allusion à la femme d'un prince feudataire, dont le livre des Vers rapporte les bons conseils qu'elle donnait de grand matin à son époux, dans les termes suivants : « Déjà les mouches et les oiseaux remplissent l'air de leur bruit confus : ce serait bien
» doux pour moi, sans doute, de continuer à reposer avec vous; mais vos ministres, réunis depuis
» longtemps, sont sur le point de s'en retourner chez eux! de grâce, ne faites pas qu'à cause de
» moi, on vous prenne en aversion. »

à l'égard du fils (auquel on donne le chapeau viril dans le temple des ancêtres); il y avait en cela un sens. L'épouse est un principal personnage
(dans les sacrifices qu'on offre) aux père et mère; peut-on ne pas la respecter? Le fils est le descendant de vos père et mère; peut-on ne pas
le respecter? Le sage étend son respect à tout; mais ce qu'il respecte le
plus, c'est sa propre personne. En effet, sa personne est une branche
issue de ses père et mère; comment oserait-il ne pas la respecter? Si on
ne se respecte pas soi-même, on blesse ses père et mère; en blessant
ses père et mère on blesse la racine: en blessant la racine, les branches
suivent son sort et se meurent. Ces trois (applications du respect) se re-
produisent également chez le peuple; car, le respect que vous avez pour
votre personne il l'a pour lui; le respect que vous avez pour votre fils il
l'a pour les siens; le respect que vous avez pour votre épouse il l'a pour
les siennes. Quand le souverain pratique ces trois choses, (ses bons exemples
et sa renommée) se répandent dans tout l'empire: telle a été la conduite
de Ta-wañ, (aïeul de Wen-wañ.) Par ces moyens, l'empire et la famille
sont prospères. »

Kuñ reprit: « Oserais-je vous demander ce que c'est que de respecter
sa propre personne? » Confucius répondit: « Quand un grand personnage
parle outre mesure, le peuple (imite son exemple) et se livre à la loqua-
cité: quand il agit outre mesure, le peuple le prend également pour règle
(de sa conduite); mais lorsque, dans ses discours, le sage ne dépasse pas
les limites voulues, et que, dans ses actions, il ne s'écarte pas de la règle,
le peuple n'a pas besoin d'être commandé pour qu'il lui porte le plus
grand respect. C'est ainsi qu'on parvient à respecter sa propre personne.
Quand on respecte sa personne, on assure (un nom honorable) à ses
père et mère. »

Kuñ dit encore: « Oserais-je vous demander ce que c'est que d'assurer
(un nom honorable) à ses père et mère? » Confucius répondit: « Le
nom de sage est donné à tout homme qui s'est acquis une réputation de
vertu. Le peuple, en donnant ce nom à quelqu'un, appelle celui-ci Fils
de sage (1), ce qui fait que l'appellation de Sage est reportée à ses père

----

(1) Si les Chinois attribuent aux parents les vertus dont les enfants donnent l'exemple, ils leur
en attribuent aussi les vices et les méfaits, partant de ce principe, qu'un homme est bon ou mé-
chant, suivant que ses père et mère lui ont donné une bonne ou une mauvaise éducation. Les lois
de l'empire sont inexorables dans l'application de cette théorie, et pour certains crimes, par

et mère: c'est ainsi qu'on assure un nom honorable à ses parents. Dans l'antiquité, le principal mobile du gouvernement, c'était l'amour de ses semblables. (En effet, le souverain) qui n'aime pas ses semblables ne captive aucune sympathie à sa personne. (Le souverain qui), personnellement, ne captive aucune sympathie, ne peut jouir du repos dans son royaume: s'il n'a pas de repos, il ne peut se plaire (dans la vertu qui émane) du Ciel; et dès qu'il ne se plaît pas (dans la vertu) du Ciel, il ne peut pas atteindre la perfection de sa personne. »

Kuň reprit: « Oserais-je vous demander ce que c'est que d'atteindre la perfection de sa personne? » Confucius répondit: « Ce n'est autre chose que de se maintenir dans le devoir. »

Kuň ajouta: « Oserais-je vous demander pourquoi le sage fait un si grand cas de la Vérité céleste? » Confucius répondit: « On en fait grand cas, parce qu'elle est sans fin, semblable au soleil et à la lune qui se suivent à l'orient et à l'occident, sans jamais s'arrêter: telle est la Vérité céleste. Rien ne peut mettre obstacle à sa perpétuité: telle est la Vérité céleste. Elle n'agit pas (en apparence) et les êtres se forment: telle est la Vérité céleste. Les êtres, une fois formés, apparaissent clairement: telle est la Vérité céleste (1). »

___

exemple, pour ceux d'attentat à la personne impériale, de haute trahison ou de rébellion armée, la solidarité s'étend, non seulement aux père et mère du coupable, mais à ses collatéraux et à ses descendants, jusqu'à la 3e génération. J'ai souvent discuté sur cette partie du droit criminel avec des mandarins et des lettrés fort recommandables par leur jugement et leur bonté personnelle; jamais je ne suis parvenu à leur en faire comprendre l'iniquité et la barbarie.

(1) Si on compare les attributs que Confucius donne au **Tao** avec ceux que **Lao-tze** reconnaît également au **Tao** dans les chapitres 4, 14, 32 et 51 du **Tao-tœ-kiñ**, on acquiert la conviction que ces deux pères de la philosophie chinoise avaient, sur cet être mystérieux, des idées à peu près semblables. Mais, plus on médite leurs définitions, et plus on se demande si par le mot **Tao** il ne faut vraiment pas entendre la Vérité éternelle, la Raison divine, l'essence de Dieu lui-même; car, nous y trouvons l'éternité, l'immensité, la toute-puissance, l'invisibilité, l'immatérialité, l'incompréhensibilité, le principe de la vie, du mouvement et de la lumière, en un mot, la plupart des attributs propres à l'Être suprême, sauf ceux qui ne sont connus que par la révélation, tels que la Bonté, la Miséricorde, la Justice etc.

Pour les philosophes de la Chine qui n'avaient pas des idées bien arrêtées sur la nature de Dieu, on conçoit qu'il y eût impossibilité à dénommer, d'une manière adéquate, un être auquel leur langue n'avait pas encore donné de nom, et que, pour se tirer d'embarras, ils aient adopté le mot vague et obscur de **Tao**. Mais pour nous qui avons, sur la cause première de toutes choses, des notions assez précises se résumant dans le mot Dieu, je ne vois pas pourquoi nous traduirions littéralement **Tao** par « Voie, » expression qui, dans l'espèce, ne signifie absolument rien, par la raison qu'elle signifie tout ce qu'on veut.

Je sais bien qu'on m'opposera certains passages du **Tao-tœ-kiñ** (chap. 53) où le **Tao** est décrit

Khi dit encore : « Mon esprit obtus ne comprenant rien à la philosophie, et me trouvant, (en outre), accablé d'affaires (qui ne me permettent pas d'étudier, ni de converser longtemps; dites-moi quelque chose de résumé) que je puisse garder dans mon cœur. »

Confucius se leva (1), quitta sa place et répondit en disant : « L'homme doué de la vertu d'humanité ne fait autre chose que de se maintenir dans le devoir: le fils doué de la piété filiale ne fait autre chose que de se maintenir dans le devoir. C'est pourquoi, l'homme doué (de la vertu) d'humanité sert ses père et mère, comme s'il servait le Ciel, et sert le Ciel, comme s'il servait ses père et mère. C'est pourquoi encore le fils pénétré de piété filiale atteint la perfection de sa personne (2). »

---

comme ayant les qualités d'une grande voie, d'un chemin où l'on peut marcher. Mais comme dans vingt autres passages les attributs surnaturels du **Tao** excluent toute idée, même éloignée de chemin, on doit tout simplement conclure qu'en présence du Grand Principe universel, qu'ils voulaient dénommer, les philosophes chinois ont eu recours à des images et à des comparaisons différentes, tantôt en harmonie avec le sens littéral du nom par eux adopté, tantôt en désaccord, mais tendant toutes à rendre la même idée. L'Écriture sainte, elle-même, offre une foule d'exemples de ce genre dans les dénominations diverses qu'elle applique à Dieu, et parmi lesquelles on trouve aussi celle de Voie; car, quoique la Divinité se résume dans une idée simple, dans l'attribut de l'asséité, d'où tous les autres attributs découlent nécessairement, l'intelligence bornée de l'homme n'est pas moins obligée de l'envisager sous des aspects et avec des attributs différents, si elle veut se faire une idée relative des divers modes d'action ou de manifestation de la divinité dans l'ordre de l'esprit ou dans l'ordre de la matière.

Ainsi, on a vu page 118 que j'ai traduit le mot **Tao** par « Vérité. » Cette expression peut logiquement être admise partout où elle se rapporte à l'Être « éternel et sans nom, antérieur à toutes choses, » dont parle **Lao-tze**: néanmoins, dans la définition donnée ici par Confucius, et où j'ai conservé l'expression de Vérité céleste, on pourrait dire tout aussi bien L'Immensité éternelle, et Le Pouvoir créateur qui donne à tous les êtres l'existence et la forme.

En résumé, je crois que le mot **Tao** des anciens philosophes chinois ne peut, au fond, s'appliquer qu'à Dieu, mais qu'on peut le traduire de plusieurs manières préférablement à Voie, suivant l'attribut ou le mode d'action sous lequel on envisage la divinité, sans que, pour cela, nous entendions accorder aux théologues de la Chine une connaissance du vrai Dieu plus étendue que leurs expressions ne le comportent.

(1) Littéralement, « Il leva le pied, » parce que étant assis par terre, les jambes croisées suivant l'usage antique, pour se lever il faut d'abord ramener la cuisse perpendiculairement au corps, puis lever le genoux, et conséquemment le pied.

(2) Ces axiômes de Confucius ne sont pas d'une grande clarté: on y entrevoit, cependant, que le philosophe veut établir l'identité entre le devoir chez l'homme et la Vérité éternelle, ou la Vertu dans le sens abstrait.

CHAPITRE XXIII.

CHUÑ-NI-IÈN-KIŬ.

LOISIRS DE CHUÑ-NI (1).

Confucius se trouvant dans un moment de loisir, (ses disciples) Tze-chañ, Tze-kuñ et Ièn-ieu qui étaient à ses côtés, vinrent, pendant la conversation, à causer des rites. Confucius leur dit: « Asséyez-vous tous les trois, je vais vous parler des rites, et faire en sorte qu'en les pratiquant vous puissiez tout entreprendre, sans rencontrer aucun obstacle. Vous Se (2), vous manquez par excès; (votre condisciple) Xañ manque par défaut. Tze-chañ (lui-même), le célèbre ministre du royaume de Cheñ, n'est, à l'égard des hommes, que comme une mère qui peut nourrir (ses enfants), mais qui ne peut les enseigner. » Tze-kuñ s'avançant de sa place répondit en disant: « Oserais-je vous demander par quel moyen on peut observer le juste milieu? » Confucius dit: « Les rites, oui, les rites sont le moyen de se fixer dans le juste milieu. » Tze-kuñ se retira, et Ièn-ieu s'avançant dit: « Oserais-je vous demander si les rites n'ont pas pour effet de comprimer le mal et de développer le bien? » Confucius répondit: « Oui. » Ièn-ieu reprit alors: « Comment cela? » Confucius répliqua: « Dans les rites des sacrifices au Ciel et à la Terre, on témoigne son affectueux respect aux Esprits: dans les rites des sacrifices de l'automne et de l'été, on témoigne son affectueux respect à ses ancêtres: dans les rites des offrandes et des libations, on témoigne son affectueux respect aux morts: dans les rites du tir de l'arc et de boire du vin au district, on témoigne son af-

---

(1) Ce titre, semblable à plusieurs de ceux qui ont précédé, est simplement formé des quatre premiers mots par lesquels le chapitre commence: toutefois, ces mots ayant une signification plausible et complète, j'ai mieux aimé les traduire que de les transcrire comme des sons dépourvus de sens. En adoptant cette marche j'ai rencontré une petite difficulté dans le titre du chapitre suivant, dont le sens est identique avec celui-ci; mais j'ai pu la détourner en me conformant servilement au texte qui, dans le premier titre, désigne Confucius par son nom viril de Chuñ-ni, tandis que dans le second il le désigne par son nom de famille Kuñ.

(2) Se était le nom d'enfance de Tze-chañ, ou le petit nom, dont Confucius, en tant que maître, pouvait se servir à l'égard de son disciple.

fectueux respect aux habitants du village: dans les grands festins officiels,
on témoigne son affectueux respect à ses hôtes. »

« Si dans la manière de se comporter on observe les rites, les plus
âgés se trouvent distingués des plus jeunes: si dans l'intérieur de la maison on observe les rites, les trois générations (qui ordinairement vivent
à la fois) sont d'accord: si à la cour on observe les rites, les dignités
des divers fonctionnaires se trouvent à leur rang respectif: si à la chasse
on observe les rites, les troupes sont exercées aux mouvements stratégiques (1): si à l'armée on observe les rites, la victoire est assurée. »

« (En vertu des lois rituelles), les maisons sont construites d'après les
dimensions (qui conviennent au rang de chaque famille): les ustensiles
de ménage ont la forme voulue: la saveur des mets s'accorde avec la saison
qui s'y rapporte (2): la musique a certaines règles, les chars ont une
forme donnée (suivant la dignité de la personne): les Esprits et les Dieux
reçoivent les offrandes qu'on leur fait: les différents deuils sont observés
avec la douleur convenable: les conversations sont ce qu'elles doivent être,
(eu égard aux fonctions de ceux qui y prennent part): les magistrats
occupent les emplois dont ils sont capables: les lois obtiennent partout
l'ascendant qui leur est propre: les affaires qui vous tombent dessus à
l'improviste on les reçoit de face: toutes choses, en un mot, sont traitées
comme il convient à chacune d'elles. »

Confucius ajouta: « Qu'est-ce que les rites? C'est le moyen de régler
les choses: dans toutes les choses de la vie, le sage a toujours une manière certaine de les régler. »

Confucius dit encore: « Ecoutez-moi avec attention vous trois; je vous
parlerai des rites; il y a encore neuf choses (à vous expliquer). Rien
que dans les grands festins (que se donnent mutuellement les seigneurs),
il y a quatre choses distinctes: si on connaît ces choses, quoiqu'on habite
la campagne, on peut, en les pratiquant, devenir un homme de qualités

---

(1) Anciennement, dans les grandes chasses impériales à courre, on conduisait un grand nombre
de troupes, afin de les faire exercer, en poursuivant le gibier, aux péripéties de la guerre contre
un ennemi plus redoutable que les sangliers et les léopards.

(2) D'après la théorie des rapports universels de la nature, les cinq saveurs correspondent aux
cinq divisions de l'année, aux cinq éléments et aux cinq couleurs. L'aigre correspond au printemps, au bois et au vert: l'amer correspond à l'été, au feu et au rouge: le doux correspond
au milieu des quatre saisons, à la terre et au jaune: le piquant correspond à l'automne, aux métaux
et au blanc: le salé correspond à l'hiver, à l'eau et au noir!!

éminentes. Quand deux princes s'abordent (dans les visites réciproques qu'ils se font), ils se saluent en baissant les mains jointes, ils se cèdent mutuellement le pas, et entrent par le portail. Dès qu'ils sont entrés, les (instruments de musique qui étaient) suspendus (à leurs supports) commencent à jouer: (les princes) se saluent de nouveau, se cédant l'un à l'autre la préséance, et montent au salon; dès qu'ils sont montés, la musique cesse. En bas du palais, une flûte joue successivement les airs Siañ, U et Hia=io. (En même temps), on apprête les vases pour les offrandes: on régle l'ordre des cérémonies et de la musique, et tous les fonctionnaires sont là au grand complet. Quand le sage voit que tout est ainsi réglé, il en conclut que (le maître de la maison est animé de sentiments) d'affection (pour son hôte). En marchant (devant lui, le prince qui reçoit) se conforme à l'équerre; en tournant il se conforme au disque (1); les grelots de son char s'accordent avec l'air Tsai=tze. A la sortie de son hôte, il fait chanter l'ode Iuñ; (à la fin des cérémonies), lorsqu'on emporte (tout ce qui a servi), il fait chanter l'ode Chêu=iü: il n'y a donc rien que le sage ne fasse selon les rites voulus. Lorsqu'à l'entrée (des princes) par le grand portail, les instruments métalliques se font entendre, il se manifeste par là un sens, (celui de l'harmonie qui doit exister entre les hôtes); lorsque (les musiciens) montent (au salon) pour y chanter les vers Tsiñ=miao, on met en relief la vertu (de l'hôte, en l'assimilant à la vertu de Wen=wañ célébrée dans ces vers); lorsqu'en bas du palais, la flûte joue l'air Siañ, on rappelle le succès dans les affaires (obtenu par Wen=wañ dont on doit suivre l'exemple). C'est pourquoi les anciens sages n'avaient pas besoin de se donner mutuellement des explications; les rites et la musique manifestant par eux-mêmes (le sens qu'ils renferment). »

Confucius dit: « Les rites, c'est la raison; la musique, c'est la règle. Le sage n'agit point sans la raison; il ne fait rien sans la règle. Celui qui ne comprend pas le (sens caché du Livre des) vers, se trompe nécessairement dans les rites; celui qui ne comprend pas (le sens que ren-

---

(1) On veut dire que lorsqu'il marche sur une ligne droite en regardant devant lui, et qu'il doit se rendre à droite ou à gauche, il tourne en faisant un angle droit; tandis que quand il marche en demi-cercle, le visage tourné vers quelqu'un, il décrit une courbe régulière, de façon à ne pas montrer le flanc au personnage qu'il veut respecter. Cette régularité cérémoniale est encore observée de nos jours. Voyez page 71.

ferme) la musique, accomplit les rites d'une façon très-commune; celui qui a une très-mince vertu n'accomplit que des rites creux. »

Tze-chañ ayant fait des questions sur la manière de gouverner, Confucius dit: « (Ah, çà! mon cher) Se, ne vous ai-je pas déjà expliqué cela? Le sage ne fait autre chose, (en gouvernant), que de mettre en pratique (les idées renfermées) dans les rites et la musique. »

Tze-chañ renouvela ses questions. Confucius répondit: « Croyez-vous donc, Se, que d'apprêter les tables du festin, que de monter, descendre, verser du vin, en offrir, et se porter mutuellement des santés, ce soit là ce qu'on appelle des rites? Croyez-vous, ensuite, que de passer d'une place à l'autre (sur le théâtre des évolutions), que de brandir les hampes et les bambous-flûtes, que de frapper la cloche ou le tambour, ce soit là ce qu'on appelle la musique? Parler, et mettre à exécution ce qu'on dit, voilà les rites: agir, et trouver de la satisfaction (dans ce qu'on fait de bien), voilà la musique. Quand un souverain sage consacre ses efforts à ces deux choses, il n'a qu'à se tenir debout le visage tourné au midi, et l'empire jouit d'une très-grande prospérité, et les seigneurs viennent (fidèlement) apporter leurs hommages à la cour; toutes les affaires marchent régulièrement, et dans la totalité des fonctionnaires, il n'en est aucun qui ose manquer aux devoirs de son emploi. »

CHAPITRE XXIV.

KUÑ-TZE-HIÈN-KIÙ.

LOISIRS DE CONFUCIUS.

Confucius se trouvant avoir du loisir, Tze-hia qui était à ses côtés lui dit: « Oserais-je vous demander, (touchant le passage du Livre) des vers qui dit, *Le (souverain) doué de sagesse qui impose l'enseignement et use de complaisance est le père et la mère du peuple*, comment il peut être ainsi question de père et mère du peuple? » Confucius répondit: « Les père et mère du peuple! Comprendre parfaitement l'essence des rites et de la musique, de manière à atteindre les cinq maximum et à pratiquer les trois absences, à les répandre dans tout l'empire, et à savoir d'avance les calamités qui vont fondre sur un point quelconque du territoire, voilà les circonstances où l'on dit, Les père et mère du peuple. »

Tze-hia dit: « J'ai parfaitement compris (les explications que vous m'avez données) sur les père et mère du peuple. Oserais-je vous demander maintenant ce qu'on entend par les cinq maximum? » Confucius répondit: « Quand les sentiments d'amour pour le peuple atteignent leur maximum, les vers (qui sont l'expression de ces sentiments) atteignent aussi le maximum: quand les vers ont atteint leur maximum (dans l'exposé des sentiments d'amour pour le peuple), les rites atteignent aussi leur maximum (de régularité): quand les rites ont atteint leur maximum, la musique atteint aussi le sien: quand la musique a atteint son maximum (d'harmonie, en produisant un parfait accord entre les hommes), l'inquiétude (inspirée par la crainte de voir quelque malheur tomber sur le peuple) arrive aussi au maximum. L'inquiétude et le plaisir se produisent donc tour à tour. Mais on a beau fixer l'œil le plus clairvoyant pour voir ces choses, on ne parviendra jamais à les apercevoir, (attendu qu'elles sont toutes du domaine du cœur): on a beau prêter l'oreille (la plus délicate) pour les entendre, on ne parviendra jamais à en rien saisir, (attendu qu'elles ne se manifestent point par des sons. Cependant, cela n'empêche pas) que les sentiments d'affection pour le peuple ne remplissent le ciel et la terre. Voilà ce qu'on appelle les cinq maximum (1). »

Tze-hia dit: « J'ai parfaitement entendu (ce que vous venez de dire) sur les cinq maximum: oserais-je vous demander maintenant ce que c'est que les trois absences? » Confucius répondit: « La musique avec absence de sons, les rites avec absence de corps, le deuil avec absence d'habits de deuil, voilà ce qu'on appelle Les trois absences. » Tze-hia reprit: « Je comprends un peu ce que je viens d'entendre sur les trois absences: oserais-je vous demander avec quelles pièces de vers elles ont du rapport? » Confucius répondit: « (voici les vers auxquels peuvent se rapporter les trois absences): *Du matin au soir (les empereurs U-wan et Wen-wan) s'efforçaient de construire une base (où faire reposer) les ordres (du Ciel, et pratiquaient une vertu) profonde et pure;* voilà de la musique sans notes (qui faisait au peuple le plus grand plaisir): *Les dehors (du*

---

(1) Confucius semble prendre plaisir à envelopper ses réponses d'une obscurité qui ne permette pas à ses disciples d'en comprendre la portée, sans faire de nouvelles questions. On peut supposer que le grand philosophe en agissait de la sorte, soit afin d'inspirer à ses disciples une modeste idée de leur savoir pris si souvent en défaut, soit afin de se ménager des occasions de donner de nouveaux enseignements.

*sage) sont en tout élégants et paisibles, ne donnant pas lieu à choisir;
voilà des rites sans corps: A quiconque est sous le poids du malheur je
cours porter assistance;* voilà le deuil (du cœur) sans habits de deuil. »

Tze–hia dit: « Voilà des paroles grandes, admirables, et ne laissant rien
à désirer: avez-vous épuisé sur ce sujet tout ce que vous aviez à dire? »
Confucius répondit: « Comment cela! Le sage qui pratique ces choses
en pratique encore cinq autres. » Tze–hia dit: « De quelle manière? »
Confucius reprit: « (Le souverain qui sait faire) de la musique sans
notes, nourrit des sentiments purs de tout vice; celui qui pratique les
rites sans corps a des manières très-calmes; celui qui porte le deuil sans
en avoir les habits a le cœur affectueux et plein de commisération.
(Quand on est parvenu à ce premier degré), la musique avec absence de
notes fait que les sentiments purs de tout vice atteignent la perfection;
les rites avec absence de corps sont accompagnés de dehors pleins d'attention; le deuil avec absence d'habits de deuil étend partout sa commisération. (Quand on est parvenu à ce second degré), la musique avec
absence de notes fait que ses sentiments sont imités; les rites sans corps
mettent les supérieurs et les inférieurs en parfaite harmonie; le deuil
sans habits de deuil répand ses bienfaits sur tous les royaumes du monde.
(Quand on est parvenu à ce troisième degré), la musique avec absence
de notes a un éclat et une renommée qui arrivent aux quatre coins de
la terre; les rites avec absence de corps croissent en importance chaque
jour et chaque mois; le deuil avec absence d'habits de deuil a une vertu
pure qui jette un vif éclat. (Quand on a atteint ce quatrième degré),
la musique avec absence de sons fait que ses sentiments progressent; les
rites avec absence de corps exercent leur influence jusqu'aux extrémités
de l'empire, et le deuil avec absence d'habits de deuil laisse un héritage
de bienfaits aux fils et aux neveux (1). »

Tze–hia dit: « (D'après le vieux dicton), la vertu des empereurs des
trois dynasties (Hia, Xañ et Cheu) a égalé le ciel et la terre: comment
peut-on dire qu'elle ait égalé le ciel et la terre? » Confucius répondit:

---

(1) Confucius a multiplié les trois absences par cinq, de façon à obtenir quinze idées, entre
lesquelles il a établi une progression croissante. En rapprochant les cinq termes de la même absence, on peut donner quelque peu de clarté à cette bizarre théorie; mais si on suit mot à mot
le texte, sans le grouper en catégories, il est assez difficile d'y voir clair, ce qui arrive, d'ailleurs,
toujours, lorsqu'on adopte à l'avance une série de chiffres égaux qu'il faut remplir tant bien que mal.

« (Ces empereurs) furent fidèles aux trois absences de préférence, afin
de contenter tout l'empire. » Tze-hia dit: « Oserais-je vous demander ce
qu'on entend par les Trois absences de préférence? » Confucius répondit:
« Le ciel couvre tout indistinctement sans faire des préférences: la terre
porte tout sans faire des préférences: le soleil et la lune éclairent tout
sans faire des préférences: (eh bien! les anciens empereurs) se sont
conformés à ces trois exemples pour contenter l'empire. Voilà ce qu'on
appelle les trois absences de préférence. Il est dit à ce sujet dans le livre
des Vers: « Les décrets du Ciel ne restèrent pas sans effet; ils s'accom-
» plirent à l'époque de l'empereur Tañ (1). Cet empereur est né juste à
» l'époque voulue: sa dévotion transcendante alla chaque jour en crois-
» sant, et pénétra jusqu'au ciel, sans interruption aucune: sa vénération
» exclusive pour l'Être suprême fit que l'Être suprême décréta qu'il
» serait le modèle de tout l'empire. » Telle était la vertu de Tañ (2). »

« Le ciel a (dans son domaine) les quatre saisons, le printemps et
l'automne, l'hiver et l'été: il a (dans son domaine) le vent et la pluie,
la gelée blanche et la rosée; mais il n'y a rien en cela qui ne soit un
enseignement. La terre porte l'air; dans l'air se produisent le vent et
la foudre; le vent et la foudre prennent une apparence dans leurs mouvements, et toutes choses naissent et se développent; mais il n'y a rien
en cela qui ne soit un enseignement. »

« (Le souverain) doué d'une vertu pure et lucide a des sentiments
(de prévision de l'avenir), à l'instar des Esprits. C'est qu'en effet, quand
ses désirs sont près de se réaliser, il en a infailliblement des signes pré-
curseurs, de même que lorsque dans le ciel le temps de pluie doit arriver, les montagnes et les rivières produisent des nuages. Il est dit à
ce sujet dans le livre des Vers: « Quelle prodigieuse hauteur que celle

____

(1) Il est des commentateurs qui renoncent à expliquer cette phrase, en la déclarant inintelligible. Parmi ceux qui croient y trouver un sens, il y a autant d'opinions que d'individus. La traduction que j'ai admise me paraît de beaucoup la plus plausible, mais elle m'a été suggérée par
les commentateurs du Xe-kiñ, qui sont, sur ce passage, infiniment plus rationnels que ceux du
Li-ki. La traduction donnée par le P. Lacharme est complètement erronée, comme on peut s'en
convaincre en le consultant pages 216 et 217.

(2) On ne voit guère le rapport que cette citation peut avoir avec les trois absences de préférence ou de privilège que Confucius a entrepris d'expliquer. Les commentateurs y trouvent une
légère allusion dans les mots de « Vénération exclusive pour l'Être suprême, » mais on avouera
avec moi que le rapport est des plus éloignés, et qu'il faut toute la subtilité de la dialectique chinoise pour en faire la matière d'un raisonnement.

» d'une montagne de premier ordre. Son sommet arrive jusqu'au ciel:
» cependant, du haut de cette montagne est descendu son Esprit tutélaire
» pour favoriser la naissance de Fu et de Xen. Ces deux personnages furent
» le boulevard de la dynastie des Cheu, le rempart de tous les royaumes
» d'alentour, et les bienfaiteurs de toutes les contrées de l'empire.» Telle
a été la vertu de Wen-wañ et de U-wañ (1). »

« Si les trois dynasties (Hia, Xañ, Cheu) ont régné, c'est que leurs ancêtres s'étaient rendus recommandables par de grandes vertus. Le livre
des Vers dit : « Quand un empereur est doué d'une vertu éclatante, la
» renommée de sa vertu n'a pas de fin: » voilà la vertu des trois dynasties. « Employer les vertus civiles (au lieu de la force militaire) pour
» mettre le bon accord entre les divers royaumes situés aux quatre extré-
» mités de l'empire: » voilà la vertu de Ta-wañ (2). »

CHAPITRE XXV.

FAÑ-KI.

MÉMOIRE SUR LES DIGUES (3).

Confucius dit que la méthode employée par le sage (pour contenir le
peuple) est comparable à une digue qui sert d'arrêt chez le peuple quand
il n'y a pas assez (ou quand il y a de trop). Mais si grande que soit
la digue, le peuple ne laisse pas souvent que d'enjamber par-dessus: (à

---

(1) Il y a erreur matérielle dans l'application de ce passage du livre des Vers, car dans l'original il se rapporte à Siüen-wañ, onzième empereur de la dynastie des Cheu, et nullement à
U-wañ, ni à Wen-wañ, fondateurs de la même dynastie. Il est impossible d'admettre que Confucius
ait commis une erreur aussi grossière, lui à qui on doit l'arrangement du Xe-kiñ tel que nous le
possédons aujourd'hui. On doit donc supposer que les paroles du grand philosophe ont été altérées,
ou bien qu'elles tendent uniquement à établir une comparaison, et qu'il faut lire « Telle a été
aussi la vertu de Wen-wañ et de U-wañ. » Le mot *aussi* suffit pour faire disparaître la contradiction.

(2) Ce que nous venons de dire de la citation précédente empruntée au livre des Vers s'applique également à celle-ci que Confucius applique à Ta-wañ, aïeul de Wen-wañ, quand dans
l'original elle se rapporte à Siüen-wañ: voyez la note ci-dessus.

(3) Le mot Digue est employé ici figurativement dans un double sens; dans le sens d'Obstacle
opposé au débordement des eaux, et dans celui d'Arrêt, ou d'Ecluse ayant pour objet de retenir
les eaux peu abondantes d'un ruisseau ou d'un canal, de façon à ce qu'elles s'accumulent pour
les besoins qu'on peut en avoir.

plus forte raison s'il n'y en avait pas du tout). C'est pour cela que le sage fait de l'urbanité une écluse à la vertu; qu'il fait des châtiments une digue au mal, et de la destinée de chacun une digue aux appétits.

Confucius dit: « L'homme de rien est pusillanime dans la misère et orgueilleux dans la richesse. La pusillanimité le rend voleur, l'orgueil le rend insubordonné. Les lois hiérarchiques s'accommodent aux sentiments humains en fixant (un juste milieu entre) le défaut et l'excès, afin de maintenir le peuple dans une digue. C'est pourquoi, en établissant des règles pour les riches et pour les dignitaires, les empereurs éminents ont fait en sorte que dans la richesse les hommes ne se laissassent point aller à l'orgueil, que dans la misère ils ne tombassent pas dans la pusillanimité, et que dans les dignités ils ne fussent pas revêches à l'égard de leurs supérieurs. De là, point de vol, point de désordre. »

Confucius dit: « Les rites sont ce qui éclaircit les choses douteuses et fait distinguer les imperceptibles, servant ainsi de digue au peuple. C'est pour cela qu'il y a des degrés entre les conditions élevées et les conditions basses, qu'il y a des différences de costume, et qu'à la cour il y a distinction de places, chacun ayant, par ces moyens, le motif de céder le pas (à ceux qui sont au-dessus de lui). »

Confucius dit: « Le sage refuse plutôt les dignités qu'il ne refuse les emplois moindres: il refuse plutôt la richesse qu'il ne refuse la pauvreté. De là, point de désordre, point de vol. C'est pourquoi, loin de faire en sorte que ses appointements soient au-dessus de ceux des autres, le sage préfère que les appointements des autres soient au-dessus des siens. »

Confucius dit: « Le sage fait beaucoup de cas des autres et peu de cas de lui-même; il laisse aux autres les devants, et lui vient après: de là, le peuple use de condescendance. C'est pourquoi quand on parle d'un autre prince, on l'appelle tout court « Prince, » et que quand on parle de soi-même on dit, « Ce prince peu vertueux. »

Confucius dit: « Si celui qui est à la tête de l'empire attache beaucoup d'importance aux qualités personnelles (des fonctionnaires qu'il nomme), et peu d'importance au traitement (qu'il leur donne, si gros qu'en soit le chiffre), le peuple cède volontiers (devant la vertu ainsi récompensée): s'il fait grand cas d'un talent quelconque, et peu de cas du char (qu'il donne en récompense, si grande qu'en soit la valeur), le peuple fait progresser l'industrie. Aussi, le sage parle-t-il peu (avant de beaucoup donner), tandis que l'homme de rien parle beaucoup avant (pour ne rien donner après). »

Confucius dit: « Si le souverain consulte les sentiments du peuple, les sujets reçoivent ses ordres comme s'ils venaient du Ciel. Si, au contraire, il ne les consulte pas, l'insubordination s'ensuit; les sujets ne regardent plus les ordres du souverain comme venant du Ciel, le désordre s'ensuit. C'est pourquoi quand le sage met une sincère déférence dans le gouvernement du peuple, le peuple lui témoigne en retour les plus profonds égards. Le Livre des vers dit: « Les anciens avaient cet adage, *Consultez* » *(même) les faucheurs d'herbe.* »

Confucius dit: « Si on attribue le bien aux autres et le mal à soi-même, il ne s'élève aucune dispute entre les hommes: en attribuant le bien aux autres et le mal à soi-même, il n'existe plus aucune matière à reproches. Le Livre des vers dit « Consultez le sort au moyen de la tortue et des brins » d'herbe, et s'il n'apparaît aucune indication fâcheuse... etc. ... etc. (1). »

Confucius dit: « Si on attribue le bien aux autres et le mal à soi-même, le peuple cède volontiers le (mérite du) bien. Le Livre des vers dit: « Qui » consulte les sorts, si ce n'est l'empereur (U-wañ)? Il a projeté de trans- » férer la capitale à Hao (2); mais c'est la tortue qui a décidé cela, (et » ce n'est qu'après la décision du sort, que) U-wañ a mis son projet à » exécution. »

Confucius dit: « Si on attribue le bien au souverain et le mal à soi- même, le peuple observe la fidélité (au souverain. Le chapitre du Xu-kiñ intitulé) Kiün-chèn dit: « Si vous avez formé quelque excellent projet, ou » médité quelque excellente entreprise, allez en faire part à votre souve- » rain dans l'intérieur (de son palais), et concourez ensuite à son exé- » cution au dehors: mais ayez soin de dire que ce projet, que cette entre-

---

(1) Ce n'est pas un passage complet que Confucius cite ici à l'appui de sa thèse : il se contente d'indiquer par quelques mots présents à l'esprit de tout le monde, l'ode qui a du rapport avec les principes qu'il vient de poser. Dans cette ode du Xe-kiñ, appelée Keu-fuñ-miñ, une femme maltraitée et délaissée par son mari, regrette la facilité avec laquelle elle s'est livrée aux entraîne- ments de l'amour dans sa jeunesse; mais loin d'incriminer son ingrat époux, elle n'attribue qu'à elle-même la cause première des infortunes qui l'accablent et des chagrins qui la dévorent.

(2) Le dernier empereur de la dynastie des Cheu avait sa capitale à Chao-ko, aujourd'hui Wéi-huéi dans la province du Ho-nan. L'empereur U-wañ, le premier de la dynastie des Cheu, fixa sa capitale à Hao-kiñ, aujourd'hui Hièn-tañ dans le département de Si-ğan-fu, province du Xèn-si. Ces villes n'étaient pas fort éloignées l'une de l'autre.

» prise sont dûs uniquement à sa vertu (et nullement à votre initiative).
» Ah! il n'y a vraiment qu'un magistrat de grand mérite qui puisse agir
» de la sorte. »

Confucius dit: « Si on attribue le bien à ses père et mère, et le mal
à soi-même, le peuple pratique la piété filiale. (Le chapitre du Xu-kiñ intitulé) Ta-xœ dit: « Si je parviens à vaincre Cheu, ce ne sera point par
» ma valeur militaire, mais parce que feu mon père Wen-wañ n'a commis
» aucune faute (durant sa vie). Si Cheu parvient à me vaincre, ce ne
» sera pas que mon père ait commis des fautes, mais bien parce que
» moi, son indigne fils, je suis dépourvu de bonnes qualités. »

Confucius dit: « Si à la cour, le souverain témoigne du respect aux
vieillards, le peuple pratique la piété filiale. »

Confucius dit: « (Quand l'héritier présomptif du trône) pratique la
piété filiale à l'égard du souverain (son père) et la déférence fraternelle
à l'égard des personnes plus âgées que lui, il fait voir au peuple (qu'il
ne se regarde pas comme) l'égal du souverain. Aussi, tant que le souverain (son père) existe, le fils ne se mêle pas d'administration; il n'y a
que le jour où il est obligé de (le remplacer pour) consulter le sort,
qu'on peut dire qu'il existe (simultanément deux souverains). »

Confucius dit: « L'urbanité doit passer avant les soieries (dont on fait
présent dans les visites); et on doit désirer que chacun s'acquitte d'abord
de son emploi, et reçoive son salaire après. Si on fait passer la richesse
avant l'urbanité, le peuple ne cherche plus que le lucre, et si sans motif
on suit ses penchants (en accordant des faveurs aux uns de préférence
aux autres), le peuple est livré aux querelles. »

Confucius dit: « Le (souverain) doué de sagesse n'épuise pas les biens
(du peuple), afin de laisser au peuple (le suffisant). Le Livre des vers
dit: « Là il y a une poignée de céréales délaissée sur place; ici il y a
épars des épis qu'on n'a pas ramassés; c'est là le profit de la veuve. »

CHAPITRE XXVI.

PIAO-KI.

MÉMOIRE SUR L'EXEMPLE.

Voici ce que dit Confucius : « Retournons-nous-en chez nous (1). Le sage peut rester chez lui que sa vertu n'est pas moins manifeste : il n'a pas besoin d'affectation pour paraître modeste, ni de sévérité pour paraître grave, ni de discours pour inspirer la confiance. »

Confucius dit : « Le sage ne fait point de faux pas dans ses relations avec les hommes ; il ne prend pas indûment une expression quelconque de visage à l'égard des hommes, et ne leur dit rien d'inconvenant. Aussi a-t-il un aspect qui impose, une expression de visage qui inspire la crainte, et un langage qui inspire la confiance. (Le chapitre du Xu-kiñ intitulé) Fu-hiñ dit : « Ayez de la circonspection et de la crainte, et il n'y » aura rien à redire sur votre personne (2). »

Confucius dit : « Par la circonspection le sage évite les malheurs ; par l'application à la vertu il échappe à l'obscurité ; par le respect il éloigne les humiliations. »

Confucius dit : « Le sage (sait) que par la gravité et le respect il se fortifie de jour en jour, tandis que par le laisser-aller et la dissolution il irait chaque jour en affaiblissant (sa vertu). Aussi, ne permet-il pas que le désordre règne un seul jour dans sa personne, (ne voulant pas, s'il commet un oubli), que la journée finisse ainsi. »

Au dire de Confucius, l'humanité est l'exemple du monde, la raison est la règle du monde, les rites sont l'avantage du monde.

Confucius dit : « Il n'y a qu'un homme au monde qui, dépourvu de

---

(1) C'est après avoir voyagé dans les différents états de l'empire à la recherche d'un souverain doué de la sagesse, que Confucius, dégoûté de ne rencontrer partout que des hommes vicieux, prit la détermination de s'en retourner dans son pays pour vivre loin des grands dans la pratique de la vertu.

(2) Les commentateurs, tant du Li-ki que du Xu-kiñ, varient beaucoup sur le sens de ce passage : mais nous ne croyons pas qu'on puisse raisonnablement admettre une autre traduction que la nôtre, parce qu'elle seule renferme un rapport logique entre les prémisses posées par Confucius et la conséquence qu'il veut en tirer par cette citation du Xu-kiñ.

toute convoitise, se plaise dans la vertu d'humanité, et qui, libre de toute crainte, déteste l'absence de cette vertu. Aussi, le sage expose la doctrine de la vertu d'après ses propres sentiments, mais il n'institue des règles que d'après (les forces) de tout le monde. »

Confucius dit: « L'humanité est de trois sortes. (A l'extérieur) la pratique de cette vertu est la même, mais il y a de la différence dans les sentiments (qui font agir). Tant que la pratique extérieure de l'humanité est la même, il n'est pas possible de reconnaître par là à quelle sorte d'humanité on a affaire; mais dès que (dans cette pratique) il y a un égal déréglement, on peut alors connaître la nature de l'humanité (qui fait agir). L'humanité qu'on tient de la nature, on la pratique paisiblement et sans efforts: celle (qu'on s'est efforcé d'acquérir) parce qu'on en connaissait le prix, on la pratique par intérêt: celle qui résulte de la crainte de transgresser, on la pratique par force. L'humanité doit être (pour l'homme) comme sa main droite; la droiture comme sa main gauche: l'humanité est essentielle à l'homme, la droiture est inséparable de la justice. Celui qui accorde beaucoup à l'humanité, et peu à la justice, porte de l'affection, mais pas du respect: celui, au contraire, qui accorde beaucoup à la justice et peu à l'humanité, porte du respect, mais pas de l'affection. »

Dans la manière de gouverner il peut y avoir la perfection, ou la justice, ou l'examen. La manière de gouverner avec perfection est propre à l'empereur; la manière de gouverner avec justice convient aux chefs des princes feudataires; la manière de gouverner par l'examen (attentif de ce que les anciens ont fait) a pour conséquence de faire éviter les fautes.

Voici ce que dit Confucius: « L'humanité a plusieurs degrés (1). Elle est tantôt de longue, tantôt de courte durée; tantôt elle est petite, tantôt

---

(1) J'ai suivi une ponctuation différente de celle de mes commentateurs ordinaires, lesquels mettent un point après **Xu**, tandis qu'il faut le mettre après **I**, et donner à ce dernier caractère le sens de Degré, ou Espèce, au lieu du sens habituel de Justice, ou même de Raison. On ne voit pas, en effet, pourquoi la Justice ou la Raison interviendraient ici avec leurs dimensions variées, quand après il n'en est plus question du tout, et qu'au contraire les qualités de Long et de Court, de Grand et de Petit se rapportent fort bien aux deux citations qui suivent. C'est, au reste, ce qui est arrivé pour certaines parties du **Xu-kiō**, qui, demeurées longtemps inintelligibles avec la ponctuation admise par les anciens, sont devenues d'une clarté remarquable pour les modernes, par suite d'une ponctuation plus judicieuse. L'ignorance ou la mauvaise foi ont seules pu dire que le Chinois n'admet qu'une manière de ponctuer.

elle est grande. Si dans le cœur on a de la commisération, c'est de l'humanité vraiment affectueuse pour ses semblables: si on ne fait que suivre les règles indispensables de l'humanité pour la pratiquer, comme par force, c'est de l'humanité d'emprunt. Le livre des Vers dit: « Sur » les bords de la rivière Fuñ il y a une végétation luxuriante, pourquoi » U-wañ n'y a-t-il pas vaqué aux affaires (1)? C'est qu'il pensait à ce » qu'il léguerait à ses descendants, et qu'il avait en vue d'assurer le repos » à son respectueux fils. » Voilà de l'humanité qui s'étend à plusieurs générations. Le chapitre Kuo-fuñ (du livre des Vers) dit: « Je ne puis » pas rester ici: à quoi bon m'inquiéter de ce qui aura lieu après moi. » Voilà de l'humanité qui se borne à sa propre personne. »

Confucius dit: « L'humanité (parfaite) est comme un objet d'un grand poids, et comme un chemin d'une grande longueur: si on cherche à soulever l'objet, on ne peut pas y réussir; si on entreprend de parcourir le chemin, on ne peut pas arriver au bout; car, l'humanité (parfaite) embrasse une infinité de choses. N'est-ce donc pas une entreprise difficile que d'atteindre, par ses efforts, la vertu d'humanité parfaite? Aussi, le sage (sait fort bien que si) on veut juger les hommes avec une stricte justice, on les soumet à de rudes difficultés; tandis que si on a égard à la nature humaine en envisageant les hommes, on peut en trouver de vertueux (en assez grand nombre); et cela suffit. »

Confucius dit: « Dans tout l'empire il n'y a peut-être qu'un homme dont le cœur soit naturellement doué de la vertu d'humanité parfaite. (Le chapitre du livre des Vers intitulé) Ta-ia dit: « La vertu est aussi » légère qu'un poil: cependant, il y a peu de personnes qui puissent » l'enlever. En réfléchissant bien sur cela, je ne vois que (le ministre) » Chuñ-xan-fu qui l'enlève, sans que ses amis viennent à son aide. » Le (chapitre) Siao-ia dit: « Une haute montagne attire les regards; une grande » vertu appelle des imitateurs. » Confucius dit: « Voilà comment le livre des Vers apprécie l'humanité. L'homme doit marcher sans cesse devant soi dans le chemin (de la vertu d'humanité) et ne pas s'arrêter à moitié chemin: il doit oublier la vieillesse de son corps, et ne pas compter s'il a devant lui un nombre d'années suffisant: son application doit être de

---

(1) Allusion à la détermination prise par U-wañ de quitter le pays de Fuñ où son père avait fixé la capitale, et de transporter le siège du gouvernement dans le pays de Hao qui était plus central, plus fertile et plus facile à défendre en cas de guerre.

tous les jours; elle doit être accompagnée de tous ses efforts, et ne doit finir qu'avec la vie.

Confucius dit : « Le respect doit se rapprocher des rites; l'économie doit se rapprocher de l'humanité; la fidélité doit se rapprocher de la raison (1). Celui qui met de l'attention et de la déférence à pratiquer ces (trois préceptes), lors même qu'il commet une faute, il ne la commet pas très-grande. En effet, là où il y a du respect, la faute est légère; là où il y a de la raison, on peut tenir parole; et là où il y a de l'économie, il est aisé de vivre tranquille. Mais en pratiquant ces (préceptes), les fautes (même légères) sont peu nombreuses. Le livre des Vers dit : « L'homme doux et respectueux est le piédestal de la vertu. »

Confucius dit : « La difficulté d'acquérir la vertu d'humanité date de loin; le sage seul peut en venir à bout. Mais le sage ne se fait pas de sa puissance à cet égard un sujet de maltraiter les hommes, tout comme il ne se prévaut pas de leur impuissance pour leur faire honte. Voilà pourquoi en réglant la pratique (de l'humanité, le souverain) de qualités éminentes ne se prend pas lui-même pour règle; mais il fait en sorte que le peuple ait des motifs d'encouragement et des motifs de honte pour mettre ces préceptes en pratique. (A la suite de ces préceptes) il donne les rites pour barrière, la sincérité pour lien, les lois du maintien pour ornement, le costume pour distinction, les amis pour (aides) à atteindre (la vertu d'humanité. En faisant cela, le souverain doué de sagesse n'a qu'un) désir, celui de voir le peuple dans une parfaite unité de conduite. Le chapitre du Xe-king intitulé Ta-ia dit : « Si vous n'avez pas honte » devant les hommes, n'aurez-vous pas, du moins, la crainte du Ciel? »

C'est pourquoi, quand le sage a revêtu ses habits il les rehausse d'un extérieur de sagesse; quand il a cet extérieur, il l'embellit par un langage de sagesse; quand il possède ce langage, il se pénètre des vertus de la sagesse. Aussi, le sage rougirait d'avoir un costume sans l'extérieur

____

(1) Au lieu d'établir un devoir, des commentateurs établissent ici un fait, et disent : « L'économie est très-proche de l'humanité; » ce qui est, selon moi, contraire au bon sens, car si quelqu'un est naturellement humain, charitable et porté à secourir ses semblables, ce n'est pas, à coup sûr, celui qui vise en tout à l'économie; tandis qu'il est très-raisonnable de rappeler aux gens avares et économes les devoirs que la charité impose. Quelques commentateurs disent ensuite naïvement, « La sincérité est conforme aux sentiments! » mais plusieurs autres passages nous prouvent que le mot Tsin doit être traduit ici par Raison, et non pas par Sentiments: rien de plus juste, d'ailleurs, que de contenir la fidélité dans les limites que la raison prescrit.

(convenable), il rougirait d'avoir cet extérieur sans le langage (qu'il exige); il rougirait d'avoir ce langage sans les vertus qui y correspondent, et il rougirait d'avoir ces vertus sans les exercer. De là, quand le sage est vêtu de deuil, il a un air plein de tristesse; quand il porte le costume officiel, il a un air plein de respect; et quand il porte la cuirasse et le casque, il a l'air d'un homme qu'on ne saurait offenser impunément. Le livre des Vers dit : « De même que le pélican perché sur un pont (con-
» trairement à ses habitudes naturelles qui sont de se tenir sur l'eau)
» ne mouille pas ses plumes, de même cet homme n'est pas fait pour
» les habits qu'il porte. »

Voici ce que dit Confucius : « Ce que le sage appelle équité, c'est que dans l'empire tout le monde ait ses occupations. Ainsi, l'empereur cultive lui-même le riz à l'usage des sacrifices et le riz dont on fait du vin parfumé, afin de servir le Seigneur suprême; ainsi les princes font leurs efforts pour bien servir le Fils du Ciel. »

Confucius dit : « Quand l'inférieur qui sert son supérieur ne se regarde pas comme ayant l'autorité souveraine sur le peuple, lors même qu'il a de grands moyens pour faire du bien au peuple, il est doué d'une grande humanité. C'est pourquoi le sage use de respect et de modération, afin de mettre en pratique l'humanité, et qu'il use de sincérité et de condescendance, afin de pratiquer l'urbanité; il s'abstient de donner une grande importance à ce qu'il fait; il s'abstient d'entourer d'honneurs sa propre personne; il est modeste pour les dignités, et limité dans ses désirs; il cède volontiers le pas aux sages; il est humble pour lui-même et rend des honneurs à autrui; il est réfléchi et craintif (de manquer) au devoir. Mais dans tout cela il n'a en vue que le service du souverain. S'il obtient (l'approbation de son supérieur) il se dit que c'est bien; s'il ne l'obtient pas, il se dit tout de même que c'est bien, car il a obéi aux ordres du Ciel. Le livre des Vers dit : « De même que la liane
» Ko-léi croissant avec vigueur s'accroche naturellement aux branches des
» arbres, de même le sage aux mœurs douces et familières obtient une
» félicité qui n'a rien d'illicite (sans courir à sa recherche). » Ceci s'applique à Xuen, Iu, Wen-wan et Cheu-kun, lesquels, tout en ayant les grandes vertus nécessaires pour gouverner le peuple, n'eurent pas moins les soins attentifs du sujet qui sert son souverain. Le livre des Vers dit encore :
« Ce Wen-wan était attentif et vigilant dans le culte scrupuleux qu'il ren-
» dait au Seigneur suprême, de là il lui est advenu beaucoup de bonheur. »

» Sa vertu était pure de tout vice; de là lui est venue la soumission gé-
» nérale des états (feudataires dont se composait l'empire). »

Confucius dit: « Les anciens empereurs ont établi la coutume de donner
un nom posthume, afin d'honorer la mémoire (des hommes qui se sont
distingués durant leur vie); et ils ont réglé cette faveur d'après la vertu
la plus saillante du défunt (sans toutefois dépasser la vérité, car) ils auraient rougi de donner un nom qui fût au-dessus du mérite (de la personne). C'est pour cela que le sage ne donne pas ce qu'il fait pour grand,
et n'exalte pas son propre mérite, afin de se conformer à la raison. S'il
a fait quelque chose hors ligne, il n'est pas rigoureux sur sa valeur, afin
de rester dans des habitudes vertueuses; mais il publie ce que les autres
font de bien, et il vante leur mérite, afin de se placer au-dessous des
hommes vertueux. Aussi, quoique le sage s'humilie lui-même, tout le
monde ne laisse pas que de le respecter et de l'honorer. » Confucius dit
encore: « Son altesse (1) Tsi avait un mérite qui intéressait tout l'empire,
sans en excepter un seul individu; cependant, son unique désir était que
ses actes fussent au-dessus de sa renommée: aussi s'appelait-il simplement « Un homme habitué (aux choses du peuple). »

Voici ce que dit Confucius: « Ce que le sage appelle Humanité est une
chose difficile. Le livre des Vers dit: « Le sage Hai-ti est le père et la
» mère du peuple. » Le mot Hai signifie Enseigner par force: le mot Ti
signifie User de complaisance: (il faut, en effet, que le souverain corrige
la sévérité d'un père par la douceur d'une mère). Le repos (qu'il accorde au peuple) ne doit pas plus entraîner l'inculture (de l'esprit), que
les distinctions hiérarchiques ne doivent exclure l'affection: la gravité doit
être naturelle, comme l'amour doit être respectueux: il doit, en un mot,
faire en sorte que le peuple l'honore comme un père et qu'il l'aime comme
une mère. En agissant de la sorte, on peut dire qu'on est le père et la
mère du peuple; mais sans une extrême vertu, qui est capable d'agir
ainsi? »

Confucius dit: « La dynastie des Hia avait pour système de ne pas trop
parler, de ne pas user de la dernière rigueur, et de ne pas trop demander

---

(1) Le mot Heu qu'on a souvent transcrit, comme s'il faisait partie du nom dont on le fait
suivre, est une appellation honorifique dont les anciens se servaient à l'égard des personnages de
haute distinction, sans qu'elle impliquât nécessairement l'idée de souveraineté qu'on y attache
aujourd'hui. Ce Tsi est le même que Ki dont il est question page 114.

au peuple; aussi le peuple ne s'est pas lassé de l'aimer. La dynastie des
In ne s'est pas trop souciée des rites, mais elle a été fort stricte à l'égard
du peuple. La dynastie des Cheu a été rigoureuse avec le peuple; elle ne
s'est pas trop occupée des Dieux, mais elle a réglé d'une manière complète tout ce qui touche aux récompenses, aux dignités, aux peines et
aux châtiments (1). »

Voici ce que dit Confucius: « Quoique dans les générations avenir il
survienne des empereurs remarquables, aucun ne pourra jamais atteindre
le mérite de l'empereur Iü (2). Souverain de l'empire, il n'a jamais, pendant sa vie, cherché son intérêt personnel, et à sa mort il n'a fait aucun
cas de son fils (3). Il traitait le peuple comme le père et la mère traitent
leurs enfants; il lui portait une tendre affection, et lui donnait des enseignements profitables. Son amour était respectueux; ses loisirs étaient
attentifs; sa majesté était affectueuse; sa richesse se pliait aux convenances,
et ses bienfaits se répandaient partout. Les sages qui se trouvaient au
milieu de son peuple faisaient grand cas de l'humanité et craignaient d'enfreindre la justice; ils rougissaient de la prodigalité, mais ils faisaient peu
de cas de la richesse; ils étaient dévoués (à leur souverain), mais ils ne
l'offensaient pas (par des remontrances inopportunes); ils observaient la
justice, mais ils savaient accorder (quelque chose à leurs amis); ils avaient
des dehors élégants, mais ils conservaient un calme parfait; ils étaient
faciles dans leurs rapports, mais ils faisaient une distinction (entre les
individus), suivant leur rang ou leur mérite personnel. (Le chapitre du
Xu-kiü intitulé) Fu-hiñ dit: « La majesté de la vertu inspire une crainte
» (salutaire): l'intelligence que donne la vertu stimule l'intelligence (du

---

(1) La dynastie des Cheu étant mentionnée ici au passé, comme si elle n'appartenait plus qu'à
l'histoire, certains critiques en ont conclu que l'auteur écrivait sous la dynastie suivante des Tsin:
mais cette conclusion me paraît inadmissible, car en prêtant faussement ce langage à Confucius,
l'auteur aurait donc été assez étranger à l'histoire de son époque, pour ignorer que les Cheu ré-
gnaient encore du vivant du grand philosophe, et qu'ils n'ont perdu le trône que deux siècles et
demi après sa mort! N'est-il pas plus raisonnable d'admettre que Confucius parle de ce que les
Cheu ont fait dans les commencements de leur règne, qui remontant à plus de six siècles, appartenait déjà à un passé lointain?

(2) C'est le nom dynastique que prit Xuen lorsqu'il monta sur le trône: son règne est souvent
désigné par les historiens sous le nom de dynastie de Iü. Voyez page 11.

(3) De même que Iao avait choisi Xuen pour son successeur à l'empire, quoiqu'il eût des enfants, de même Xuen nomma pour héritier au trône son ministre Iü, de préférence à son propre
fils qui n'avait aucune des bonnes qualités nécessaires à un souverain.

» peuple. Quel autre empereur, si ce n'est lui, est capable d'agir de
la sorte? »

Voici des paroles de Confucius : En entrant au service du souverain,
on doit d'abord se faire un patrimoine de sa profession de foi; puis on
se prosterne (en recevant sa nomination, et quand on l'a reçue) on sacrifie toute sa personne (aux devoirs de l'emploi), afin de remplir ses
engagements; car (si l'on y manque) le souverain est en droit d'exiger de
son sujet (qu'il tienne à ses promesses), le sujet devant mourir plutôt
que de manquer à sa parole. De cette façon, les appointements qu'on
reçoit ne sont pas mal acquis, et les fautes qu'on peut commettre sont
en fort petit nombre.

Confucius dit : Au service du souverain, les promesses grandioses
qu'on porte à la cour ont en vue de gros appointements; les promesses
modestes ne visent qu'à de petits appointements. Aussi, le sage ne fait
pas de petites promesses pour recevoir ensuite un gros traitement, ni
de grandes promesses pour se contenter d'un petit. Le livre des Changements dit : « Ne pas manger à la maison (mais bien à la cour) c'est un
bonheur. »

Confucius dit : « Quand on sert son souverain, on doit bien se garder
de le faire descendre au-dessous (de sa dignité) : on doit s'abstenir de
trop parler, et de s'associer à des gens d'une autre catégorie que soi.
(Le chapitre du livre des Vers intitulé) Siao-ia dit : » « Remplissez avec
» calme les devoirs de votre charge, nommez aux emplois les hommes
» d'une grande rectitude, et les Esprits écouteront vos prières et vous
» combleront de félicités. »

Confucius dit : « Si, au service du souverain, les officiers éloignés (de
sa personne se permettent) de lui faire des remontrances, ils outrepassent
leur devoir; si, au contraire, ceux que (de hautes fonctions) rapprochent
(de la personne du souverain) ne lui donnent pas de conseil, c'est qu'ils
ne pensent qu'à leur traitement. » Confucius dit : Les officiers qui ap-
prochent (du souverain) veillent à la paix du peuple, les ministres dirigent les fonctionnaires de tous les ordres, et les grands dignitaires s'occupent des différentes contrées de l'empire, (ce qui indique que chacun
a ses fonctions propres.)

Confucius dit : Celui qui sert son souverain aime mieux donner de
bons conseils (à l'avance), que de discuter (après que la faute a été com-
mise). Le livre des Vers dit : « Si vous avez l'amour dans le cœur, pour-

quoi ne le dites-vous pas? En le tenant renfermé au dedans de vous,
» il sera oublié dans peu de jours. »

Confucius dit: « Au service du souverain on doit être très-attentif quand
on débute; mais on (doit aussi continuer de même) et être soigneux
jusqu'à (la fin.)

Confucius dit: « Quand on sert son souverain à l'armée, on ne fuit
pas la peine; à la cour on ne se plaint pas de l'infériorité (du rang qu'on
occupe); la seule chose qu'on ait à cœur, c'est de bien s'acquitter de son
emploi; car occuper une dignité et ne pas en remplir les fonctions,
n'est-ce pas là du désordre? Aussi, lorsqu'un fonctionnaire est employé
par son souverain, s'il obtient son approbation, il consacre ses soins et
ses pensées à bien faire son devoir; si le contraire arrive, il ne s'applique
pas moins à s'acquitter de son devoir; mais une fois son mandat rempli,
il se retire. Voilà ce qui est important chez un fonctionnaire. Le livre
des Changements dit: « Quand on ne sert ni l'empereur, ni les princes,
» on attache une bien plus haute importance à ses propres affaires. »

Confucius dit: « L'empereur reçoit les ordres du Ciel, les magistrats
reçoivent les ordres de l'empereur. Si les ordres souverains sont conformes
(à la Raison suprême), les magistrats obéissent à ces ordres; mais si les
ordres souverains sont en opposition (avec la Raison suprême), les magistrats se révoltent contre ces ordres. »

Confucius dit: « Le sage ne s'en rapporte pas aux paroles pour juger
définitivement les hommes; car, quand il y a de la vertu dans l'empire,
les actes vertueux (semblables à des plantes vigoureuses) poussent des
branches et des feuilles; tandis que quand l'empire est sans vertu, ce
sont les paroles qui poussent des branches et du feuillage. »

Dans ses relations sociales, le sage est comme l'eau, l'homme de rien
est comme du vin doux; le sage est insipide, mais il est durable (dans
ses sentiments, comme l'eau qui ne se corrompt pas); l'homme de rien
est doux, mais ses rapports se gâtent facilement (comme le vin doux qui
se corrompt en peu de jours).

Confucius dit: « Le sage (revêtu de l'autorité souveraine) ne se borne
pas à des paroles louangeuses à l'égard des hommes; (il accompagne ses
paroles de bienfaits réels) ce qui engage le peuple à pratiquer la sincérité. En effet, quand il demande aux gens s'ils ont froid, c'est pour les
vêtir; quand il leur demande s'ils ont faim, c'est pour les nourrir; et
quand il parle de leurs avantages, c'est pour leur conférer des dignités.

(Le chapitre du livre des Vers intitulé) **Kuo-fuŭ** dit: « Mon cœur est fort
» triste; il vaut mieux que je rentre dans le repos de ma maison (1). »

Confucius dit: « Les sacrifices que son altesse **Tsi** (offrait à ses ancêtres)
étaient facilement complets; ses prières étaient respectueuses; ses demandes
étaient restreintes; aussi, ses félicités se sont-elles étendues à ses descendants. Le Livre dit: « Son altesse **Tsi** commençait les sacrifices pur de
» toute faute: aussi, (les félicités qu'il obtint) sont-elles parvenues jusqu'à
» notre génération. »

Confucius dit: « Les objets dont les grands personnages (se servent
pour consulter le sort) exigent de la gravité et du respect: (mais il y a
cette différence) que l'empereur (emploie la tortue dans ses divinations)
et non pas des brins d'herbe (**Xe**); tandis que les seigneurs emploient les
brins de l'herbe (**Xe** pour consulter le sort sur ce qui a trait) à la garde
de leurs états (et n'emploient en aucune façon la tortue). »

CHAPITRE XXVII.

CHE-I.

L'HABIT NOIR (2).

Voici ce que dit Confucius: « Le souverain est facile à servir (s'il est
vertueux); les sujets sont faciles à connaître (s'ils sont sincères. Quand
ces deux qualités se rencontrent à la fois), les châtiments ne sont pas
nombreux. »

Confucius dit: « Celui qui aime les hommes sages est comparable (au
personnage dont parle l'ode du livre des Vers intitulée) « L'habit noir. »

---

(1). On ne voit guère qu'il y ait un rapport direct entre cette citation et ce qui précède. Les
commentateurs se perdent en dissertations pour le découvrir, mais avec peu de succès. Les plus
raisonnables d'entre eux disent que c'est un ministre dégoûté du service qui parle à son souverain
et lui dit: « Si vous m'aimez réellement, ne vous bornez pas à des paroles; prouvez moi votre
bienveillance par des actes, en me permettant de rentrer dans la vie privée après laquelle je
soupire. »

(2) Le sens de ce titre n'a aucun rapport avec le sens général du chapitre; aussi j'ai hésité si
je ne conserverais pas tel quel le titre chinois. Il n'a ici sa raison d'être, que parce qu'on cite
une fois l'ode **Xe-kiŭ** (1re partie, chap. 7, 1º) appelée **Che-i**, où il est, en effet, question d'habit
noir, pour indiquer au figuré un des grands dignitaires **Ta-fu** qui portaient ordinairement la robe
de cette couleur.

Celui qui déteste les hommes pervers est comparable (au personnage dont parlent les poésies de) Hiañ-po (1). (Quand tels sont les sentiments du souverain), les dignités ne tombent pas dans le mépris (par suite de leur profusion), car le peuple pratique spontanément la vertu; les châtiments ne sont pas mis à l'essai, car le peuple, en général, pratique l'obéissance. (Le chapitre du livre des Vers intitulé) Ta-ia dit: « Imitez les exemples » de Wen-wañ et tous les royaumes auront de l'attachement pour vous. »

Confucius dit: « Le peuple! Si on emploie la vertu pour l'enseigner, et les rites pour le mettre à l'unisson, il réforme son cœur: si, au contraire, on se sert de la loi pour lui donner de l'enseignement, et des châtiments pour le ramener à l'unisson, il devient dissimulé. C'est pourquoi, quand le souverain a une affection paternelle (pour ses sujets), le peuple l'aime; quand il emploie la sincérité pour se l'attacher, le peuple ne se retire pas, et quand il met de la gravité dans sa manière de gouverner, le peuple a de la soumission. (Le chapitre du Xü-kiñ intitulé) Fu-hiñ dit: « (Le roi des) Miao ne se servait pas de la vertu (pour gouverner » son peuple); il ne gouvernait que par les châtiments, et donnait le nom » de Méthode de gouverner aux cinq espèces de supplices par lesquels » s'exerçait la tyrannie. Aussi, le peuple avait la vertu en horreur, et il » s'en est suivi que la dynastie a été renversée (2). »

Confucius dit: « Iŭ n'avait encore régné que trois ans, et le peuple était déjà plein d'humanité: ce n'était donc pas indispensable (pour obtenir un résultat aussi prompt, que les différents personnages de la cour fussent) tous doués de la vertu d'humanité. Le livre des Vers dit: « O » majestueux ministre (3) Iŭn, tout le peuple a les yeux sur vous! » (Le

---

(1) Ces poésies sont comprises dans le Xe-kiñ, et forment l'ode 6e du 5e chapitre du Siao-ia. Il y est question d'un homme calomnié qui appelle la vengeance sur ses détracteurs.

(2) Il paraît que les Miao-tze, formant encore de nos jours, au point de vue ethnographique, une race parfaitement distincte de la race chinoise, étaient réunis en principauté ou état feudataire ayant son souverain et ses lois propres, dès les commencements de l'empire chinois. Mais l'empereur Xuen, touché des souffrances que faisait endurer à ce peuple le prince barbare Ieu-miao, supprima la principauté, et les Miao-tze se répandirent dans les montagnes où ils vivent encore de nos jours, presque indépendants de l'autorité chinoise.

(3) Le mot Xe est dans le même cas que le mot Ileu dont nous avons parlé page 160: plusieurs sinologues, le P. Lacharme entre autres, l'ont transcrit tel quel, comme s'il faisait partie du nom auquel il est accolé, tandis qu'il a une signification réelle qu'il est bon de lui conserver, parce qu'elle caractérise les fonctions du personnage auquel le mot sert d'appellatif. Par cette citation l'auteur veut dire que si le peuple a les regards tournés sur un simple ministre, à plus forte raison les a-t-il tournés sur l'exemple du souverain.

chapitre du Xu-kiñ intitulé) Fu-hiñ dit : « Quand un homme a du bon-
» heur, tout le monde se confie à lui. » (Le chapitre du livre des Vers
intitulé) Ta-ia dit : « (U-wañ) s'étant pénétré des véritables sentiments
» d'un souverain, est devenu le modèle de tous ses sujets. »

Confucius dit : « Quand le supérieur se plaît dans la vertu d'humanité,
les inférieurs se disputent à qui sera le premier à pratiquer l'humanité.
De là, si les chefs du peuple font connaître leurs sentiments par une
doctrine pure ; s'ils font grand cas de la vertu d'humanité ; s'ils regardent
le peuple comme leurs enfants, le peuple s'efforcera de se comporter de
manière à faire plaisir à ses supérieurs. Le livre des Vers dit : « Incul-
» quez la vertu, et tous les royaumes d'alentour suivront cet exemple. »

Confucius dit : « Les paroles du souverain (peuvent paraître, en elles-
mêmes, avoir une importance aussi mince) qu'un brin de soie ; mais dès
qu'elles se répandent au dehors, elles prennent les proportions d'une
ceinture ; les paroles du souverain peuvent, en elles-mêmes, être comparées
à une ceinture ; mais dès qu'elles se répandent au dehors, elles prennent
les proportions d'un câble. »

Les personnes haut-placées ne se livrent pas à des discours oiseux. Ce
qui peut se dire, mais ne peut se faire, le sage ne le dit point ; ce qui
peut se faire, mais ne peut se dire, le sage ne le fait point. De là, le
peuple (instruit par l'exemple) ne parle pas en désaccord avec ses actes,
et n'agit pas en désaccord avec ses paroles. Le livre des Vers dit : « Soyez
» très-attentif à tout ce que vous faites, et vous n'offenserez pas la raison. »

Confucius dit : « Le sage se sert de la parole pour diriger les hommes
(dans la voie du bien), et se sert des actes (de vertu, dont il donne
l'exemple), pour les empêcher (de faire le mal). Par conséquent, il faut
réfléchir sur la fin de ce qu'on dit, et bien examiner s'il n'y a rien de
vicieux dans ce qu'on fait. En agissant de la sorte, on fait que le peuple
est circonspect dans ses discours et attentif dans ses actions. Le livre des
Vers dit : « Faites attention aux paroles que vous proférez (et soyez cir-
» conspect sur toute votre conduite. » (Le chapitre du même livre intitulé) Ta-ia dit : « Doué d'une profonde vertu, Wen-wañ avait une cir-
» conspection continuelle et extraordinaire. »

Confucius dit : « Lorsque les chefs du peuple portent des habits qui ne
sont pas en désaccord (avec la vertu), et montrent sans cesse des dehors
de douceur, afin de mettre l'unité parmi leurs subalternes, alors, la vertu
du peuple est une. Le livre des Vers dit : « Les habitants de distinction

» de cette capitale portaient des fourrures en renard jaune ; leur extérieur
» ne changeait pas, et leurs discours étaient élégants ; s'ils reparaissaient
» dans la capitale des Cheu, ce serait un exemple que tout le peuple
» imiterait. »

Confucius dit : « A voir le supérieur on peut savoir (ce qu'il
pense, si les actes) des inférieurs sont de nature à pouvoir être racontés
et inscrits ; alors le souverain n'inspire aucun doute à ses magistrats, et
les magistrats ne fournissent au souverain aucun sujet de soupçon. » (Le
chapitre du Xu-kin intitulé) Iün-ki dit : « Il n'y avait que moi Iün et Tan
» réunis, qui eussions une vertu parfaite (1). » Le livre des Vers dit :
« Chez l'homme bon et sage la conduite extérieure ne change point. »

Confucius dit : « Quand le souverain met en relief les hommes de bien
et frappe de réprobation les hommes pervers, de façon à ce que le peuple
sache de quoi il fait grand cas, le peuple n'a pas des sentiments partagés
(entre le bien et le mal). Le livre des Vers dit : « Remplissez avec calme
» les devoirs de votre emploi, et mettez votre complaisance dans les
» hommes pleins de rectitude. »

Confucius dit : « Si le supérieur est livré à l'incertitude, le peuple est
livré au doute ; si les magistrats ont de la peine à savoir (ce qu'ils doivent
faire), le souverain lui-même est dans l'embarras. Par conséquent, lorsque
le souverain fait clairement connaître ses affections, afin d'engager le peuple
aux bonnes mœurs, et qu'il est très-attentif sur ses haines, afin de détourner le peuple de la dépravation, alors le peuple n'est plus livré au
doute. (Et lorsque, de leur côté,) les magistrats agissent d'une façon exemplaire sans faire grand cas des paroles, lorsqu'ils n'entreprennent pas l'impossible, et qu'ils ne vous ennuient pas, avec l'incompréhensible, alors le
souverain n'a aucun embarras. Le livre des Vers dit : « Le Seigneur su-
» prême a changé l'ordre des choses (à cause des vices du souverain), et
» tous les peuples sont en proie aux infirmités. » (Le chapitre du même
livre intitulé) Siao-in dit : « Ce n'est pas un homme à remplir son devoir,
» mais uniquement à faire du mal à son souverain. »

---

(1) Le personnage qui parle avait considérablement aidé **Tan** à conquérir l'empire ; et, devenu
son premier ministre, il vécut toujours en parfait accord avec son souverain pour le bon gouvernement du pays. Lorsque **Tan** mourut, **Iün** car tel était son nom), vivait dans la retraite depuis
quelque temps ; mais voyant l'incapacité du jeune empereur, il reprit la direction des affaires, et
ne se retira que quand il jugea son pupille apte à gouverner seul. C'est en le quittant qu'il lui
laissa des instructions écrites où il rappelle ce qu'il a fait du vivant de l'empereur **Tan** son père.

Confucius dit: « (Si le souverain) ne se confie pas à ses grands officiers, et que le peuple ne soit pas en paix, c'est que la fidélité et le respect sont insuffisants, et qu'on a pour les richesses un amour déréglé. Dans ce cas, les hauts dignitaires ne peuvent plus gouverner, et les magistrats qui les entourent se liguent (pour les renverser). C'est pour cela que les grands fonctionnaires ne peuvent se passer de la confiance (du souverain), vu qu'ils sont le point de mire des regards du peuple; et que les magistrats qui les entourent ne peuvent se passer de la surveillance (du souverain), vu qu'ils sont les guides du peuple. Le souverain ne doit pas permettre que les petits fonctionnaires critiquent les grands, que les fonctionnaires éloignés censurent les rapprochés, et que ceux du dedans (de la capitale) médisent de ceux du dehors. On obtient par là que les grands fonctionnaires ne font pas de plaintes, que les fonctionnaires rapprochés ne sont pas froissés, et que les fonctionnaires éloignés ne sont pas tenus dans l'isolement. »

Confucius dit: « Pour le peuple, le souverain c'est le cœur; pour le souverain, le peuple c'est le corps. De même que si le cœur est à l'aise, le corps est en repos; que si le cœur est plein de respect, les dehors sont respectueux; que si le cœur aime une chose, le corps y trouve son bien-être: de même, si le souverain a de l'attachement pour une chose, le peuple infailliblement la désire aussi. Le cœur n'est en repos que par le corps, et n'est blessé que par l'entremise du corps: le souverain ne se maintient que par le peuple, et ne tombe aussi que par le peuple. »

Confucius dit: « Si le sujet qui sert son souverain ne tient pas une conduite droite et des discours sincères, son devoir n'est pas rempli d'une manière uniforme, et ses actes ne sont pas de bon aloi. » Confucius dit: « Les discours doivent être conformes à la vérité, les actes doivent s'accorder avec la règle: de cette façon, pendant la vie, on ne peut pas vous enlever votre vouloir, et après la mort, on ne peut pas vous enlever votre bonne renommée. C'est pour cela que le sage, lors-même qu'il a beaucoup appris, interroge tout de même les autres, et conserve (le souvenir de ce qu'on lui dit); et lors-même qu'il a beaucoup d'idées, il en demande tout de même aux autres, et en fait son profit. Il résume ensuite ce qu'il sait parfaitement, et le met en pratique. (Le chapitre du Xu-kiñ intitulé) Kiūu-chèn dit: « Soit qu'il faille retrancher ou ajouter, consultez-vous avec » tout le monde, et voyez si tous donnent le même avis. » Le livre des Vers dit: « L'homme bon et sage a une conduite uniforme. »

Confucius dit: « Il n'y a que le sage qui puisse aimer les hommes droits: le vaurien leur fait plutôt du mal. Aussi, ceux que le sage prend pour amis ont les mêmes vues que lui, et ceux qu'il déteste lui fournissent pour cela des motifs réels. Il s'ensuit que les gens rapprochés n'ont aucun soupçon, et que les éloignés n'ont aucun doute. Le livre des Vers dit: « Le sage aime ceux qui lui ressemblent. »

Confucius dit: « De même qu'un char (étant en présence) on en voit assurément la traverse de devant, et qu'un habit étant (sous vos yeux), sans aucun doute on en aperçoit l'usure, de même l'homme; s'il parle, il entend indubitablement des sons, et s'il agit, il voit, à coup sûr, les effets de ses actions. (L'ode du livre des Vers intitulée) Ko-tan dit: « En » s'habillant, il n'éprouve aucun dégoût (1). »

Confucius dit: « Quand on dit une chose, et que de suite on la met à exécution, ce qu'on dit ne peut pas être embelli; quand on fait une chose et que de suite on le dit, ce qu'on fait ne peut pas être embelli, (car, dans l'un et l'autre cas, les actes sont là pour prouver la vérité des paroles, et *vice-versa*); aussi, le sage parle peu, mais il agit de manière à tenir toujours sa parole. De là, il n'y a pas pour le peuple la possibilité d'agrandir ce qu'il fait de bien, ni de rapetisser ce qu'il fait de mal (parce que les exemples du sage lui servent de règle). Le livre des Vers dit: « Les » taches du jade peuvent être enlevées en les usant sur la pierre; mais » les taches du langage n'ont pas de remède. » (Le chapitre du même livre intitulé) Siao-ia dit: « Vraiment, c'est un sage: les mérites qu'il s'est » acquis sont, en vérité, bien grands! » (Le chapitre du Xu-kiñ intitulé) Kiûn-xe dit: « Dans l'ancien temps, le Seigneur suprême a tranché (l'exis- » tence de la dynastie des Xañ) et a encouragé la vertu de Wen-wañ, » amoncelant l'autorité souveraine sur sa personne. »

____

(1) Il me paraît impossible que Confucius ait sérieusement débité des vérités de M. de la Palisse, comme celles qu'on lui attribue ici, et dans beaucoup d'autres endroits du Li-ki, où on ne reconnaît pas du tout l'esprit profond et observateur du maître. Il n'existe pas non plus le moindre rapport entre la citation du Xe-kiñ et les idées qu'elle est censée appuyer; mais en consultant l'ode Ko-tan tout entière, et en y mettant de la bonne volonté, on peut y trouver, dans le sens de notre auteur, cette idée générale que tout ce qui se fait se sait; mais qu'en agissant toujours selon sa conscience, on n'a jamais rien à craindre ni rien à se reprocher.

CHAPITRE XXVIII.

XÈN-I (1).

Voici les règles (à suivre dans la confection de la robe appelée Xèn-i).
Il y a, d'abord, douze pièces qui correspondent aux douze mois (de
l'année): les manches sont arrondies, afin de correspondre au disque (employé en guise de compas). L'encolure fait angle droit, comme l'équerre,
afin de correspondre au carré. Dans le dos, un cordon descend jusqu'aux
talons, afin de correspondre à la ligne-droite. Le bord d'en bas est coupé
droit, comme le fléau d'une balance, afin de correspondre à l'égalité.
(Avec les manches arrondies comme) un disque, dans les cérémonies
on élève les mains (jointes et assez éloignées de soi pour que les bras
forment un demi-cercle à la hauteur de la poitrine), de façon à avoir
une contenance modeste. On porte dans le dos un cordon, et un carré
devant soi, pour indiquer la droiture du gouvernement et l'exactitude
de la justice. De là, le livre des Changements dit: « L'indication du
» deuxième 6 dans la (division du diagramme divinatoire appelée) Kūn
» porte, Droiture et exactitude. » La partie inférieure (de la robe)
coupée droit comme le fléau d'une balance, désigne le calme (des pensées et l'égalité des sentiments. Ces cinq prescriptions étant observées, le sage revêt l'habit (confectionné de la sorte). Le compas et
l'équerre (signifient qu'il n'y a) rien de clandestin; le cordon signifie
la droiture; le fléau de la balance signifie l'égalité. C'est pour cela que
les anciens empereurs faisaient grand cas de cet habit; c'est pour cela
qu'on peut le porter dans les fonctions civiles et dans les fonctions militaires, qu'on peut le porter dans les visites et dans le commandement
de l'armée. (Cet habit) est parfait; bien plus il est peu coûteux (puis-

(1) Dans les textes complets du **Li-ki** la première phrase renferme ces deux mots dont on a fait
la tête du chapitre, et qui en résument, d'ailleurs, l'idée générale, puisqu'il n'y est question que
de l'habit auquel on donnait le nom de **Xèn-i**. On est tenté de rire en voyant les rapprochements
que l'auteur cherche à établir entre la forme de cet habit et les principes les plus abstraits de la
morale. Je suis porté à croire que toutes ces allégories ont été imaginées après coup, car si elles
avaient dirigé la coupe primitive du **Xèn-i**, il faudrait dire que les ateliers des anciens tailleurs
de la Chine étaient des écoles de mysticisme.

qu'il se fait en toile blanche), ce qui lui assure le second rang parmi
les habits appréciés; (au premier rang se trouvant le costume officiel qu'on
porte à la cour et dans les sacrifices).

CHAPITRE XXIX.

JU-HEN.

CONDUITE DU PHILOSOPHE.

Ãai-kuñ (prince de l'état de) Lu, adressa à Confucius la question suivante : Votre habit, maître, est-ce un habit de philosophe? Confucius
répondit : « Lorsque dans mon enfance j'habitais le royaume de Lu, je
portais l'habit à manches larges. Lorsque dans l'âge adulte j'ai habité le
royaume de Suñ, je portai le chapeau viril. J'ai toujours ouï dire que le
sage doit se livrer à des études fort étendues, mais que, pour le costume,
il doit se conformer au pays qu'il habite. J'ignore donc ce que c'est que
l'habit de philosophe.

Ãai-kuñ dit : « Oserais-je vous demander quelle est la conduite du philosophe? » Confucius répondit : « Le philosophe a un objet précieux placé
sur un support (1) en attendant ses invités, (et cet objet n'est autre que
sa vertu) : du matin au soir, il s'efforce à l'étude, en attendant qu'on
vienne le consulter; il porte dans son cœur la sincérité, en attendant
qu'on l'élève (à une dignité quelconque); il met de l'énergie dans ses
actions, en attendant qu'on le choisisse (pour un emploi). Voilà comment
il se comporte dans sa personne.

« Le philosophe a des habits et un chapeau convenables. Dans tout ce
qu'il fait il est très-attentif. Il refuse les grands cadeaux, comme s'il les
méprisait; mais il refuse les petits, comme pour la forme. Dans les grandes
occasions son aspect est comme majestueux; dans les petites occasions
(son aspect est modeste), comme s'il avait honte. Il a de la difficulté à
entrer (dans la carrière des honneurs), mais il en sort facilement. Il est

______

(1) On sait avec quel goût charmant les Chinois savent relever le moindre objet d'art ou de
curiosité, en lui faisant un support ou un pied, le plus souvent en bois noir sculpté, aux formes
légères et gracieuses. Il résulte de ce passage, que dès les temps les plus anciens on avait la coutume de relever ainsi les objets de prix, et d'en faire l'ornement du salon où on recevait les visites.

calme (dans ses mouvements), comme s'il n'avait pas la force d'agir. Voilà quel est son extérieur. »

« Partout où il réside ou demeure momentanément, le philosophe a un air grave et sévère. Assis, ou levé, il a l'air plein de respect: ses paroles sont toujours précédées de la vérité, ses actions sont toujours d'une parfaite droiture. En chemin, il ne dispute à personne l'avantage d'une dangereuse facilité (1); en hiver, comme en été, il ne dispute pas l'harmonie des deux principes In et Iañ (2). Il se précautionne contre la mort, afin d'attendre (l'accomplissement de sa destinée, et les occasions où il pourra encore rendre des services à la société). Il a soin de sa personne, afin de pouvoir se livrer à des actions (grandes et méritoires). Voilà quels sont ses préparatifs.

« Le philosophe ne regarde pas l'or et le jade comme des choses précieuses; ce qu'il tient pour précieux c'est la sincérité du cœur: il ne cherche pas des propriétés territoriales; c'est la possession de la justice qui, pour lui, équivaut à des terres: il ne cherche pas à amasser beaucoup; sa richesse, c'est l'acquisition de beaucoup de connaissances. On obtient difficilement (qu'il accepte des fonctions publiques; mais lorsqu'il les accepte), rien de plus facile que d'assigner un traitement (qui le contente toutefois), s'il est facile de lui assigner un traitement, rien de plus difficile que de le mener (comme on veut). Effectivement, dans les temps de trouble, on ne le voit pas; n'est-ce pas qu'il est difficile de l'obtenir? Lorsqu'il n'y a pas de justice on ne peut pas tomber d'accord avec lui; n'est-ce pas qu'il est difficile de le mener (comme on veut)? Il s'occupe avant tout d'acquérir des mérites et ne pense au traitement qu'après; n'est-ce pas qu'il est facile de lui assigner un traitement? Voilà comment il se rapproche des hommes. »

« S'il arrive au philosophe qu'on lui laisse des objets de prix, ou qu'on veuille le combler d'agréments ou de bonnes choses, la vue de ces avan-

---

(1) Locution difficile qui ne peut être bien comprise que par des comparaisons. Ainsi, on appellera une Facilité dangereuse, un chemin de traverse dans une montagne qui abrège considérablement la distance à parcourir, mais qui offre de grands dangers: on appellera de même le passage sur un pont qui menace ruine, le parcours d'une localité qui n'offre aucune difficulté de terrain, mais qui est située dans le voisinage de l'ennemi, des bêtes féroces etc.

(2) C'est-à-dire qu'il ne se met pas en contradiction avec la nature et les exigences de ces deux principes, en observant ce qui est propre à chacune des saisons de l'année où l'un de ces principes domine.

tages ne lui fait rien retrancher de son devoir. Soit que beaucoup de gens se réunissent pour lui faire violence, soit qu'on emploie des armes pour l'intimider, la vue de la mort ne lui fait rien changer à ce qu'il doit observer (1). Semblable à l'oiseau carnassier et à l'insecte qui saisissent leur proie (sans s'inquiéter de la résistance qu'ils trouveront), il ne calcule pas son courage (devant ceux auxquels il est de son devoir de résister; et si l'occasion se présente) de porter une lourde marmite (2), il ne calcule pas ses forces. Pour le passé, il n'a pas de motifs de regret; pour l'avenir, il n'a pas besoin de se préparer à l'avance, (car, il fait très-bien toutes choses au fur et à mesure qu'elles se présentent). Les paroles fautives (qui peuvent lui avoir échappé) il ne les répète pas; et les calomnies qu'on fait circuler sur son compte ne vont pas fort loin, (car l'éclat de sa vertu les a bientôt démenties). Personne ne peut interrompre sa gravité. Il n'a pas besoin de s'exercer (pour mettre à exécution) les projets qu'il forme. Voilà des choses que le philosophe est seul à accomplir. »

« Le philosophe a la sincérité pour casque et pour cuirasse, l'urbanité et la justice pour lance et pour bouclier; s'il exerce des fonctions publiques, il y porte l'amour de son semblable; s'il reste chez lui, il se conforme en tout à la raison; et lors-même qu'un gouvernement tyrannique pèse sur lui, il ne change en rien à ce qu'il doit faire. Voilà comment il se comporte en ce qui regarde sa personne. »

« (Dans la pauvreté, le philosophe sait se contenter de peu): il a alors une maison d'un Meu de superficie, avec une chambre d'une fort petite circonférence. La porte est en bambous, la baie est (petite et se termine en ogive, comme) la tablette de jade (3); les volets sont en osiers,

---

(1) Ne dirait-on pas qu'Horace connaissait la définition du sage donnée par Confucius, lorsqu'il disait, presque dans les mêmes termes que le philosophe chinois,

Justum et tenacem propositi virum,

Non civium ardor prava jubentium

Non vultus instantis tyranni

Mente quatit solida . . . . .

Si fractus illabatur orbis;

Impavidum ferient ruinae!   **Lyricorum,** lib. 3, od. 3.

(2) Chez les anciens, la marmite n'était pas seulement un ustensile de ménage: elle figurait aussi, au premier rang, parmi les vases sacrés en bronze usités dans les temples.

(3) La tablette en jade qu'on portait devant soi dans les cérémonies, et en présence du souverain, avait la forme d'un long parallélogramme qui se terminait, au sommet, en un angle obtus, comme certaines ogives du style gothique. On a vu page 70 et 71, qu'on attachait un sens allégorique à la forme qu'avait cette tablette à chacune de ses extrémités.

et la fenêtre (est ronde et petite, comme l'orifice) d'une jarre. On change (mutuellement) d'habits (entre gens de la maison), quand il s'agit de sortir; et on fait durer deux jours la nourriture ordinaire d'une journée. Si le souverain l'emploie, le philosophe ne se livre à aucune hésitation : si le souverain ne l'emploie pas, il ne se livre à aucune flatterie (pour obtenir quoi que ce soit). Voilà dans quelles conditions il entre dans les emplois publics.

« Le philosophe entretient avec ses contemporains des relations sociales (où il puise des enseignements de vertu), et il cherche chez les anciens (ce qu'ils y a à imiter). Il agit durant sa vie de telle façon que les générations suivantes puissent prendre ses actions pour modèle. S'il arrive que son époque ne soit pas favorable à la vertu, le souverain ne l'élève pas (aux dignités) et les sujets ne favorisent pas son élévation. Si les calomniateurs et les flatteurs forment une ligue pour lui nuire, ils pourront faire du mal à son corps, mais ils ne pourront pas maîtriser ses sentiments (1) ; et lors même qu'on endommage ce qu'il fait, en dernière analyse ses sentiments suivent droit leur cours, et il ne laisse pas de penser toujours aux infirmités (morales) du peuple. Voilà quels sont ses sujets de tristesse et de préoccupation.

« Le philosophe étudie beaucoup, sans connaître de limite ; il agit beaucoup, sans connaître la fatigue. Dans sa vie privée il ne fait rien d'illicite ; dans la vie publique il n'est jamais embarrassé ; dans les rites il regarde la concorde comme la chose la plus précieuse, la sincérité comme la chose la plus belle, et la gravité comme la règle (à suivre constamment). Il se plaît avec les sages, mais il traite bien tout le monde, (semblable au potier qui en) détruisant la forme carrée (qu'avait un morceau de pâte) n'en fait pas moins un vase (d'une autre forme). Voilà quelle est la largeur de son esprit.

« Le philosophe fait l'éloge des membres de sa famille (qui ont du mérite), sans se laisser arrêter par la parenté (2), et il élève aux dignités

<hr>

(1) L'Evangile parle à peu près dans le même sens, lorsqu'il dit qu'on ne doit pas craindre les hommes dont le pouvoir peut atteindre le corps mais nullement l'âme.

(2) Dans l'administration chinoise, il n'est pas admis qu'on recommande ou qu'on fasse avancer ses propres parents, parce qu'on suppose qu'en pareil cas on est presque toujours guidé par des sentiments de népotisme. Il n'y a que les personnages d'une droiture et d'un désintéressement à l'abri de tout soupçon qui puissent s'affranchir de cette règle générale.

les gens du dehors, sans se laisser arrêter par leur inimitié, vu qu'il tient (uniquement) compte de leurs mérites acquis,) et qu'il suppute les choses qu'ils font. Il pousse les hommes de sagesse dans la carrière publique; mais une fois qu'il les y a fait avancer, il n'en attend aucune récompense; (car n'ayant en vue que de réaliser) des pensées du souverain, dès qu'il a sauvegardé les intérêts de l'empire, (il ne demande aucune richesse pour lui-même. Voilà comment il élève les sages, (et donne) la main aux hommes capables avec ses contemporains.

Si le philosophe apprend quelque chose d'avantageux, il en fait part à ses amis; s'il voit quelque chose d'utile, il le montre à ses amis; s'il y a une dignité à occuper, il donne la priorité à ses amis; s'il y a une calamité à endurer, il meurt volontiers en compagnie de ses amis; lors même que ses amis tardent longtemps, il les attend tout de même; lors même qu'ils sont très-loin, il les fait tout de même venir. Voilà comment il emploie et recommande ses amis (1).

Le philosophe approprie sa personne et purifie sa vertu; il développe son avis (au souverain), mais il cache (que cet avis provient de lui.) Il use de tels ménagements en redressant (le souverain, que) celui-ci, même, ne s'en aperçoit pas. (Quand le souverain a commis une faute) grossière, il la fait ressortir à ses yeux, mais sans se laisser aller au moindre emportement. Il ne se met pas en parallèle avec des gens au-dessous de lui dans le but de paraître plus élevé, et ne s'augmente pas d'un peu afin de paraître avoir beaucoup. En temps de calme il n'est pas dédaigné, et en temps de trouble) il n'est pas découragé. Il n'est pas partial pour ceux qui pensent comme lui, ni hostile envers ceux qui ont des opinions différentes. Voilà la conduite et les actions dont le philosophe seul donne l'exemple.

« (Quand il ne croit pas pouvoir faire le bien) le philosophe refuse en haut lieu) d'accepter les fonctions d'officier de l'empereur, et dans le rang au-dessous il refuse) de servir les princes feudataires. Il se tient (alors chez lui) dans le recueillement et le calme, ne laissant pas que d'avoir une grande largeur (d'idées, de sentiments et de manières à l'égard de tous ceux qui vont le visiter). Cependant, il est d'une grande fermeté

(1) Dans les termes où elle est conçue, la conclusion ne semble pas découler des prémisses; mais on la trouvera assez logique lorsqu'on saura que tout ce qui est dit dans cette période se rapporte aux fonctions publiques, aux nominations et aux promotions en grade.

avec les hommes, (ne cédant jamais qu'au devoir). Il étudie beaucoup, afin de connaître ce qu'il doit faire: il cultive l'élégance des manières; il agit scrupuleusement dans les limites tracées par la vertu (1), et lors-même qu'on lui donnerait un royaume (feudataire à administrer), ce ne serait, à ses yeux, qu'une bagatelle (2) qui ne le déciderait pas à devenir magistrat et à remplir des fonctions publiques. Voilà quel sont ses considérations et ses actes. »

« Le philosophe marche vers le même but avec ceux dont les sentiments s'accordent avec les siens, et il se trouve de la même profession avec ceux qui cherchent la vertu. S'il se trouve de pair avec eux, il s'en réjouit: si quelqu'un a de l'infériorité, il ne le dédaigne pas; s'il entend calomnier quelqu'un (de ses collègues) qu'il n'a pas vu depuis longtemps, il n'y ajoute pas foi: ses actes sont essentiellement basés sur la justice; il marche avec ceux qui lui ressemblent, et se retire de ceux qui ne lui ressemblent pas. Voilà quelles sont ses relations avec les amis. »

« La douceur est la substance de la vertu d'humanité; le respect et l'attention en sont la base; la générosité en est la pratique; la modestie dans les relations en est la puissance; l'urbanité bien réglée en est l'apparence extérieure; le langage affectueux en est l'expression; le chant et la musique en sont l'harmonie; les largesses en sont les bienfaits. Mais lors-même qu'il est parvenu à réunir en lui toutes ces qualités, le philosophe n'ose pas encore dire qu'il possède la vertu d'humanité (dans toute sa perfection). Voilà quelles sont (tout à la fois) la noblesse et la modestie du philosophe (3). »

---

(1) Il y a encore ici la figure éminemment chinoise d'un angle, c'est-à-dire de l'arête où se terminent deux surfaces unies placées à angle droit l'une de l'autre. Il n'est pas possible d'être moitié de chaque côté, de transiger, pour ainsi dire, comme cela pourrait avoir lieu si le passage d'un plan à l'autre était arrondi; c'est tout d'un côté, ou tout de l'autre. De là l'idée de la vertu qui exclut tout mélange de vice, le *nemo potest duobus dominis servire* de l'Evangile. Littéralement, on dit ici « L'angle formé par le travail d'une meule. » Voyez page 103.

(2) Littéralement « Ce ne serait à ses yeux que comme les poids Che et Xu. » Les auteurs varient sur la valeur primitive du Che: suivant les uns, il pesait 600 graibs de riz, suivant d'autres il en pesait 800. Quant au Xu, on s'accorde à dire qu'il pesait 100 grains. C'est le poids qui a servi d'unité aux monnaies les plus anciennes, sur lesquelles on lit le nombre de Xu qu'elles devaient peser, et par conséquent leur valeur intrinsèque.

(3) En général, les maximes de ce chapitre sont assez profondes pour qu'on puisse les attribuer à Confucius, de préférence à tant d'autres passages de ce livre que l'auteur met sur le compte du grand philosophe: on y trouve, cependant, encore des idées dont les ouvrages vraiment authentiques de Confucius n'offrent aucune trace.

CHAPITRE XXX.

KUAN-I.

SIGNIFICATION DE LA PRISE DU CHAPEAU VIRIL (1).

Chez tout le monde, ce qui constitue vraiment l'homme, c'est l'urbanité et la justice. Le commencement de l'urbanité et de la justice consiste à bien composer son extérieur, à conserver l'égalité du visage et à avoir la parole douce. Quand l'extérieur est bien composé, que le visage est toujours égal et que le langage est doux, l'urbanité et la justice sont complètes, (en ce qui concerne le dehors; mais il faut en même temps) qu'il y ait rectitude (dans l'accomplissement des devoirs) entre le souverain et les sujets, qu'il y ait affection entre le père et le fils, et qu'il y ait bon accord entre les plus et les moins âgés; car, ce n'est que lorsqu'il y a rectitude entre le souverain et les sujets, affection entre le père et le fils, et bon accord entre les plus âgés et les plus jeunes, que l'urbanité et la justice sont fortement établies. C'est ainsi que le costume n'est complet que lorsqu'on porte le chapeau (2), et ce n'est que lorsqu'on a le costume complet (qu'on est censé avoir appris à) bien composer son extérieur, à mettre de l'égalité dans l'expression du visage et à donner de l'aménité à ses discours. De là ce dicton: « Prendre le chapeau viril, c'est le com- » mencement de l'urbanité. » Voilà pourquoi les empereurs éminents de l'antiquité faisaient grand cas (du rite) de prendre le chapeau viril.

Chez les anciens, quand il s'agissait de faire la cérémonie de la prise du chapeau viril, ils consultaient le sort, au moyen de brins d'herbe, sur le jour à choisir ainsi que sur les personnes à inviter, parce qu'ils avaient un grand respect pour tout ce qui regardait la prise du chapeau viril;

---

(1) Le mot **Kuan** dont le sens primitif est celui de Chapeau viril, est souvent employé ici comme verbe, dans le sens de Prendre le chapeau viril, Donner le chapeau viril, ou Porter le chapeau viril. Cette faculté qu'ont beaucoup de substantifs de se transformer en verbes actifs ou neutres, constitue une des plus grandes difficultés de la langue chinoise.

(2) Les Chinois se tiennent la tête couverte devant les personnes et dans les lieux auxquels ils veulent témoigner du respect. Cette coutume est presque générale en Asie, et semble inhérente aux sociétés dont l'origine se confond avec celle du genre humain.

ils avaient ce respect, parce qu'ils faisaient grand cas des rites, et ils faisaient grand cas des rites, parce qu' (ils les considéraient) comme essentiels pour l'empire.

(Quand, par la prise du chapeau viril, un jeune homme) devient homme fait, on est en droit d'exiger de lui (qu'il remplisse) les rites des hommes faits. Exiger les rites des hommes faits, c'est exiger qu'on remplisse les rites du fils (à l'égard de son père), du frère cadet (à l'égard de ses aînés), du sujet (à l'égard de son souverain), de l'homme jeune (à l'égard des plus âgés que lui); et puisqu'on exige de l'homme fait l'accomplissement de ces quatre choses, peut-on ne pas faire grand cas des rites? Aussi, ce n'est qu'après que la piété filiale, les égards fraternels, la fidélité et l'obéissance sont bien établis, qu'on est vraiment un homme; et ce n'est que lorsqu'on est vraiment un homme, qu'on peut gouverner les autres hommes. De là le grand cas que les anciens empereurs faisaient des rites: de là encore le dicton: « La prise du chapeau viril est » le commencement des rites; et parmi les choses agréables (1), c'est » une des plus importantes. » Pour ces motifs, les anciens faisaient grand cas de la prise du chapeau viril. De ce qu'ils faisaient grand cas de cette cérémonie, ils l'accomplissaient dans le temple des ancêtres: de ce qu'ils la pratiquaient dans le temple des ancêtres, ils l'estimaient comme une grande chose: de ce qu'ils l'estimaient comme une grande chose, ils n'osaient pas se l'arroger, (mais ils en laissaient virtuellement la pratique aux aïeux): de ce qu'ils n'osaient pas s'arroger cette grande chose, ils se tenaient dans l'humilité et rendaient honneur aux ancêtres.

---

(1) La superstition, aussi ancienne que le monde, en Chine surtout, a classé les jours, les évènements, les faits, les occupations, en deux catégories; l'une heureuse, portant bonheur, ou agréable, l'autre néfaste, portant malheur, ou fâcheuse. Les hommes les plus sérieux de la Chine règlent leur conduite d'après ces idées.

CHAPITRE XXXI.

HUEN-I.

SIGNIFICATION DU RITE DU MARIAGE.

Par le rite du mariage on accomplit l'union entre deux personnes de nom différent (1), afin de servir, au-dessus de soi, les aïeux dans leur temple, et de continuer, au-dessous de soi, les générations qui doivent suivre. Aussi le sage fait-il grand cas de ce rite.

Le respect, l'attention, l'estime et la rectitude, d'abord, l'affection ensuite, sont les points importants dans les rites: c'est par là qu'on met la distinction voulue entre l'homme et la femme, et qu'on détermine les devoirs entre époux. En effet, lorsqu'on a établi la distinction voulue entre l'homme et la femme, les époux ont leurs devoirs marqués; lorsque les époux sont dans le devoir, l'affection se développe entre le père et les enfants: quand l'affection existe entre le père et les enfants, le souverain et les sujets remplissent exactement leurs devoirs réciproques (2). De là cet adage: « Le rite du mariage est la source des rites. » En matière de rites, la prise du chapeau viril est donc le commencement, le mariage est la racine, le deuil et les sacrifices sont les choses importantes, les visites que les seigneurs font à l'empereur, ou qu'ils se font entre eux sont des témoignages de respect, (les rites) de tirer de l'arc et de boire du vin au district sont des preuves de concorde. Voilà quels sont dans les rites les points les plus importants.

Dans les anciens temps, l'impératrice avait établi six catégories de

---

(1) Les Chinois ont tellement en horreur les mariages entre consanguins, que de temps immémorial ils ont posé pour loi fondamentale que jamais le mariage ne pourrait s'accomplir entre deux personnes portant le même nom de famille, quoiqu'il n'existe entre elle aucune trace de parenté. Ils supposent que les nombreuses familles portant le même nom sont des ramifications provenant d'une souche commune, et ils ont peut-être raison, vu le soin scrupuleux avec lequel on a toujours conservé chez eux l'identité du nom. Voyez page 60.

(2) On regarde en Chine comme essentiellement liés la piété filiale et la fidélité au souverain, l'amour des sujets, et la justice dans l'administration. Aussi dit-on que pour avoir un bon ministre ou un fonctionnaire fidèle, le souverain doit aller le chercher dans une famille où le respect et la piété filiale sont héréditaires.

dames du palais, dont trois **Fu-jèn**, neuf **Pin**, vingt-sept **Xe-fu** et quatre-vingt-une **Iŭ-tsi** (1), lesquelles étaient chargées de connaître des affaires relatives aux femmes dans tout l'empire, et de mettre en grand relief la soumission (qui est du devoir) de la femme; car, dès que dans l'empire les femmes savent conserver l'harmonie, l'ordre règne dans les familles. L'empereur, (de son côté), avait établi six catégories de fonctionnaires, dont trois **Kuñ**, neuf **Kiñ**, vingt-sept **Ta-fu** et quatre-vingt-un **Iŭèn-xe**, chargés de connaître des affaires relatives aux hommes (2) dans tout l'empire, et de donner de l'éclat à l'enseignement masculin, car, dès que l'harmonie règne parmi les hommes, l'empire est réglé. C'est pourquoi on dit: « Quand l'empereur s'occupe de l'enseignement des hommes, et » l'impératrice de la docilité des femmes, l'empereur applique la puis- » sance du principe **Iañ** et l'impératrice met en action la vertu du prin- » cipe **In** (3). Quand l'empereur s'occupe des règles qui concernent les » hommes et l'impératrice s'occupe des devoirs des femmes, l'enseigne- » ment et la soumission passent dans les mœurs, les hommes et les » femmes vivent en bon accord, l'empire et les familles sont réglés avec » ordre. » Voilà ce qu'on appelle une vertu abondante.

L'empereur est à l'impératrice ce que le soleil est à la lune, ce que le **Iañ** est au **In**; ils se prêtent un secours mutuel, et les choses s'accomplissent. L'empereur prend soin de l'enseignement des hommes, il remplit les fonctions de père; l'impératrice encourage la soumission des femmes,

---

(1) Le nombre des catégories et des personnes, est exactement le même pour les dames du palais que pour les grands dignitaires et les officiers de la cour; et c'est toujours par le multiple de 3 qu'on passe d'une catégorie supérieure à la catégorie suivante $(3.\ 3\times 3=9.\ 9\times 3=27.\ 27\times 3=81)$. Les noms donnés à ces catégories doivent être pris comme des appellatifs destinés à distinguer le 1er, le 2d, le 3e et le 4e ordre de fonctionnaires, et non pas comme exprimant, par eux-mêmes, les qualités des individus. Dans certains cas où l'on cite la partie pour le tout, p. ex. les trois **Kuñ** et les neuf **Kiñ** pour désigner l'ensemble des personnages investis de l'autorité supérieure, je ne vois pas d'inconvénient à supprimer ces titres, et à traduire dans un sens général « Les grands dignitaires: » mais ici où l'on décrit l'organisation du personnel, en fixant le nombre exact des individus de chaque catégorie, toute traduction me paraît une erreur. Un ouvrage de sinologie publié récemment a donné de ce passage une traduction qui est une véritable curiosité; les amis de l'auteur nous sauront gré de ne pas le reproduire ici.

(2) Voir page 127 pourquoi l'expression **Néi**, Dedans, est employée pour désigner les Femmes, et celle de **Wai**, Dehors, pour désigner les Hommes.

(3) Le **Iañ** est le principe de la force, du commandement et de la masculinité; le **In** est le principe de la faiblesse, de la soumission et de la féminité; mais le concours des deux est nécessaire pour qu'il y ait harmonie dans la nature.

elle remplit les fonctions de mère. C'est pour cela qu'on dit: « L'empe-
» reur et l'impératrice sont comme le père et la mère. »

CHAPITRE XXXII.

HIAÑ-IN-TSIEU-I.

SIGNIFICATION (DU RITE) DE BOIRE DU VIN DANS LES DISTRICTS (1).

La signification (du rite) de boire du vin dans les districts (implique
ce qui suit). Le chef (2) de la cérémonie va saluer et recevoir l'hôte
principal, en dehors de la porte du collège (3). Etant entrés, ces deux
personnages se font trois salutations, en baissant les mains jointes devant
eux, et vont ensuite jusqu'à l'escalier. Là, ils se cèdent trois fois la préséance, puis ils montent: tout cela a pour but de provoquer l'estime et
la condescendance. On se lave les mains, on rince et on élève les coupes,
afin de pratiquer la propreté. On salue à l'arrivée; on salue en lavant;
on salue en acceptant (à boire); on salue en offrant (à boire); on salue
quand on a fini (de boire); tout cela afin de donner cours au respect.
L'estime, la condescendance, la propreté et le respect sont donc les choses
que les sages font intervenir dans leurs rapports mutuels. Dès que les
sages s'honorent et se cèdent la préséance, il n'y a pas de rivalité: dès
qu'ils observent la propreté et le respect, il n'y a pas de mépris: dès
qu'il n'y a ni mépris, ni rivalité, il ne s'élève ni luttes, ni contestations:
dès qu'il n'y a ni luttes, ni contestations, on ne voit pas surgir la calamité de l'oppression et de la révolte. C'est de cette manière que le sage
parvient à se soustraire aux calamités de la part des hommes.

L'hôte principal et le chef de la cérémonie figurent le ciel et la terre:

---

(1) La cérémonie annuelle de verser et de boire du vin en grande réunion avait lieu dans tous
les districts de l'empire; mais dans ce chapitre on ne décrit la cérémonie que comme on la pra-
tiquait dans les six districts de la province centrale dont l'empereur se réservait l'administration
immédiate.

(2) Littéralement, Le Maître, pour désigner celui qui présidait à la cérémonie, et qui était,
d'habitude, le premier fonctionnaire, ou le personnage le plus distingué de l'endroit.

(3) Les réunions pour cette fête avaient lieu principalement dans les collèges, ainsi que les
exercices du tir de l'arc, parce que c'étaient les édifices les plus vastes et, par conséquent, les plus
propres à recevoir beaucoup de monde.

l'assistant de l'hôte et l'assistant du chef (1) figurent les principes In et Iañ: les trois hôtes de second ordre figurent les trois lumières (2): la cérémonie de céder trois fois la préséance, figure les trois jours où la lune (à son renouvellement) montre son disque en pénombre (3): la coutume de s'asseoir aux quatre côtés figure les quatre saisons.

Entre le ciel et la terre, le vent rigoureux et glacial commence à souffler du sud-ouest, et atteint le maximum de sa force au nord-ouest: ceci est, entre le ciel et la terre, le vent de la sévérité; c'est le vent de la justice. Entre le ciel et la terre, le vent extrêmement doux commence au nord-ouest, et est dans toute sa vigueur quand il a atteint le sud-est (4): ceci est, entre le ciel et la terre, le vent de la vertu exubérante (qui fait naître toutes choses); c'est le vent de l'amour. (Par imitation de ce qui se passe dans la nature), le chef de la cérémonie honore son hôte, et en conséquence il le fait asseoir au nord-ouest, et fait asseoir l'assistant de l'hôte au sud-ouest, afin que celui-ci assiste l'hôte. Dans ses rapports avec ceux (qui participent à la fête), l'hôte observe les convenances: c'est pourquoi il s'assied au nord-ouest. Dans ses rapports avec les gens (qui accompagnent l'hôte), le chef de la cérémonie se livre à l'affection, afin

---

(1) Il y avait dans cette cérémonie 1° le chef et son assistant; 2° l'hôte principal qui était censé représenter tous les autres hôtes, et qui avait aussi son assistant; 3° trois hôtes qui formaient une catégorie secondaire; 4° enfin, la foule des hôtes, en nombre indéterminé, auxquels on ne rendait directement aucun honneur, puisqu'ils étaient censés recevoir tous les honneurs rendus à l'hôte principal.

(2) Ordinairement, quand on dit Les Trois lumières, on entend par là le soleil, la lune et les étoiles: mais ici il n'est pas possible d'admettre cette explication, vu qu'un peu plus bas (page 184) on cite ces Trois lumières indépendamment du soleil et de la lune cités aussi dans la même phrase. Les commentateurs disent qu'il faut entendre par là les trois constellations les plus brillantes du firmament, qu'ils appellent **Sin**, **Fa** et **Po-chèu**, et que je crois correspondre en partie à Orion, au Scorpion et au Navire.

(3) La comparaison est fort éloignée: elle veut dire que de même que la lune ne recevrait pas de lumière si le soleil ne lui en accordait; de même l'hôte ne recevrait pas tant d'honneurs si le chef de la cérémonie ne les lui rendait.

(4) Les observations météorologiques sur lesquelles reposent ces allégations, doivent avoir été faites fort avant dans l'intérieur des terres, là où les vents subissent l'influence des plaines glacées de la Tartarie et des hautes montagnes qui séparent la Chine du Thibet; car, dans la mer et sur les côtes de la Chine, c'est précisément le contraire qui a lieu. Pendant l'hiver, c'est la mousson du nord-est qui règne, variant, tantôt au nord, tantôt à l'est, rarement au nord-ouest; tandis que pendant les chaleurs de l'été le vent souffle régulièrement du sud-ouest, fléchissant un peu vers le sud, ou vers l'est, suivant que la mousson est à sa période d'accroissement ou de déclin. C'est généralement dans le cours de cette mousson qu'ont lieu ces ouragans terribles connus sous le nom de Typhons.

d'entourer d'estime la vertu (de chacun): c'est pourquoi il s'assied au sud-est, et qu'il fait asseoir son assistant au nord-est, afin qu'il l'assiste. Quand l'affection et la conformité aux convenances président aux rapports personnels; que l'hôte et le chef de la cérémonie ont chacun leur occupation, que les plateaux et les coupes sont en nombre déterminé, on dit qu'il y a concours de qualités éminentes: quand ces qualités éminentes existent, et qu'on y ajoute le respect intérieur, on dit qu'il y a rite: quand le rite sert à établir la distinction voulue entre les personnes plus âgées et les plus jeunes, on dit qu'il y a vertu: on appelle vertu ce qu'on a acquis dans sa personne. C'est pourquoi on dit: « Les anciens » pratiquaient la coutume (de boire du vin dans les districts) afin de se » pénétrer personnellement de vertu. » Pour ce motif, les hommes de qualités éminentes s'appliquaient avec soin (à la pratique de cette cérémonie).

Dans la cérémonie de boire du vin dans le district, les hommes de soixante ans s'asseoient; ceux de cinquante ans restent debout sur les côtés, prêts à recevoir et à exécuter les ordres qu'on peut leur donner, de manière à faire éclater leur respect pour leurs aînés. Aux hommes de soixante ans on sert trois coupes; à ceux de soixante-dix on en sert quatre; à ceux de quatre-vingts on en sert cinq, et à ceux de quatre-vingt-dix on en sert six, afin de démontrer clairement que, même dans la nourriture qu'on sert aux vieillards, (on a égard à leur âge respectif). Que le peuple sache d'abord honorer les personnes plus âgées que soi et nourrir les vieillards, et ensuite il pourra dans l'intérieur de la famille pratiquer la piété filiale et l'amour fraternel. Quand au dedans de la maison le peuple pratique la piété filiale et l'amour fraternel, et qu'au dehors il honore ses aînés et nourrit les vieillards, alors son enseignement est parfait: quand l'enseignement est parfait l'empire peut jouir du repos. Ce que le sage appelle enseignement, n'exige pas qu'on aille chez (ceux qu'on doit enseigner) et qu'on les voie tous les jours: il suffit de les assembler au lieu du district où l'on tire de l'arc, de leur enseigner le rite de boire du vin au district, et les vertus de piété filiale et d'amour fraternel se trouvent par là établies.

Confucius dit: « Quand je vois (la cérémonie de boire du vin) au district, je comprends que la méthode de gouverner est extrêmement facile. Le chef de la cérémonie va en personne inviter l'hôte principal avec son assistant, et la foule des autres hôtes le suit d'elle-même. Arrivés à la porte, en dehors, le chef de la cérémonie fait des salutations à l'hôte principal, ainsi qu'à son assistant, et la foule des autres hôtes entre d'elle-même : on distingue par là ce qui convient aux personnes en dignité, de ce qui convient aux gens ordinaires. »

« Un chanteur entre, monte (au salon de réunion) et y chante trois odes à la fin desquelles le chef de la cérémonie lui offre à boire : un joueur de flûte entre, et joue trois airs à la fin desquels le chef de la cérémonie lui offre à boire. Ensuite on chante et on joue alternativement trois morceaux à la fin desquels (les deux musiciens) exécutent ensemble trois autres airs. Quand ces airs sont finis, le chanteur avertit (l'auditoire) que la musique est terminée, ensuite il s'en va. Alors, une personne lève la coupe (pour indiquer que la cérémonie commence) et on désigne un officier ordonnateur (de la cérémonie). Je vois en cela qu'il peut exister une union intime, sans qu'il en résulte du désordre. »

« La distinction clairement établie entre les personnes en dignité et les gens du commun ; la distinction établie (entre les différents âges) par le nombre plus ou moins grand (de coupes qu'on sert à chacun d'eux) ; l'union intime exempte de désordre ; la part faite aux plus âgés et aux plus jeunes, sans que personne ne soit oublié ; le repos et les doux loisirs sans excès ; ces cinq sortes d'actions ont le pouvoir de rectifier l'individu, et de maintenir la tranquillité dans un royaume : (or, si par ces moyens) un royaume peut jouir de la tranquillité, tout l'empire peut également en jouir. Voilà pourquoi je disais qu'en voyant (la cérémonie de boire du vin) dans le district, je comprenais combien la méthode de gouverner l'empire est facile. »

D'après le sens qu'on attache au rite de boire du vin dans le district, on institue l'hôte principal pour figurer le ciel ; on institue le chef de la cérémonie pour figurer la terre ; on donne deux assistants (à ces personnages), afin de figurer le soleil et la lune, et on institue trois hôtes (secondaires) pour figurer les trois lumières (1). En instituant ce rite, les anciens ont pris le ciel et la terre pour figure générale, le soleil et la lune pour figures secondaires, et les trois lumières pour figures variées. Voilà la source de l'enseignement public.

L'hôte principal est nécessairement tourné vers le sud. Le côté de l'est

---

(1) Voici la phrase dont nous avons parlé plus haut (page 182) qui s'oppose à ce que les trois lumières signifient le soleil, la lune et les étoiles, et où quelques uns voient Sirius, Antarès et Canopus.

se rapporte au printemps: quand on dit **Chuen**, « Printemps, » c'est comme si on disait **Chuen**, « Ver sans yeux qui marche lentement (1); » ce qui (dans cette saison) fait pousser toutes choses, c'est la vertu transcendante de la nature (2). Le côté du sud se rapporte à l'été: quand on dit **Hia**, « Eté, » c'est comme si on disait **Kia**, « Grand; » ce qui (dans cette saison) nourrit toutes choses, les fait croître et les fait grandir, c'est la vertu aimante de la nature. Le côté de l'ouest se rapporte à l'automne: quand on dit **Tsieu**, « Automne, » c'est comme si on disait **Tsieu**, « Recueillir; » la récolte se fait dans un temps sévère (qui dépouille de leurs feuilles tous les végétaux, sans en épargner aucun); c'est la stricte observance de la justice. Le côté du nord se rapporte à l'hiver: quand on dit **Tuñ**, « Hiver, » c'est comme si on disait **Chuñ**, « Dedans; » le mot « Dedans » est synonyme de « Mettre en réserve. » Il résulte de là que lorsque l'empereur se tient debout, il a à sa droite la vertu transcendante de la nature (c'est-à-dire l'est); en face de lui la vertu aimante de la nature (c'est-à-dire le sud); à sa droite la justice, et derrière lui la vertu réservatrice de la nature.

L'assistant de l'hôte principal est nécessairement tourné vers l'est, et placé entre l'hôte et le chef de la cérémonie. Le chef de la cérémonie est nécessairement placé du côté de l'est. (En effet, de même que) l'est se rapporte au printemps, que qui dit **Chuen** « Printemps » dit **Chuen** « Ver sans yeux à marche lente, » et que cette saison produit toutes choses; de même c'est le maître de la cérémonie qui fait le festin et qui fournit tout ce qui le compose. (Dans sa révolution mensuelle) la lune a

---

(1) La méthode par laquelle l'auteur procède est des plus excentriques, et participe, tout à la fois du calembour, de l'allégorie et du mysticisme. Il commence par baser ses comparaisons sur la ressemblance de certains sons, ou sur l'homophonie de certains mots; ensuite, il cherche dans le sens propre à ces mots homophones, ou à peu près semblables, des rapprochements avec son sujet principal; et comme ces rapprochements sont loin d'être naturels ou simplement plausibles, il met son esprit à la torture, et va chercher dans l'action mystérieuse de la nature des points de contact que personne ne soupçonnerait. Ainsi, dans le son **Chuen** il trouve une analogie naturelle entre la marche lente et progressive d'un ver sans yeux, et la marche également lente et progressive de la végétation au printemps. Dans les sons ressemblants de **Hia** et **Kia** il trouve un rapport direct entre la grandeur, et l'action qui fait grandir les plantes pendant l'été. Il en est de même des autres sons. Dans l'esprit de beaucoup de Chinois, cette façon de raisonner renferme une grande profondeur, mais à mon sens, il n'y a là qu'un jeu puérile de mots et d'idées creuses.

(2) On a ici un exemple remarquable de la grande élasticité de signification dont est susceptible le mot **Xeñ**, dont nous avons déjà eu occasion de parler page 44.

trois jours où son disque est en pénombre : trois lunes forment une saison ;
de là les trois cessions de préséance qui ont lieu dans cette cérémonie.
Et (de même qu'en) fondant un royaume il est indispensable d'établir
trois (grands dignitaires) Kiû, (de même) les trois hôtes secondaires sont
la source de l'enseignement public, et apportent une grande variété dans
le rite (1).

CHAPITRE XXXIII.

XOE-I.

SIGNIFICATION (DU RITE) DE TIRER DE L'ARC.

Anciennement, lorsque les seigneurs (voulaient pratiquer le rite) de
tirer de l'arc, ils ne manquaient jamais d'observer auparavant le rite du
festin. Les grands dignitaires Kiû, Ta-fu et Xe (qui voulaient pratiquer le
rite) de tirer de l'arc, ne manquaient jamais de remplir auparavant le
rite de boire du vin au district. Le rite du festin mettait en évidence ce
qui convenait au souverain et ce qui convenait aux sujets : le rite de boire
du vin dans le district faisait ressortir la gradation entre les plus âgés et
les plus jeunes.

Ceux qui tirent de l'arc doivent, soit en avançant, soit en se retirant,
soit en circulant, se conformer toujours au cérémonial. Au dedans, leurs
sentiments doivent être droits ; au dehors, leur maintien doit être régulier ; et ce n'est qu'après (être ainsi préparés, qu'ils doivent) prendre
l'arc et les flèches, et viser juste et avec force. Quand on a pris l'arc et
les flèches, qu'on vise avec précision, et qu'on y met de la vigueur, alors
on peut parler d'atteindre le but, car, c'est par là qu'on peut reconnaître
la vertu (de celui qui tire (2)).

---

(1) S'il n'y avait que l'hôte principal et la foule des hôtes qu'il représente, il n'y aurait pas
grande variété dans le rite, parce qu'il n'y aurait que deux catégories de personnes. Les trois
hôtes secondaires apportent plus de variété, parce qu'ils servent d'intermédiaires entre les uns et
les autres, et qu'ils forment une catégorie de plus ayant son cérémonial propre.

(2) Dans leur théorie des rapports naturels de tous les êtres, les Chinois ont imaginé que celui
qui a le cœur droit tire de l'arc avec une grande justesse. D'après cette persuasion, les anciens
souverains faisaient tirer de l'arc en leur présence par les candidats à la magistrature, et nom-
maient les bons tireurs à des emplois plus ou moins importants, suivant leur degré d'habileté.

La mesure à garder dans le tir (est basée sur les règles suivantes):
l'empereur a pour mesure l'ode Cheu-iü (1): les seigneurs ont pour mesure l'ode Li-xeu; les grands dignitaires Kiñ et Ta-fu ont pour mesure l'ode
Tsai-pin: les Xe ont pour mesure l'ode Tsai-fan. Dans l'ode Cheu-iü on se
réjouit de ce que le nombre des magistrats est au complet (2); dans l'ode
Li-xeu on se réjouit de ce que les assemblées de cour ont lieu aux époques
voulues (3); dans l'ode Tsai-pin on se réjouit de l'accomplissement des
devoirs; dans l'ode Tsai-fan on se réjouit de ce qu'il n'y a pas infraction
aux devoirs de son emploi. De là, l'empereur prend pour mesure, (non
pas précisément un certain nombre de vers de l'ode Cheu-iü, mais le sens
moral qu'elle renferme, savoir), l'état de la magistrature au complet; les
seigneurs, également, prennent pour mesure le devoir d'aller faire leur
cour à l'empereur à des époques déterminées; les (grands dignitaires)
Kiñ et Ta-fu prennent pour mesure l'accomplissement des devoirs; et les
Xe prennent pour mesure l'absence de toute infraction aux devoirs de leur
emploi. Aussi, quand on comprend bien la pensée de sa mesure, et qu'on
la met à profit en ne manquant pas aux choses qui s'y rattachent, les
œuvres qu'on entreprend réussissent, et la vertu s'établit. Quand la vertu
est bien établie, il ne survient plus la calamité de l'oppression et de la
révolte; et quand les œuvres ont réussi, l'empire est tranquille. Voilà
pourquoi on dit: « C'est au tir de l'arc qu'on peut voir si quelqu'un
» abonde en vertu. »

Pour ces motifs, dans les anciens temps l'empereur se servait du tir
de l'arc pour choisir les vassaux (4) et les (fonctionnaires) Kiñ, Ta-fu et

---

(1) Pendant le tir de l'arc, on jouait ou chantait un air qui servait de mesure pour le dé-
cochement de la flèche. Le tireur visait pendant une partie de l'air, et lorsqu'on arrivait, ou à un
passage désigné à l'avance, ou à la fin de l'air, il était tenu de lâcher le coup. Cette pratique avait
pour but d'habituer à tirer au commandement, et de soumettre cet exercice à la règle et au cérémonial, comme tous les autres actes de la vie sociale.

(2) Le nombre des magistrats n'est au complet, que parce qu'il y a dans l'empire un grand
nombre d'hommes vertueux, parmi lesquels le souverain peut choisir ses fonctionnaires. La joie
qu'inspirait l'ode en question portait donc sur la vertu.

(3) L'exactitude que mettaient les vassaux à aller, au temps voulu, rendre hommage à l'empereur, prouvait qu'ils étaient fidèles au suzerain et qu'ils ne couvaient aucun projet d'insubordination.

(4) Cette épreuve peut avoir été appliquée lors de l'institution primitive des fiefs; mais elle
n'était plus applicable après, vu que les principautés étaient héréditaires, et qu'en l'absence d'un
héritier direct, le prince feudataire nommait lui-même son successeur, sous l'approbation du suzerain. Pour les fonctionnaires des différents ordres, le choix impérial a pu quelquefois être déter-

Xc. Le tir de l'arc est une chose essentielle pour les hommes: et par surcroît elle est embellie par les rites et la musique: aussi, parmi les choses qui embrassent à la fois les rites et la musique, (parmi les choses) qui peuvent se pratiquer le plus de fois et qui fondent la vertu, il n'y en a pas de comparable au tir de l'arc. Voilà pourquoi les empereurs éminents s'en occupent beaucoup.

Anciennement, les empereurs ont établi que les princes feudataires leur présenteraient tous les ans des hommes choisis auxquels l'empereur faisait subir des épreuves dans le lieu destiné au tir de l'arc. Si l'extérieur de leur personne était conforme au cérémonial, si leur manière de suivre la mesure (en tirant de l'arc) s'accordait avec la musique, si, enfin, ils atteignaient beaucoup de fois le but, ils obtenaient d'être associés aux sacrifices (que l'empereur offrait). Si, au contraire, leux extérieur n'était pas conforme au cérémonial, si leur mesure ne s'accordait pas avec la musique, si, enfin, ils atteignaient peu de fois le but, ils n'obtenaient pas d'être associés aux sacrifices. Quand ils étaient souvent associés aux sacrifices, leur prince gagnait de la faveur; quand ils étaient rarement associés aux sacrifices, leur prince subissait de la défaveur. Si la faveur se portait souvent (sur un prince feudataire, l'empereur) augmentait son fief; mais si c'était la défaveur qui revenait souvent, on lui rognait son fief. De là l'adage: « Qui tire de l'arc fait son prince en tirant. » Aussi, chez les princes feudataires le souverain et les sujets appliquent toutes leurs pensées au tir de l'arc et s'habituent au cérémonial et à la musique (qui servent de règle au tir): et dès que le souverain et les sujets s'habituent au cérémonial et à la musique, il est inouï que (l'état où cela se pratique) soit renversé.

Le livre des Vers dit (1): « Votre arrière-petit-fils (2), le prince

---

miné par ce singulier moyen de constater la droiture morale; mais l'histoire des temps anciens nous apprend assez que les dignités et les places lucratives ont été plus souvent la proie de l'intrigue que la juste récompense de la vertu.

(1) L'ode d'où est extrait ce passage est perdue. On ne la trouve plus dans le livre des Vers, tel que nous le possédons, soit que Confucius l'ait rejetée, soit qu'elle ne fût point parvenue à sa connaissance lorsqu'il arrêta le texte du Xe-kiñ. Quelle que soit la vraie de ces deux suppositions, il en résulte que ce passage du Li-ki est antérieur au grand philosophe, et qu'il a dû faire partie des fragments épars avec lesquels cet ouvrage a été composé depuis.

(2) Ces paroles s'adressent au grand aïeul, auquel le poète est censé raconter dans le temple des ancêtres, comment se conduit son descendant.

» actuel, prend quatre fois la coupe, et fait tout (ce qu'exige le céré-
» monial de la fête. Parmi les dignitaires) Ta-fu et les fonctionnaires de
» tous ordres, grands et petits, il n'en est aucun, ayant un emploi, qui
» ne se rende auprès de son souverain pour les rites du banquet et du
» tir de l'arc: là, ils trouvent du repos et de la célébrité. » Cela veut
dire que le souverain et les sujets appliquent mutuellement toutes leurs
pensées au tir de l'arc, et qu'ils s'habituent au cérémonial et à la musique, d'où résultent le repos et la renommée. C'est pour cela que l'empereur a institué ce rite, et que ses vassaux en font leur occupation: l'empereur s'en sert comme d'un moyen de protection à l'égard des princes
feudataires, sans employer des troupes, et ceux-ci en font comme l'instrument de leur droiture.

Qui dit Tirer de l'arc, dit Viser au but, ou bien Atteindre le but.
Viser au but, c'est lorsque chacun vise à la réalisation de ses pensées:
aussi, lorsque le cœur est dans une parfaite régularité de maintien, on
prend l'arc et les flèches, et on vise avec précision et avec vigueur; quand
on vise ainsi juste et fort (1), on atteint le but. C'est pourquoi on dit:
« Le père vise à un but de père (2); le fils vise à un but de fils; le
» souverain vise à un but de souverain; le sujet vise à un but de sujet; »
chaque tireur ayant ainsi son but spécial auquel viser. De là, le grand
tir impérial se nomme Xœ-heu, ce qui signifie Tir où l'on fait des
feudataires; car, ceux qui dans ce tir d'arc atteignent le but sont faits
feudataires, tandis que ceux qui ne l'atteignent pas ne sont pas faits
feudataires (3).

Lorsque l'empereur est sur le point d'offrir un sacrifice, il ne manque
pas auparavant de faire exercer au tir de l'arc (dans le local nommé)

---

(1) L'expression de Viser fort, Viser avec vigueur, ne signifierait rien si elle s'appliquait aux
armes à feu, où les efforts musculaires de celui qui tire ne font rien à la justesse du coup; mais
elle est parfaitement exacte dans le tir dont il s'agit ici; car, il faut employer de la force pour
tendre la corde de l'arc, et le coup de flèche est d'autant plus juste, qu'on a mis plus de vigueur
à le décocher.

(2) Pour comprendre ce langage, tantôt figuré, tantôt direct, il faut se rappeler que l'auteur
regarde le tir d'arc comme l'image de la pratique du devoir, ou comme un exercice qui engage
et habitue à l'accomplissement des devoirs. La cible, c'est le devoir de chacun: les flèches qui
atteignent la cible sont les actes par lesquels on remplit son devoir. Par conséquent, le père qui
tire de l'arc voit dans la cible les devoirs qu'il a à remplir en sa qualité de père, et dirige ses
efforts vers ce but. Il en est de même du fils, du souverain et du sujet.

(3) Voyez ce qui a été dit à ce sujet page 187.

Tsœ (1): c'est l'endroit où l'on choisit les sujets distingués. Quand le tir est fini dans l'endroit nommé Tsœ, on tire dans le local nommé Xœ-kuñ (2). Celui qui atteint le but obtient d'être associé au sacrifice; celui qui n'atteint pas le but n'obtient pas d'être associé au sacrifice. En n'obtenant pas d'être associé au sacrifice (que l'empereur offre à ses aïeux, le mauvais tireur est cause que le prince feudataire dont il est le sujet) subit la défaveur et une diminution de territoire: en obtenant d'être associé au sacrifice, (le bon tireur est cause que le prince dont il dépend) gagne de la faveur et une augmentation de territoire. C'est ainsi qu'on avance en dignité et qu'on perd en juridiction.

A la naissance d'un enfant mâle, (on suspend au côté gauche de la porte d'entrée) un arc en bois de mûrier, et six flèches en tiges de chanvre (3), pour indiquer qu'il doit tirer de l'arc en haut, en bas, et aux quatre points cardinaux de la terre; car, pour l'homme, il y a affaire en haut, en bas et aux quatre coins du monde. Aussi, doit-il d'abord penser sérieusement aux devoirs qu'il a à remplir, et ne se hasarder qu'ensuite à recevoir des appointements, imitant en cela (la mère qui suspend l'arc et les flèches, symboles des devoirs de son nouveau-né, avant de lui) donner de la nourriture.

Le tir de l'arc rentre dans la doctrine de l'amour du prochain. On travaille à se perfectionner soi-même, et après qu'on s'est perfectionné on tire des flèches. Si dans son tir on n'atteint pas le but, on ne se fâche pas contre ceux qui l'emportent sur soi, mais on fait un retour sur soi, et on ne s'en prend qu'à soi-même: voilà tout.

---

(1) Le mot **Tsœ** par lui-même signifie Etang: mais on l'appliquait figurativement au local où l'empereur faisait tirer de l'arc, parce que l'édifice où se trouvait ce local était situé sur le bord de l'étang naturel ou artificiel que les Chinois ont regardé de tout temps comme un embellissement indispensable des riches demeures.

(2) C'était une vaste galerie du collège impérial ayant une étendue suffisante pour le tir à la flèche et pour les grands festins de cérémonie.

(3) Le bois de mûrier n'a ni la dureté, ni l'élasticité nécessaires pour faire des arcs de bonne qualité; et les tiges creuses et légères du chanvre ne peuvent pas faire de bonnes flèches. Ce n'était donc point pour l'usage qu'on suspendait des armes de ce genre à la porte de la maison lorsqu'il naissait un enfant mâle; mais uniquement pour servir de symboles du devoir qui pèse sur tout homme, de défendre la patrie au besoin, et de pratiquer les vertus que, selon les anciens Chinois, le tir d'arc développe ou accompagne. Trois jours après la naissance de l'enfant, on faisait une fête, et un des parents ou des amis de la famille remplissait, au nom du nouveau-né, la cérémonie de tirer les six flèches, l'une au ciel, l'autre en terre, et les quatre autres aux quatre points cardinaux. Quand il naissait une fille on accrochait un mouchoir au côté droit de la porte, et là se bornait tout le cérémonial.

CHAPITRE XXXIV.

IEN-I.

SIGNIFICATION (DU RITE) DU FESTIN.

Parmi les fonctionnaires institués anciennement par la dynastie des Cheu (1), il y a le magistrat nommé Xu-tze dont les fonctions sont d'apprendre aux fils aînés des princes feudataires, des Kiñ, des Ta-fu et des Xe à remplir dignement la place (du père auquel ils sont appelés à succéder). Il est chargé de leur donner les préceptes et les enseignements qui les forment : il distingue leur rang (à la cour) et règle convenablement leur place (au collège). Si, dans l'état, il surgit quelque grande affaire, il les conduit tous au fils aîné du souverain qui les emploie à son gré. S'il survient une guerre, il leur donne des chars et des cuirasses. Il règle les compagnies de soldats (qu'ils sont chargés de commander) et désigne ceux d'entre eux qui doivent avoir un commandement supérieur, en les organisant d'après les règlements militaires. Le ministre de la guerre ne met pas (ces jeunes gens) en réquisition, et pour toutes les corvées publiques, on les considère comme des personnages libres de toute occupation (pénible, auxquels on doit laisser du loisir), afin qu'ils cultivent la vertu, et étudient la pratique du bien. Au printemps, (le Xu-tze) les réunit dans le collège; en automne, il les réunit dans le local destiné au tir de l'arc, afin d'examiner ce qu'ils ont appris, et les faire monter ou descendre en grade (2).

---

(1) L'auteur parlant ici des Cheu comme d'une ancienne dynastie, quelques critiques en concluent qu'il écrivait sous la dynastie suivante des Tsin. D'autres disent, avec plus de logique peut-être, que puisque les Cheu ont régné plus de neuf siècles, l'auteur pouvait très-bien, en écrivant vers la fin de cette dynastie, qualifier d'anciennes les institutions qui dataient des commencements de leur règne. Selon moi, il y a du vrai dans les deux opinions, car il est indubitable qu'une foule de passages ne peuvent avoir été écrits que sous les Cheu, tandis que d'autres appartiennent au temps des Tsin sous lesquels la compilation et les divers remaniements du Li-ki ont eu lieu. Voyez ce qui a été dit dans ce sens page 161.

(2) Ce passage est reproduit avec quelques légères variantes dans le Cheu-li, ou « Rites de la dynastie des Cheu » livre 2, art. Hia-kuan, § Xu-tze, et figure, par conséquent, dans la traduction de cet ouvrage qui a, dit-on, coûté la vie à feu E. Biot. Mais il faut, de deux choses l'une ; ou bien, que le laborieux traducteur n'ait pas parfaitement saisi le sens du texte chinois, ou bien

Quand le souverain commence (à verser du vin) aux hôtes suivant
leur rang, et qu'il a accordé (à quelques uns d'entre eux) la faveur

---

que les commentateurs qu'il a suivis diffèrent considérablement des miens; car, nous sommes loin
de trouver le même sens dans les mêmes mots, ainsi qu'on peut en juger par la comparaison de
la traduction rivale que voici:

« L'attaché aux fils de dignitaires est chargé de conduire les suppléants des fils de l'état.
» Il s'occupe de leur réglement spécial; il dirige leurs études; il distingue leurs rangs et déter-
» mine leurs positions dans les cérémonies. S'il y a dans le royaume une grande solennité, il
» se met à la tête des fils de l'état et les présente au prince héritier, lequel seul dispose
» d'eux. S'il y a une prise d'armes, de cuirasses, alors il leur donne des chars et des cuirasses;
» il groupe leurs escouades, leurs compagnies. Il constitue leurs officiers qui les dirigent d'après
» le réglement de l'armée. Le commandant des chevaux ne les astreint pas au service régu-
» lier. En général, les services réguliers pour le compte de l'état ne les atteignent pas... En
» général, dans tous les services commandés au nom de l'état, les fils de l'état y assistent comme
» aide-amateurs. Il leur recommande de s'exercer à la vertu, d'étudier la bonne voie. Au prin-
» temps, il les réunit dans le collège. En automne, il les réunit au tir d'arc pour examiner leur
» degré d'instruction, pour régler leur ordre d'avancement relatif (tom. 2, pag. 218 et suiv.) »

En consultant les textes commentés qui ont servi de base aux deux traductions en présence, les
sinologues jugeront facilement laquelle des deux hypothèses ci-dessus est la vraie. Quant à moi,
je bornerai mon examen aux observations suivantes.

1° Il est vrai que le caractère **Tsuéi** a souvent la signification de Suppléant, Remplaçant;
mais au commencement de ce chapitre il signifie « Ce qui concerne les suppléants, » et non
pas les suppléants eux-mêmes. C'est pour avoir méconnu cette modification du sens primitif,
que M. Biot s'est trouvé conduit à admettre une catégorie de personnes qui n'a jamais existé,
celle des « Suppléants des fils de l'état » dont lui-même ne parle plus dans la suite de la période, quoiqu'il l'ait admise dans le commencement comme étant l'objet spécial des soins du
Xu-tze. Au lieu d'avoir des suppléants, les fils de l'état sont eux mêmes les suppléants, ou pour
mieux dire, les futurs remplaçants de leur père, ainsi que mes commentateurs l'affirment dans
les termes les plus précis; **Tsuéi Wéi Fu che fu œi** « On appelle **Tsuéi**, disent-ils, le remplaçant du père. »

2° Les fils aînés des grands n'étaient point groupés en escouades ou en compagnies. Sans re-
courir à l'histoire qui est décisive à cet égard, le texte et la raison suffisent pour démontrer que
les compagnies dont il est ici question étaient formées par le **Xu-tze** avec des recrues ordinaires
que ces jeunes gens étaient appelés à commander. En effet, le texte dit qu'en cas de guerre les
fils aînés des grands recevaient des chars et des cuirasses. Or, en 1ᵉʳ lieu, les chars de guerre
n'étaient confiés qu'aux chefs, jamais aux simples soldats: en 2ᵈ lieu, il n'y avait dans chaque
char que 3 hommes armés de cuirasse, c'étaient les officiers: les autres hommes, ordinairement
en nombre de 72, étaient de simples archers dépourvus de cuirasse (voyez la grande Encyclopédie
Iü-hai, livre 136, **Piñ-che**, fol. 4 et suiv.): dans les compagnies de piétons, variables en nombre,
l'officier était aussi le seul qui portât cuirasse. En outre, les compagnies que le **Xu-tze** organisait
sont appelées par les commentateurs **Lièn-pi** « Compagnies réunies » ce qui indique un recrute-
ment préalable de soldats au dehors: voilà pour le texte; recourons à la raison. Quelle armée,
quels régiments pouvait-on former avec les fils aînés des grands dignitaires? Comptons. Il y avait
3 **Fu**, 9 **kiñ**, 27 **Ta-fu**, 81 **Xe**, total 120 individus: belle armée que celle de leurs enfants premier-
nés!! Tandis qu'en les donnant pour chefs à des compagnies de 50, de 20, ou de 10 hommes
seulement, on arrive à composer une force assez respectable. Dans les collèges où on les instrui-
sait, ces jeunes gens apprenaient l'art militaire: ils étaient, comme en France, les élèves de l'école

d'une coupe de vin (1), tous les hôtes descendent (les marches du salon), font deux saluts en baissant les mains jointes, et se prosternent la face contre terre (en témoignage de leur reconnaissance. Sur l'invitation du souverain), ils remontent et terminent leurs saluts, remplissant ainsi avec éclat le cérémonial que les sujets doivent observer (à l'égard de leur souverain). Le souverain répond en saluant, car il n'y a pas de politesse à laquelle on ne réponde, faisant ainsi clairement connaître les égards que le souverain (doit à ses sujets). Si les sujets font tous leurs efforts et emploient toute leur capacité dans le but d'exécuter quelque chose de méritoire pour le royaume, assurément, le souverain reconnaît cela par des dignités ou des pensions: c'est pourquoi tous les sujets appliquent leurs efforts et emploient toute leur capacité à exécuter des choses méritoires, et il en résulte la tranquillité du royaume et le repos du souverain. (Quand on dit qu') il n'y a pas de politesse à laquelle on ne réponde, cela veut dire que le supérieur ne reçoit rien gratuitement de ses inférieurs. Le supérieur doit, en effet, pratiquer clairement les principes de la rectitude, afin de diriger le peuple (dans le chemin du de-

------

polytechnique, que nous avons vus, dans de grandes commotions populaires, servir de chefs aux troupes de citoyens armés pour la défense des libertés publiques. Leur présentation au souverain, les dispositions que celui-ci prenait pour les employer d'une manière utile, prouvent assez qu'il s'agissait de nommer des officiers, et non pas d'organiser une centaine de simples soldats.

3° La dénomination de **Se-ma** s'applique au ministère ou au ministre de la guerre, et nullement à un commandant de chevaux, comme la lettre de l'expression semblerait l'indiquer. Nous avons eu occasion de parler de ce ministère page 7, en énumérant les différentes administrations qui existaient autrefois.

4° Les fils des grands dignitaires ne pouvaient pas être des « Aide-amateurs » dans les services publics, car, toute personne qui n'était pas légalement astreinte aux corvées n'avait pas la faculté d'y assister à un titre quelconque, de crainte que son intervention, affranchie de l'autorité coërcitive des inspecteurs qui commandaient, ne vint à jeter le désordre dans les travaux. Le texte dit, d'ailleurs, qu'on voulait laisser aux fils des grands le temps nécessaire pour cultiver la vertu: comment auraient-ils pu se livrer à cet exercice, tout de calme et de réflexion, s'ils avaient, en aide-amateurs ou autrement, assisté comme les autres aux corvées de l'état!

5° L'expression **Kia-pin** ne veut point dire Armes et Cuirasses: les deux mots réunis peuvent être traduits par Armes; mais dans cette circonstance il faut les traduire par Guerre, afin d'éviter qu'on ne les applique à une prise d'armes ayant pour objet des manœuvres pacifiques ou une parade.

(1) Dans cette cérémonie le souverain versait du vin dans la coupe aux grands dignitaires qui se la passaient tour à tour suivant leur rang, jusqu'aux fonctionnaires inférieurs: mais lorsque dans le nombre il y avait quelque personnage auquel le souverain voulait donner une marque particulière d'estime, il allait en personne lui remettre la coupe et lui verser du vin. Dans un grand banquet que l'empereur **Kièn-lün** donna en 1785, il versa lui-même du vin à un certain nombre de centenaires, en témoignage de son respect pour les vieillards. Voyez page 22.

29

voir): si le peuple est bien dirigé, (les avantages qui en résultent) sont l'œuvre (du souverain), et alors il peut prélever le dixième (des revenus du peuple). De cette manière, le supérieur a le suffisant, et les inférieurs ne sont pas dans la privation; d'où il s'ensuit qu'entre le supérieur et les inférieurs il règne une parfaite intelligence, et qu'ils ne se font mutuellement aucun reproche. L'harmonie et la tranquillité découlent (donc de la pratique) de la politesse. Voilà les grands devoirs du souverain et des sujets, du supérieur et des inférieurs. C'est pourquoi on dit: « Le » rite du festin fait clairement connaître les rapports de convenance qui » existent entre le souverain et les sujets. »

CHAPITRE XXXV.

PIÑ-I.

SIGNIFICATION (DU RITE) DES VISITES.

L'empereur a établi que les princes feudataires se feront une petite visite tous les ans, et une grande visite tous les trois ans (1), s'encourageant ainsi réciproquement à la courtoisie. Si le mandataire qui fait la visite (au nom de son maître) se trompe (dans la manière de remplir sa mission), le prince auprès duquel il est envoyé ne lui fait personnellement aucune invitation à dîner, afin de lui faire honte, et l'engager (à mieux s'acquitter de son devoir). Lorsque les princes feudataires s'encouragent mutuellement à la politesse, au dehors, ils ne commettent réciproquement aucune usurpation, et au dedans ils ne se font mutuellement aucune injure. C'est par ce moyen que l'empereur étend sa protection sur les princes ses vassaux sans employer des troupes; et ceux-ci en font à leur tour comme l'instrument de leur droiture.

En allant faire visite, on porte (les deux pièces de jade) Kuéi et Chañ (qui sont les signes de l'investiture princière), afin de donner de l'importance au rite. La visite une fois terminée; on remporte le Kuéi et le

---

(1) On distinguait les petites visites des grandes par le nombre et la dignité des personnages qui formaient la suite du prince visiteur, ainsi que par la quantité et la valeur des présents que celui-ci offrait.

Chan, ce qui signifie qu'on fait peu de cas de la valeur (intrinsèque de ces objets), mais qu'on fait beaucoup de cas du rite. Quand les princes feudataires s'encouragent mutuellement au mépris de la richesse, et à l'estime des rites, le peuple apprend à se faire des concessions mutuelles.

Les rites des visites et du tir d'arc sont des rites d'une grande étendue. On a beau commencer à les remplir dès l'aurore, on ne peut les terminer que quand le soleil a atteint le milieu de sa course; et encore, il n'y a que les personnes dures à la besogne qui puissent le faire. C'est pourquoi, celui qui est dur à la besogne doit employer sa force à accomplir les rites; (car, il n'y a que des hommes de cette trempe qui, se trouvant en présence) d'un vin limpide, et éprouvant la soif, s'abstiennent d'en boire; (qui ayant sous la main) des viandes apprêtées, et se sentant faim, s'abstiennent d'en manger; qui au coucher du soleil se sentant fatigués, continuent d'observer le recueillement et la gravité du maintien, sans se laisser aller au relâchement, (et tout cela uniquement) pour accomplir les rites dans tous leurs détails. (Ce n'est, en effet, que par l'accomplissement scrupuleux des rites, qu'on parvient) à établir la rectitude entre le souverain et les sujets, l'affection entre le père et le fils, l'harmonie entre les plus âgés et les plus jeunes. Cela est difficile pour la multitude; mais le sage en vient à bout: aussi dit-on de lui qu'il a un pouvoir (que les autres hommes n'ont pas). De celui qui a ce pouvoir, on dit qu'il a la justice: de celui qui a la justice, on dit qu'il a le courage (de faire tout ce qui est de son devoir). Par conséquent, ce qu'on estime dans le courage, c'est l'action pour le maintien de la justice: ce qu'on estime dans le maintien de la justice, c'est le pouvoir (exceptionnel que tous les hommes n'ont pas): ce qu'on estime dans ce pouvoir, c'est qu'il s'applique à l'accomplissement des rites: donc, ce qu'on estime dans le courage, c'est qu'il ne recule pas devant l'accomplissement des rites et de la justice.

L'homme courageux, fort et dur à la fatigue, consacre ces qualités personnelles aux rites et à la justice, lorsque l'empire est en paix; mais lorsque l'empire est en guerre, il les emploie à combattre et à vaincre. Lorsqu'il les emploie à combattre et à vaincre, il n'y a plus de résistance; lorsqu'il les consacre aux rites et à la justice, tout va régulièrement et de soi-même. (Dès qu'on parvient à faire) qu'au dehors il n'y ait plus de résistance, et qu'au dedans tout marche régulièrement et de soi-même, cela s'appelle une Vertu abondante. Voilà pourquoi les empereurs éminents ont en grande estime les hommes courageux, forts et durs au travail. Si, cependant, l'homme ayant du courage, de la dureté à la peine et de la force ne consacre pas ces qualités à remplir les rites et la justice, à combattre (pour son souverain) et à vaincre, mais qu'il les emploie aux disputes et aux rixes, on dit alors que c'est un homme de désordre : or, c'est aux hommes de désordre que s'appliquent les supplices et les châtiments en vigueur dans l'empire. De cette manière on arrive à ce que le peuple soit soumis aux lois, et que l'empire jouisse de la tranquillité.

Tze-kuñ questionna Confucius son maître en lui disant : « Oserais-je vous demander pourquoi le sage estime le jade et ne fait aucun cas de la pierre Huen (1)? Serait-ce parce que le jade est rare, et que la pierre Huen est très-commune? » Confucius répondit : « Ce n'est point parce qu'il y a de la pierre Huen en abondance qu'elle n'a aucun prix, ni parce qu'il y a fort peu de jade qu'il est très-estimé; mais c'est parce que dès les temps anciens le sage a comparé la vertu au jade. (A ses yeux), le poli et le brillant (du jade figurent la vertu) d'humanité; sa parfaite compacité et sa dureté extrême (figurent) la sûreté d'intelligence; ses angles qui ne coupent pas, (quoiqu'ils paraissent tranchants, figurent) la justice; les perles en jade qui pendent (au chapeau et à la ceinture), comme si elles tombaient, (figurent) le cérémonial; le son pur, soutenu et prolongé qu'il rend, (quand on le frappe), et qui à la fin s'arrête brusquement (2), (figure) la musique; l'impossibilité qu'il y a (dans le jade) à ce que ses mauvaises nuances cachent les jolies, ou que les jolies nuances cachent les mauvaises (3), (figure) la loyauté; les accidents existants à l'intérieur du jade, mais paraissant au dehors, (figurent) la sincérité; son éclat irisé, semblable à celui de l'Iris, (figure) le ciel; son admirable substance, extraite des montagnes ou des eaux (4), (figure) la terre. Taillé

---

(1) C'est une pierre qui a l'aspect du jade, mais qui n'en a ni la dureté, ni l'éclat, et que je crois appartenir au genre *Pagodite* de Brongniart. Les différentes variétés de la pierre tendre et variée de couleur qu'on nomme communément Pierre de lard, doivent se rapporter au même genre.

(2) Il y a, en effet, cela de remarquable dans le jade, que ses vibrations, quoique très-sonores, ne se prolongent pas comme dans les métaux, mais qu'elles s'arrêtent tout court.

(3) La transparence du jade est suffisante, pour qu'à travers la couche superficielle on aperçoive les nuances propres aux couches intérieures.

(4) De nos jours, c'est dans les montagnes du I-li et du Turkestan qu'on extrait le jade; mais il paraît, d'après ce passage, qu'anciennement on en exploitait quelques filons dans les rivières, ou qu'on l'y trouvait en blocs roulés.

en Kuéi et en Chañ (1) pour servir seul, (sans aucune autre enjolivure, il figure) la vertu. Le prix que tout le monde sans exception y attache, (figure) la vérité. Le livre des Vers dit (à l'appui de ces comparaisons): « Quand je pense au sage, sa bonté m'apparaît semblable au jade. » Voilà pourquoi le sage estime le jade. »

CHAPITRE XXXVI.

SAÑ-LI.

RITES DU DEUIL (2).

Dans tous les rites, les grands principes qui les constituent ont le ciel et la terre pour exemple, les quatre saisons pour modèle, le In et le Iañ pour règle, et les sentiments humains pour mesure. C'est de là que vient la dénomination de Rites. Celui qui se fait le détracteur des rites, ne sait pas quelle est leur origine.

---

(1) Ces deux objets étaient des marques de l'autorité souveraine et des grandes dignités. Le Kuéi différait de forme et de dimensions, suivant le rang du personnage qui le portait; mais, en général, c'était une tablette longue et étroite se terminant ou en rond ou par un angle obtus. Le Chañ avait ordinairement la forme d'un disque percé au milieu, et ayant quelques saillies sur le limbe. Voyez pag. 70 et 173.

(2) Fidèles à l'aversion, générale en Chine, pour tout ce qui rappelle des évènements tristes ou malheureux, les commentateurs ont retranché du texte originaire tous les détails relatifs au deuil, et n'ont conservé que la première phrase du chapitre, parce qu'elle ne se rapporte à rien de fâcheux. Dans cet état de mutilation, le chapitre se trouve réduit à sa 20e partie, et ne renferme plus aucune idée qui justifie son titre primitif. Voyez le chapitre XVII.

FIN.

TABLE.

范氏刪本禮記

耶穌降生一千八百五十三年春

佛蘭西巴利京城印行

Imp. Kaeppelin, Quai Voltaire 17, Paris.

是書乃范紫登刪定周戲以爲善本遂叅考諸儒見解纂
輯刊行名曰禮記體註大全合叅竣自康熙辛卯迄今一
百四十餘年名公鉅卿未嘗誉以爲短殆亦同許斯爲善
本也兹嘉略利先生念泰西自通中夏以來西人闕略而
未譯之經書斯爲最要此益華人所重五經之一也故於
暇時玩味其間得厥旨趣遂以佛蘭西語譯而出之非求
名利惟俾泰西好學之君子於中華上古禮樂得有稽焉
書成爰照周戲刊本全錄其白文附於譯語之後使觀覽
之士既得以考古而於習倉頡之業者於一字數義隨在
變通之處復得以有助云其原本刊誤之句此錄按先儒
解説重爲攷正使不碍目而於字體則間從今時帖體

咸豐三年歲次癸丑季春中澣成禧序

曲禮上

曲禮曰毋不敬儼若思安定辭安民哉賢者狎而敬之
畏而愛之愛而知其惡憎而知其善積而能散安安而能
遷疑事無質直而勿有禮從宜使從俗夫禮者所
以定親疎決嫌疑別同異明是非也脩身踐言謂之善
行行修言道禮之質也禮聞取於人不聞取人禮聞來
學不聞往教道德仁義非禮不成教訓正俗非禮不
備分爭辨訟非禮不決君臣上下父子兄弟非禮不
定宦學事師非禮不親班朝治軍涖官行法非禮威
嚴不行禱祠祭祀供給鬼神非禮不誠不莊是以君
子恭敬撙節退讓以明禮太上貴德其次務施報禮尚
往來而不來非禮也來而不往亦非禮也夫禮者自
卑而尊人雖負販者必有尊也而況富貴乎人生十年
曰幼學二十曰弱冠三十曰壯有室四十曰強而仕五十
曰艾服官政六十曰耆指使七十曰老而傳八十九十曰

耄七年曰悼悼與耄雖有罪不加刑焉百年曰期頤越國而問焉必告之以其制夫爲人子者三賜不及車馬故州閭鄉黨稱其孝也兄弟親戚稱其慈也僚友稱其弟也執友稱其仁也交遊稱其信也聽於無聲視於無形正爾容聽必恭毋勦說毋雷同必則古昔稱先王凡爲君使者已受命君言不宿於家博聞強識而讓敦善行而不怠謂之君子君子不盡人之歡不竭人之忠以全交也介冑則有不可犯之色故君子戒愼不失色於人兵車不式武車綏旌德車結旌史載筆士載言行前朱鳥而後玄武左青龍而右白虎招搖在上急繕其怒進退有度左右有局各司其局故君子式黃髮下卿位入國不馳入里必式外事以剛日內事以柔日龜爲卜筴爲筮卜者先聖王之所以使民信時日敬鬼神畏法令也所以使民決嫌疑定猶豫也故曰疑而筮之則弗非也日而行事則必踐之

曲禮下

執天子之器則上衡國君則平衡大夫則綏之士則提之立則磬折垂佩主佩倚則臣佩垂主佩垂則臣佩委公事不私議君天下曰天子朝諸侯分職授政任功曰予一人天子建天官先六大曰大宰大宗大史大祝大士大卜典司六典天子之五官曰司徒司馬司空司士司冠典司五眾天子之六府曰司土司木司水司草司器司貨典司六職天子之六工曰土工金工石工木工獸工草工典制六材五官致貢曰享九州之長入天子之國曰牧天子當依而立諸侯北面而見天子曰覲天子當宁而立諸公東面諸侯西面曰朝天子穆穆諸侯皇皇大夫濟濟士蹌蹌庶人僬僬擬人必於其倫君命大夫與士肄在官言官在府言府在庫言庫在朝言禮問禮對以禮凡摯天子鬯諸侯圭卿羔大夫雁士雉庶人之摯匹

檀弓上

事親有隱而無犯左右就養無方服勤至死致喪三年事
君有犯而無隱左右就養有方服勤至死方喪三年事師
無犯無隱左右就養無方服勤至死心喪三年

檀弓下

曾子曰晏子可謂知禮也已恭敬之有焉有若曰晏子一
狐裘三十年遣車一乘及墓而反晏子焉知禮曾子曰
國無道君子恥盈禮焉國奢則示之以儉國儉則示之以
禮公叔文子卒其子戍請諡於君曰日月有時將葬矣
請所以易其名者君曰昔者衛國凶饑夫子為粥與國之
餓者不亦惠乎昔者衛國有難夫子以其死衛寡人不亦
貞乎夫子聽衛國之政修其班制以與四鄰交衛國之社
稷不辱不亦文乎故謂夫子貞惠文子魯人有周豐者
哀公執贄請見之而曰不可公曰我其已夫使人問焉曰
有虞氏未施信於民而民信之夏后氏未施敬於民而民

敬之何施而得斯于民也對曰壟墓之間未施哀于民而民哀社稷宗廟之中未施敬於民而民敬殷人作誓而民始叛周人作會而民始疑苟無禮義忠信誠愨之心以涖之雖固結之民其不解乎

趙文子與叔譽觀乎九原文子曰死者如可作也吾誰與歸叔譽曰其陽處父乎文子曰行並植於晉國不沒其身其知不足稱也其舅犯乎文子曰見利不顧其君其仁不足稱也我則隨武子乎利其君不忘其身謀其身不遺其友晉人謂文子知人文子其中退然如不勝衣其言吶吶然如不出諸口所舉於晉國管庫之士七十有餘家生不交利死不屬其子焉

王制

王者之制祿爵公侯伯子男凡五等天子百里之內以共官千里之內以為御千里之內曰甸千里之外曰采曰流天子之縣內諸侯禄也外諸侯嗣也制三公一命卷若有加則賜也不過九命凡官民材必先論之論辨

然後使之任事然後爵之位定然後祿之爵人於朝與士
共之刑人於市與衆棄之天子五年一巡守歲二月
東巡守至於岱宗柴而望祀山川覲諸侯問百年者就見
之命大師陳詩以觀民風命市納賈以觀民之所好惡
志淫好辟命典禮考時月定日同律禮樂制度衣服正
之有功德於民者加地進律天子無事與諸侯相見
曰朝考禮正刑一德以尊於天子天子賜諸侯樂則以
柷將之賜伯子男則以鼗將之諸侯賜弓矢然後征
賜鈇鉞然後殺賜圭瓚然後為鬯未賜圭瓚則資鬯於
天子命之教然後為學小學在公宮南之左大學
在郊天子曰辟雍諸侯曰頖宮天子將出征類乎上帝
宜乎社造乎禰於所征之地受命於祖受成於學
征執有罪反釋奠於學以訊馘告冢宰制國用必於歲
之杪五穀皆入然後制國用量入以為出
十年之通制國用量入以為出　天子七廟三昭三穆與

太祖而七諸侯五廟二昭二穆與太祖之廟而五大夫三
廟一昭一穆與太祖之廟而三士一廟庶人祭於寢天子
諸侯宗廟之祭春曰祠夏曰禴秋曰嘗冬曰烝天子祭
天地諸侯祭社稷大夫祭五祀天子祭天下名山大川五
嶽視三公四瀆視諸侯諸侯祭名山大川之在其地者天
子諸侯祭因國之在其地而無主後者天子特礿禘
祫嘗祫烝古者公田藉而不稅市廛而不稅關譏
而不征林麓川澤以時入而不禁夫圭田無征
用民之力歲不過三日司空執度度地居民山川沮澤
時四時量地遠近興事任力凡居民材必因天地寒暖
燥濕廣谷大川異制民生其間者異俗剛柔輕重遲速異
齊五味異和器械異制衣服異宜脩其教不易其俗齊其
政不易其宜凡居民量地以制邑度地以居民地邑民
居必參相得也無曠土無游民食節事時民咸安其居
樂事勸功尊君親上然後興學司徒脩六禮以節民性

明七教以興民德齊八政以防淫一道德以同俗養耆老
以致孝恤孤獨以逮不足上賢以崇德簡不肖以絀惡
命鄉簡不帥教者以告耆老皆朝於庠元日習射上功習
鄉上齒大司徒帥國之俊士與執事焉元日命鄉論秀士升
之司徒曰選士司徒論選士之秀者而升之學曰俊士
升於司徒者不征於鄉學者不征於司徒曰造士
樂正崇四術立四教順先王詩書禮樂以造士春秋教以
禮樂冬夏教以詩書王大子王子羣侯之大子卿大夫
元士之適子國之俊選皆造焉凡入學以齒大樂正論
造士之秀者以告於王而升諸司馬曰進士司馬辨論
官材論進士之賢者以告於王而定其論定然後官之
任官然後爵之位定然後祿之有發則命大司徒教士
以車甲凡聽五刑之訟必原父子之親立君臣之義以
權之意論輕重之序慎測淺深之量以別之悉其聰明致
其忠愛以盡之疑獄汎與眾共之眾疑赦之必察小大之

比以成之

成獄辭史以獄成告於正正聽之正以獄成告於大司寇大司寇聽之棘木之下大司寇以獄之成告於王王命三公參聽之三公以獄之成告於王王三又然後制刑

刑者侀也侀者成也一成而不可變故君子盡心焉

大史典禮執簡記奉諱惡天子齊戒受諫司會以歲之成質於天子冢宰齊戒受質大樂正大司寇市三官以其成質於天子大司徒大司馬大司空齊戒受質百官各以其成質於三官大司徒大司馬大司空以百官之成質於天子百官齊戒受質然後休老勞農成歲事制國用

有虞氏以燕禮夏后氏以饗禮殷人以食禮周人修而兼用之　凡三王養老皆引年　君子耆老不徒行庶人耆老不徒食　諸侯世子世國大夫不世爵使以德爵以功未賜爵視天子之元士以君其國諸侯之大夫不世爵祿

月令

孟春之月律中大簇立春之日天子親帥三公九卿諸
侯大夫以迎春於東郊還反賞公卿大夫於朝命相布德
和令行慶施惠下及兆民慶賜遂行毋有不當乃命大
史守典奉法司天日月星辰之行宿離不貸毋失經紀以
初為常是月也天子乃以元日祈穀于上帝乃擇元辰
天子親載耒耜措之於參保介之御間帥三公九卿諸侯
大夫躬耕帝籍天子三推三公五推諸侯九推反執爵於
大寢三公九卿諸侯大夫皆御命曰勞酒是月也天氣
下降地氣上騰天地和同草木萌動王命布農事命田舍
東郊皆修封疆審端徑術善相丘陵阪險原隰土地所宜
五穀所殖以教道民必躬親之田事既飭先定準直農乃
不惑是月也命樂正入學習舞仲春之月律中夾鐘正
擇元日命民社日夜分則同度量鈞衡石角斗甬正
權概天子乃鮮羔開冰先薦寢廟上丁命樂正習舞
釋菜天子乃帥三公九卿諸侯大夫親往視之仲丁又命

樂正入學習樂

季春之月律中姑洗是月也天子乃薦穀衣於先帝天子布德行惠命有司發倉廩賜貧窮賑乏絕開府庫出幣帛周天下勉諸侯聘名士禮賢者是月也命野虞毋伐桑柘鳴鳩拂其羽戴勝降于桑具曲植籧筐后妃齊戒親東鄉躬桑禁婦女毋觀省婦使以勸蠶事蠶事既登分繭稱絲效功以共郊廟之服毋有敢惰是月之末擇吉日大合樂天子乃帥三公九卿諸侯大夫親往視之

孟夏之月律中中呂立夏之日天子親帥三公九卿大夫以迎夏於南郊還反行賞封諸侯慶賜遂行無不欣悅乃命樂師習合禮樂命太尉贊桀俊遂賢良舉長大行爵出祿必當其位命野虞出行田原為天子勞農勸民毋或失時命司徒循行縣鄙命農勉作毋休於都是月也天子飲酎用禮樂

仲夏之月律中蕤賓是月也命樂師修鞉鞞鼓均琴瑟管簫執干戚戈羽調竽笙簧飭鐘磬柷敔命有司為民祈祀

山川百源大雩帝用盛樂乃命百縣雩祀百辟卿士有
益於民者以祈穀實君子齊戒處必掩身毋躁止聲色
毋或進薄滋味毋致和節耆欲定心氣百官靜事無刑
以定晏陰之所成季夏之月律中林鐘是月也命四
監大合百縣之秩芻以養犧牲令民無不咸出其力以共
皇天上帝名山大川四方之神以祠宗廟社稷之靈以爲
民祈福是月也命婦官染采黼黻文章必以法故無或
差貸黑黃倉赤莫不質良毋敢詐僞以給郊廟祭祀之服
以爲旗章以別貴賤等給之度中央土律中黃鐘之宮
孟秋之月律中夷則立秋之日天子親帥三公九卿
諸侯大夫以迎秋於西郊還反賞軍帥武人於朝天子乃
命將帥選士厲兵簡練桀俊專任有功以征不義詰誅暴
慢以明好惡順彼遠方天地始肅不可以贏是月也
命乃登穀天子嘗新先薦寢廟命百官始收斂仲秋之
月律中南呂是月也易關市來商旅納貨賄以便民事

四方來集遠鄉皆至則財不匱上無乏用百事乃遂　凡舉大事無逆大數必順其時慎因其類　季秋之月律中無射　是月也申嚴號令命百官貴賤無不務內以會天地之藏無有宣出　乃命冢宰農事備收舉五穀之要藏帝籍之收於神倉祇敬必飭　上丁命樂正入學習吹　是月也大饗帝嘗犠牲告備於天子　合諸侯制百縣為來歲受朔日與諸侯所稅於民輕重之法貢職之數以遠近土地所宜為度以給郊廟之事無有所私　是月也天子乃教於田獵以習五戎班馬政命僕及七騶咸駕載旌授車以級整設於屏外司徒摺扑北面誓之　天子乃旎飾執弓挾矢以獵命主祠祭禽於四方　孟冬之月律中應鐘　命百官謹蓋藏命有司循行積聚無有不斂　固封疆備邊竟完要塞謹關梁塞徯徑　是月也大飲烝　天子乃祈來年於天宗大割祠於公社及門閭臘先祖五祀勞農以休息之　天子乃命將帥講武習射御角力

仲冬之月律中黃鐘天子命有司祈祀四海大川名源
淵澤井泉君子齊戒處必掩身身欲寧去聲色禁耆欲
安形性事欲靜以待陰陽之所定季冬之月律中大呂
命樂師大合吹而罷是月也日窮於次月窮於紀星
回於天數將幾終歲且更始專而農民毋有所使天
子乃與公卿大夫共飭國典論時令以待來歲之宜

文王世子

凡學世子及學士必時春夏學干戈秋冬學羽籥皆於東
序小學正學干大胥贊之籥師學戈籥師丞贊之胥鼓
南春誦夏弦大師詔之瞽宗秋學禮執禮者詔之冬讀
書典書者詔之禮在瞽宗書在上庠凡祭與養老乞言
合語之禮皆小樂正詔之於東序大樂正學舞干戚語
說命乞言皆大樂正授數大司成論說在東序凡語於
郊者必取賢斂才焉或以德進或以事舉或以言揚曲藝
皆誓之以待又語三而一有焉乃進其等以其序謂之郊

人遠之於成均以及取爵於上尊也凡三王教世子必以禮樂樂所以修內也禮所以修外也禮樂交錯於中發形於外是故其成也懌恭敬而溫文立大傅少傅以養之欲其知父子君臣之道也大傅審父子君臣之道以示之少傅奉世子以觀大傅之德行而審喻之大傅在前少傅在後入則有保出則有師是以教喻而德成也師也者教之以事而喻諸德者也保也者慎其身以輔翼之而歸諸道者也記曰虞夏商周有師保有疑丞設四輔及三公不必備唯其人語使能也君子曰德德成而教尊教尊而官正官正而國治君之謂也君之於世子也親則父也尊則君也有父之親有君之尊然後兼天下而有之是故養世子不可不慎也行一物而三善皆得者唯世子而已其齒於學之謂也故世子齒於學國人觀之曰將君我而與我齒讓何也曰有父在則禮然然而眾知父子之道矣其二曰將君我而與我齒讓何也曰有君在則禮然

然而眾著於君臣之義也其三曰將君我而與我齒讓何也曰長長也然而眾知長幼之節矣故父在斯爲子君在斯謂之臣居子與臣之節所以尊君親親也故學之爲父子焉學之爲君臣焉學之爲長幼焉父子君臣長幼之道得而國治語曰樂正司業父師司成一有元良萬國以貞世子之謂也

庶子之正於公族者敎之以孝弟睦友子愛明父子之義長幼之序

公族朝於內朝內親也雖有貴者以齒明父子也外朝以官體異姓也宗廟之中以爵爲位崇德也宗人授事以官尊賢也登餕受爵以上嗣尊祖之道也喪紀以服之輕重爲序不奪人親也公與族燕則以齒而孝弟之道達矣其族食世降一等親親之殺也戰則守於公禰孝愛之深也正室守太廟尊宗室而君臣之道著矣諸父守貴室子弟守下室而讓道達矣古者庶子之官治而邦國有倫邦國有倫而眾鄉方矣天子視學大昕鼓徵所以警眾也眾至然後天子至乃命

有司行事與秩節祭先聖先師焉有司卒事反命始之

養也適東序釋奠於先老遂設三老五更羣老之席位焉反

適餕省醴養老之珍具遂發詠焉退修之以孝養也

登歌清廟既歌而語以成之也言父子君臣長幼之道合

德音之致禮之大者也下管象舞大武大合眾以事達

有神與有德也正君臣之位貴賤之等焉而上下之義行

矣有司告以樂闋王乃命公侯伯子男及羣吏曰反養

老於東序終之以仁也是故聖人之記事也慮之以大

故古之人一舉事而眾皆知其德之備也古之君子舉大

愛之以敬行之以禮修之以孝養紀之以義終之以仁是

事必慎其終始而眾安得不喻焉兌命曰念終始典于學

禮運

昔者仲尼與於蜡賓事畢出遊於觀之上喟然而嘆仲尼

之嘆蓋嘆魯也言偃在側曰君子何嘆孔子曰大道之行

也與三代之英丘未之逮也而有志焉 大道之行也天

下爲公選賢與能講信修睦故人不獨親其親不獨子其
子使老有所終壯有所用幼有所長矜寡孤獨廢疾者皆
有所養男有分女有歸貨惡其棄於地也不必藏於己力
惡其不出於身也不必爲己是故謀閉而不興盜竊亂賊
而不作故外戶而不閉是謂大同今大道既隱天下爲
家各親其親各子其子貨力爲己大人世及以爲禮城郭
溝池以爲固禮義以爲紀以正君臣以篤父子以睦兄弟
以和夫婦以設制度以立田里以賢勇知以功爲己故謀
用是作而兵由此起禹湯文武成王周公由此其選也此
六君子者未有不謹於禮者也以著其義以考其信著有
過刑仁講讓示民有常如有不由此者在埶者去衆以爲
殃是謂小康言偃復問曰如此乎禮之急也孔子曰夫
禮先王以承天之道以治人之情故失之者死得之者生
詩曰相鼠有體人而無禮人而無禮胡不遄死是故夫禮
必本於天殽於地列於鬼神達於喪祭射御冠昏朝聘故

聖人以禮示之故天下國家可得而正也言偃復問曰夫子之極言禮也可得而聞與孔子曰我欲觀夏道是故之杞而不足徵也吾得夏時焉我欲觀殷道是故之宋而不足徵也吾得坤乾焉坤乾之義夏時之等吾以是觀之謂承天之祐作其祝號玄酒以祭薦其血毛腥其俎孰其殽與其越席疏布以冪衣其澣帛醴醆以獻薦其燔炙君與夫人交獻以嘉魂魄是謂合莫然後退而合亨體其犬豕牛羊實其簠簋籩豆鉶羹祝以孝告嘏以慈告是謂大祥此禮之大成也祝嘏莫敢易其常古是謂大假是故禮者君之大柄也所以別嫌明微賓鬼神考制度別仁義所以治政安君也故政者君之所以藏身也是故夫政必本於天殽以降命命降於社之謂殽地降於祖廟之謂仁義降於山川之謂興作降於五祀之謂制度此聖人所以藏身之固也故聖人參於天地並於鬼神以治

政也處其所存禮之序也玩其所樂民之治也故天生時

而地生財人其父生而師敎之四者君以正用之故君者所

立於無過之地也故君者所明也非明人者也故君人者則

養也非養人者也君者所事也非事人者也故君明人者則

有過養人則不足事人則失位故百姓則君以自治也養

君以自安也事君以自顯也故禮達而分定故人皆愛其

死而惡其生故用人之知去其詐用人之勇去其怒用

人之仁去其貪故聖人耐以天下爲一家以中國爲一

人者非意之也必知其情辟於其義明於其利達於其患

然後能爲之何謂人情喜怒哀懼愛惡欲七者弗學而能

何謂人義父慈子孝兄良弟弟夫義婦聽長惠幼順君仁

臣忠十者謂之人義講信修睦謂之人利爭奪相殺謂之

人患故聖人之所以治人七情修十義講信修睦尚辭讓

去爭奪舍禮何以治之故人者其天地之德陰陽之交

鬼神之會五行之秀氣也故天秉陽垂日星地秉陰竅

於山川播五行於四時和而後月生也是以三五而盈三五而闕五行之動迭相竭也五行四時十二月還相為本也五聲六律十二管還相為宮也五味六和十二食還相為質也五色六章十二衣還相為質也故人者天地之心也五行之端也食味別聲被色而生者也故聖人作則必以天地為本以陰陽為端以四時為柄以日星為紀月以為量鬼神以為徒五行以為質禮義以為器人情以為田四靈以為畜以天地為本故物可舉也以陰陽為端故情可睹也以四時為柄故事可勸也以日星為紀故事可列也月以為量故功有藝也鬼神以為徒故事有守也五行以為質故事可復也禮義以為器故事行有考也人情以為田故人以為奧也四靈以為畜故飲食有由也故先王秉蓍龜列祭祀瘞繒宣祝嘏辭說設制度故國有禮官有御事有職禮有序故先王患禮之不達於下也故祭帝於郊所以定天位也祀社於國所以列

地利也祖廟所以本仁也山川所以儐鬼神也五祀所以本事也故宗祝在廟三公在朝三老在學王前巫而後史卜筮瞽侑皆在左右王中心無爲也以守至正故禮行於郊而百神受職焉禮行於社而百貨可極焉禮行於祖廟而孝慈服焉禮行於五祀而正法則焉故自郊社祖廟山川五祀義之修而禮之藏也是故夫禮必本於大乙分而爲天地轉而爲陰陽變而爲四時列而爲鬼神其降曰命其官於天也夫禮必本於天動而之地列而之事變而從時協於分藝其居人也曰養其行之以貨力辭讓飲食冠昏喪祭射御朝聘故禮義也者人之大端也所以講信修睦而固人肌膚之會筋骸之束也所以養生送死事鬼神之大端也所以達天道順人情之大寶也故聖人爲知禮之不可已也故壞國喪家亡人必先去其禮故禮之於人也猶酒之有糵也君子以厚小人以薄故聖王修義之柄禮之序以治人情故人情者聖王之田

也脩禮以耕之陳義以種之講學以耨之本仁以聚之播樂以安之故禮也者義之實也協諸義而協則禮雖先王未之有可以義起也義者藝之分仁之節也協於藝講於仁得之者強仁者義之本也順之體也得之者尊故治國不以禮猶無耨而耕也為禮不本於義猶耕而弗種也為義而不講之以學猶種而弗耨也講之以學而不合之以仁猶耨而弗穫也合之以仁而不安之以樂猶穫而弗食也安之以樂而不達於順猶食而弗肥也四體既正膚革充盈人之肥也父子篤兄弟睦夫婦和家之肥也大臣法小臣廉官職相序君臣相正國之肥也天子以德為車以樂為御諸侯以禮相與大夫以法相序士以信相考百姓以睦相守天下之肥也是謂大順大順者所以養生送死事鬼神之常也故事大積焉而不苑並行而不謬細行而不失深而通茂而有閒連而不相及也動而不相害也此順之至也故明於順然後能守危

也故天不愛其道地不愛其寶人不愛其情故天降膏
露地出醴泉山出器車河出馬圖鳳凰麒麐皆在郊椒龜
龍在宮沼其餘鳥獸之卵胎皆可俯而闚也則是無故先
王能修禮以達義體信以達順故此順之實也

禮器

禮器是故大備大備盛德也禮釋回增美質措則正施則
行其在人也如竹箭之有筠也如松栢之有心也二者居
天下之大端矣故貫四時而不改柯易葉故君子有禮則
外諧而內無怨故物無不懷仁鬼神饗德先王之立禮也
也有本有文忠信禮之本也義理禮之文也無本不立無
文不行禮也者合於天時設於地財順於鬼神合於人
心理萬物者也是故天時有生也地理有宜也人官有能
也物曲有利也故天不生地不養君子不以爲禮鬼神弗
饗也居山以魚鼈爲禮居澤以鹿豕爲禮君子謂之不知
禮也故必舉其定國之數以爲禮之大經禮之大倫以地

廣狹禮之厚薄與年之上下是故年雖大殺眾不匡懼則
上之制禮也節矣禮時爲大順次之體次之宜次之稱
次之堯授舜舜授禹湯放桀武王伐紂時也詩云匪革其
猶聿追來孝天地之祭宗廟之事父子之道君臣之義
倫也　社稷山川之事鬼神之祭體也　喪祭之用賓客
之交義也　禮之以多爲貴者以其外心者也德發揚詡
萬物大理物博如此則得不以多爲貴乎故君子樂其發
也　禮之以少爲貴者以其內心也德產之致也精微觀
天下之物無可以稱其德者如此則得不以少爲貴乎是
故君子慎其獨也古之聖人內之爲尊外之爲樂少之爲
貴多之爲美是故先王之制禮也不可多也不可寡也唯
其稱也　是故君子之行禮也不可不慎也眾之紀也紀
散而眾亂孔子曰我戰則克祭則受福蓋得其道矣
禮也者猶體也體不備君子謂之不成人設之不當猶不
備也禮有大有小有微大者不可損小者不可益顯

者不可掩微者不可大也故經禮三百曲禮三千其致一也未有入室而不由戶者也君子之於禮也有所竭情盡慎致其敬而誠若有美而文而誠若君子之於禮也有直而行也有曲而殺也有經而等也有順而討也有撫而播也有推而進也有放而文也有放而不致也有順而摭也三代之禮一也民共由之或素或青夏造殷因

故禮有擯詔樂有相步溫之至也禮也者反本修古不忘其初者也故凶事不詔朝事以樂是故先王之制禮也必有主也故可述而多學也君子曰無節於內者觀物弗之察矣欲察物而不由禮弗之得矣故作事不以禮弗之敬矣出言不以禮弗之信矣故曰禮也者物之致也是故昔先王之制禮也因其財物而致其義焉爾故作大事必順天時爲朝夕必放於日月爲高必因丘陵爲下必因川澤是故天時雨澤君子達亹亹焉是故昔先王尚有德尊有道任有能舉賢而置之聚衆而誓之是故因

天事天因地事地因名山升中於天因吉土以饗帝於郊升中於天而鳳凰降龜龍假饗帝於郊而風雨節寒暑時是故聖人南面而立而天下大治天道至教聖人至德廟堂之上罍尊在阼犧尊在西廟堂之下縣鼓在西應鼓在東君在阼夫人在房大明生於東月生於西此陰陽之分夫婦之位也君西酌犧象夫人東酌罍尊禮交動乎上樂交應乎下和之至也禮也者反其所自生樂也者樂其所自成是故先王之制禮也以節事修樂以道志故觀其禮樂而治亂可知也蘧伯玉曰君子之人達故觀其器而知其工之巧觀其發而知其人之知故曰君子慎其所以與人者焉

太廟之內敬矣君親牽牲大夫贊幣而從君君親制祭大夫薦盎君親割牲大夫薦酒卿大夫從君命婦從夫人洞洞乎其敬也屬屬乎其忠也勿勿乎其欲其饗之也大饗其王事與三牲魚臘四海九州之美味也籩豆之薦四時之和氣也內金示和也束帛加璧尊德也龜

爲前列先知也金次之見情也丹漆絲纊竹箭與衆共財
也其餘無常貨各以其國之所有則致遠物也其出也肆
夏而送之益重禮也祀帝於郊敬之至也宗廟之祭仁
之至也喪禮忠之至也備服器仁之至也賓客之用幣義
之至也故君子欲觀仁義之道禮其本也君子曰甘受
和白受采忠信之人可以學禮苟無忠信之人則禮不虛
道是以得其人之爲貴也

郊特牲

賓入大門而奏肆夏示易以敬也卒爵而樂闋孔子屢歎
之奠酬而工升歌發德也歌者在上匏竹在下貴人聲也
樂由陽來者也禮由陰作者也陰陽和而萬物得旅幣
無方所以別土地之宜而節遠邇之期也龜爲前列先知
也以鐘次之以和居參之也虎豹之皮示服猛也束帛加
璧往德也君之南鄉答陽之義也臣之北面答君也
社所以神地之道
孔子曰射之以樂也何以聽何以射

也地載萬物天垂象取財於地取法於天是以尊天而親地也故敎民美報焉家主中霤而國主社示本也季春出火爲焚也然後簡其車賦而歷其卒伍而君親誓社習軍旅左之右之坐之起之以觀其習變也而流示之而鹽諸利以觀其不犯命也求服其志不貪其得故以則克以祭則受福郊之祭也迎長日之至也大報而主日也兆於南郊就陽位也掃地而祭於其質也器用陶匏以象天地之性也卜郊受命於祖廟作龜於禰宮尊祖親考之義也卜之日王立於澤親聽誓命受敎諫之義也獻命庫門之內戒百官也大廟之命戒百姓也祭之日王被袞以象天戴冕璪十有二旒則天數也乘素車貴其質也旂十有二旒龍章而設日月以象天也天垂象聖人則之郊所以明天道也帝牛不吉以爲稷牛帝牛必在滌三月稷牛唯具所以別事天神與人鬼也萬物本乎天人本乎祖此所以配上帝也郊之祭也大報

本反始也八蜡以記四方四方年不順成八蜡不通以謹民財也順成之方其蜡乃通以移民也既蜡而收民息已故既蜡君子不興功籩豆之薦水土之品也不敢用常褻味而貴多品所以交於神明之義也非食味之道也先王之薦可食也而不可耆也卷冕路車可陳也而不可好也武壯而不可樂也宗廟之威而不可安也宗廟之器可用也而不可便其利也所以交於神明者不可同於所安褻之甚也酒醴之美玄酒明水之尚貴五味之本也黼黻文繡之美疏布之尚反女工之始也莞簟之安而蒲越稾鞂之尚明之也大羹不和貴其質也大圭不琢美其質也丹漆雕幾之美素車之乘尊其樸也貴其質而已矣所以交於神明者不可同於所安褻之甚也如是而後宜鼎俎奇而籩豆偶陰陽之義也黃目鬱氣之上尊也黃者中也目者氣之清明者也言酌於中而清明於外也祭天掃地而祭焉於其質而已矣醯醢之美而煎鹽之尚

貴天產也割刀之用而鸞刀之貴貴其義也聲和而後斷
也禮之所尊尊其義也失其義陳其數祝史之事也故
其數可陳也其義難知也知其義而敬守之天子之所以
治天下也天地合而后萬物與焉夫昏禮萬世之始也
取於異姓所以附遠厚別也幣必誠辭無不腆告之以直
信信事人也信婦德也壹與之齊終身不改男子親迎
男先於女剛柔之義也天先乎地君先乎臣其義一也執
摯以相見敬章別也男女有別然後父子親父子親然後
義生然後禮作禮作然後萬物安無別無義禽獸之
道也壻親御授綏親之也親之也者親之也敬而親之
先王之所以得天下也祊之為言儌也所之為言敬也
富也者福也首也者直也相饗之也蝦長也大也尸陳也
毛血告幽全之物也告幽全之物者貴純之道也

內則

后王命冢宰降德于眾兆民　凡養老五帝憲三王有乞

言五帝憲養氣體而不乞言有善則記之為惇史三王亦
憲既養老而後乞言亦微其禮皆有惇史十有三年學
樂誦詩舞勺成童舞象學射御二十而冠始學禮可以
衣裘帛舞大夏惇行孝弟博學不教內而不出三十而
有室始理男事博學無方孫友視志四十始仕方物出
謀發慮道合則服從不可則去五十命為大夫服官政七
十致事

玉藻

天子玉藻十有二旒前後邃延龍卷以祭玄端而朝日於
東門之外聽朔於南門之外玄端而居動則左史書之
言則右史書之御瞽幾聲之上下將適公所宿齊戒居
外寢沐浴史進象笏書思對命既服習容觀玉聲乃出
揖私朝輝如也登車則有光矣天子搢珽方正於天下
也諸侯荼前詘後直讓於天子也大夫前詘後詘無
所不讓也唯君有黼裘以誓省大裘非古也古之君

子必佩玉左徵角右宮羽趨以采齊行以肆夏周還中規折還中矩進則揖之退則揚之然後玉鏘鳴也故君子在車則聞鸞和之聲行則鳴佩玉是以非辟之心無自入也凡帶必有佩玉唯喪否佩玉有衝牙君子無故玉不去身君子於玉比德焉

凡容行惕惕廟中齊齊朝廷濟濟翔翔君子之容舒遲見所尊者齊遫氣容肅立容德色容正燕居告溫溫戎容暨暨言容詻詻色容屬肅視容清明山立時行盛氣顛實揚休玉色

大傳

禮不王不禘王者禘其祖之所自出以其祖配之上治祖禰尊尊也下治子孫親親也旁治昆弟合族以食序以昭繆別之以禮義人道竭矣聖人南面而聽天下所且先者五民不與焉一曰治親二曰報功三曰舉賢四曰使能五曰存愛五者一得於天下民無不足無不贍者五者一物紕繆民莫得其死聖人南面而治天下必自人道始

矣自仁率親等而上之至於祖自義率祖順而下之至
於稱是故人道親也親故尊祖尊祖故敬宗敬宗故
收族收族故宗廟嚴宗廟嚴故重社稷重社稷故愛百姓
愛百姓故刑罰中刑罰中故庶民安庶民安故財用足
用足故百志成百志成故禮俗刑禮俗刑然後樂詩云不
顯不承無斁於人斯此之謂也

少儀

事君者量而後入不入而後量凡乞假於人為人從事者
亦然故上無怨而下遠罪也為人臣下者有諫而無
訕有亡而無疾頌而無讇諫而無驕怠則張而相之廢則
掃而更之謂之社稷之役士依於德游於藝工依於
法游於說言語之美穆穆皇皇朝廷之美濟濟翔翔祭
祀之美齊齊皇皇車馬之美匪匪翼翼鸞和之美肅肅雍
雍執虛如執盈入虛如有人賓客主恭祭祀主敬喪
事主哀會同主詡軍旅思險隱情以虞

學記

發慮憲，求善良，足以謏聞，不足以動眾。就賢體遠，足以動眾，未足以化民。君子如欲化民成俗，其必由學乎！玉不琢，不成器；人不學，不知道。是故古之王者建國君民，教學為先。兌命曰：念終始典于學。其此之謂乎！

古之教者，家有塾，黨有庠，術有序，國有學。比年入學，中年考校。一年視離經辨志，三年視敬業樂群，五年視博習親師，七年視論學取友，謂之小成。九年知類通達，強立而不反，謂之大成。夫然後足以化民易俗，近者說服而遠者懷之，此大學之道也。記曰：蛾子時術之。其此之謂乎！

大學始教，皮弁祭菜，示敬道也；宵雅肄三，官其始也；入學鼓篋，孫其業也；夏楚二物，收其威也；未卜禘不視學，游其志也；時觀而弗語，存其心也；幼者聽而弗問，學不躐等也。此七者，教之大倫也。記曰：凡學，官先事，士先志。其此之謂乎！

大學之教也，時教必有正業，退息必有居學。

操縵不能安絃不學博依不能安詩不學雜服不能安禮
不興其藝不能樂學故君子之於學也藏焉修焉息焉遊
焉夫然故安其學而親其師樂其友而信其道是以雖
離師傳而不反也兌命曰敬孫務時敏厥修乃來其此之
謂乎大學之法禁於未發之謂豫當其可之謂時不陵
節而施之謂孫相觀而善之謂摩此四者教之所由興也
君子既知教之所由興又知教之所由廢然後可以為
人師也故君子之教喻也道而弗牽強而弗抑開而弗達
道而弗牽則和強而弗抑則易開而弗達則思和易以思
可謂善喻矣學者有四失教者必知之人之學也或失
則多或失則寡或失則易或失則止此四者心之莫同也
知其心然後能救其失也教也者長善而救其失者也善
歌者使人繼其聲善教者使人繼其志其言也約而達微
而藏罕譬而喻可謂繼志矣君子知至學之難易而知
其美惡然後能博喻能博喻然後能為師能為師然後能

爲長能爲長然後能爲君故師也者所以學爲君也是故
擇師不可不慎也記曰三王四代唯其師此之謂乎
凡學之道嚴師爲難師嚴然後道尊道尊然後民知敬學
是故君之所不臣於其臣者二當其爲尸則弗臣也當其
爲師則弗臣也大學之禮雖詔於天子無北面所以尊師
也善學者師逸而功倍又從而庸之不善學者師勤而
功半又從而怨之善問者如攻堅木先其易者後其節目
及其久也相說以解不善問者反此善待問者如撞鐘叩
之以小者則小鳴叩之以大者則大鳴待其從容然後盡
其聲不善答問者反此此皆進學之道也良冶之子必
學爲裘良弓之子必學爲箕始駕馬者反之車在馬前君
子察於此三者可以有志於學矣古之學者比物醜類
鼓無當於五聲五聲弗得不和水無當於五色五色弗得
不章學無當於五官五官弗得不治師無當於五服五服
弗得不親　君子曰大德不官大道不器大信不約大時

不齊察於此四者可以有志於本矣　三王之祭川也皆

先河而後海或源也或委也此之謂務本

樂記

凡音之起由人心生也人心之動物使之然也感於物而

動故形於聲聲相應故生變變成方謂之音比音而樂之

及干戚羽旄謂之樂樂者音之所由生也其本在人心

之感於物也是故其哀心感者其聲噍以殺其樂心感者

其聲嘽以緩其喜心感者其聲發以散其怒心感者其聲

粗以厲其敬心感者其聲直以廉其愛心感者其聲和以

柔六者非性也感於物而後動是故先王慎所以感之

者故禮以道其志樂以和其聲政以一其行刑以防其姦

禮樂刑政其極一也所以同民心而出治道也凡音者

生人心者也情動於中故形於聲聲成文謂之音是故治

世之音安以樂其政和亂世之音怨以怒其政乖亡國之

音哀以思其民困聲音之道與政通矣　宮為君商為臣

角爲民徵爲事羽爲物五者不亂則無怙懘之音矣凡
音者生於人心者也樂者通倫理者也是故知聲而不知
音者禽獸是也知音而不知樂者衆庶是也唯君子爲能
知樂是故審聲以知音審音以知樂審樂以知政而治道
備矣是故不知聲者不可與言音不知音者不可與言樂
知樂則幾於禮矣禮樂皆得謂之有德德者得也是故
樂之隆非極音也食饗之禮非致味也清廟之瑟朱絃而
疏越壹倡而三歎有遺音者矣大饗之禮尚玄酒而俎腥
魚大羹不和有遺味者矣是故先王之制禮樂也非以極
口腹耳目之欲也將以教民平好惡而反人道之正也
人生而靜天之性也感於物而動性之欲也物至知然
後好惡形焉是故先王之制禮樂人爲之節衰麻哭泣所
所以節喪紀也鐘鼓干戚所以和安樂也昏姻冠笄所以
別男女也射鄉食饗所以正交接也禮節民心樂和民聲
政以行之刑以防之禮樂刑政四達而不悖則王道備矣

樂者爲同禮者爲異同則相親異則相敬樂勝則流禮
勝則離合情飾貌者禮樂之事也禮義立則貴賤等矣樂
文同則上下和矣好惡著則賢不肖別矣刑禁暴爵舉賢
則政均矣仁以愛之義以正之如此則民治行矣樂由
中出禮自外作樂由中出故靜禮自外作故文大樂必易
大禮必簡樂至則無怨禮至則不爭揖讓而治天下者禮
樂之謂也暴民不作諸侯賓服兵革不試五刑不用百姓
無患天子不怒如此則樂達矣父子之親明長幼之序
以敬四海之內天子如此則禮行矣大樂與天地同和
大禮與天地同節和故百物不失節故祀天祭地明則有
禮樂幽則有鬼神如此則四海之內合敬同愛矣禮者殊
事合敬者也樂者異文合愛者也禮樂之情同故明王以
相沿也故事與時並名與功偕故鐘鼓管磬羽籥干戚樂
之器也屈伸俯仰綴兆舒疾樂之文也簠簋俎豆制度文
章禮之器也升降上下周還裼襲禮之文也故知禮樂之

情者能作，識禮樂之文者能述。作者之謂聖，述者之謂明。明聖者，述作之謂也。樂者天地之和也，禮者天地之序也。和故百物皆化，序故羣物皆別。樂由天作，禮以地制。過制則亂，過作則暴。明於天地，然後能興禮樂也。論倫無患，樂之情也。欣喜歡愛，樂之官也。中正無邪，禮之質也。莊敬恭順，禮之制也。若夫禮樂之施於金石，越於聲音，用於宗廟社稷，事乎山川鬼神，則此所與民同也。王者功成作樂，治定制禮。其功大者其樂備，其治辯者其禮具。干戚之舞非備樂也，孰亨而祀非達禮也。五帝殊時，不相沿樂。三王異世，不相襲禮。樂極則憂，禮粗則偏矣。及夫敦樂而無憂，禮備而不偏者，其唯大聖乎。天高地下，萬物散殊，而禮制行矣。流而不息，合同而化，而樂興焉。春作夏長，仁也。秋斂冬藏，義也。仁近於樂，義近於禮。樂者敦和，率神而從天。禮者別宜，居鬼而從地。故聖人作樂以應天，制禮以配地。禮樂明備，天地官矣。天尊地卑，君臣定矣。高卑

以陳貴賤位矣動靜有常小大殊矣方以類聚物以羣分
則性命不同矣在天成象在地成形如此則禮者天地之
別也地氣上齊天氣下降陰陽相摩天地相蕩鼓之以
雷霆奮之以風雨動之以四時煖之以日月而百化興焉
如此則樂者天地之和也及夫禮樂之極乎天而蟠乎
地行乎陰陽而通乎鬼神窮高極遠而測深厚樂著大始
而禮居成物著不息者天也著不動者地也一動一靜者
天地之間也故聖人曰禮樂云
昔者舜作五絃之琴以
歌南風夔始制樂以賞諸侯故天子之為樂也以賞諸侯
之有德者也德盛而教尊五穀時熟然後賞之以樂故其
治民勞者其舞行綴遠其治民逸者其舞行綴短故觀其
舞知其德聞其謚知其行也大章章之也咸池備矣韶
繼也夏大也殷周之樂盡矣天地之道寒暑不時則疾
風雨不節則饑教者民之寒暑也教不時則傷世事者民
之風雨也事不節則無功然則先王之為樂也以法治也

善則行象德矣故酒食者所以合歡也樂者所以象德也禮者所以綴淫也是故先王有大事必有禮以哀之有大福必有禮以樂之哀樂之分皆以禮終樂也者聖人之所樂也而可以善民心其感人深其移風易俗故先王著其教焉夫民有血氣心知之性而無哀樂喜怒之常應感起物而動然後心術形焉是故志微噍殺之音作而民思憂嘽諧慢易繁文簡節之音作而民康樂粗厲猛起奮末廣賁之音作而民剛毅廉直勁正莊誠之音作而民肅敬寬裕肉好順成和動之音作而民慈愛流辟邪散狄成滌濫之音作而民淫亂是故先王本之情性稽之度數制之禮義合生氣之和道五常之行使之陽而不散陰而不密剛氣不怒柔氣不懾四暢交於中而發作於外皆安其位而不相奪也然後立之學等廣其節奏省其文采以繩德厚律小大之稱比終始之序以象事行使親疏貴賤長幼男女之理皆形見於樂故曰樂觀其深

羽者嫗伏毛者孕鬻胎生者不殰而卵生者不殈則樂之
道歸焉耳樂者非謂黃鐘大呂弦歌干揚也樂之末節
也故童者舞之鋪筵席陳尊俎列籩豆以升降為禮者禮
之末節也故有司掌之樂師辨乎聲詩故北面而弦宗祝
辨乎宗廟之禮故後尸商祝辨乎喪禮故後主人是故德
成而上藝成而下行成而先事成而後是故先王有上有
下有先有後然後可以有制於天下也是故魏文侯問於子
夏曰吾端冕而聽古樂則唯恐臥聽鄭衛之音則不知倦
何也子夏對曰今夫古樂進旅退旅和正以廣弦匏笙簧
會守拊鼓始奏以文復亂以武治亂以相訊疾以雅君子
於是語於是道古修身及家平均天下此古樂之發也
今君之所問者樂也所好者音也夫樂者與音相近而不
同文侯曰敢問何如子夏對曰夫古者天地順而四時當
民有德而五穀昌疾疢不作而無妖祥此之謂大當然後
聖人作為父子君臣以為紀綱紀綱既正天下大定天下

大定然後正六律和五聲弦歌詩頌此之謂德音德音之謂樂詩云莫其德音其德克明克明克類克長克君王此大邦克順克俾俾于文王其德靡悔既受帝祉施于孫子此之謂也今君之所好者其溺音乎溺音者皆淫於色而害於德是以祭祀弗用也詩云肅雝和鳴先祖是聽夫肅肅敬也雝雝和也夫敬以和何事不行為人君者謹其所好惡而已矣君好之則臣為之上行之則民從之詩云誘民孔易此之謂也然後聖人作為鞉鼓椌楬塤篪此六者德音之音也然後鐘磬竽瑟以和之干戚旄狄以舞之此所以祭先王之廟也所以獻酬酳酢也所以官序貴賤各得其宜也所以示後世有尊卑長幼之序也

鐘聲鏗鏗以立號號以立橫橫以立武君子聽鐘聲則思武臣

石聲磬磬以立辨辨以致死君子聽磬聲則思死封疆之臣

絲聲哀哀以立廉廉以立志君子聽琴瑟之聲則思志義之臣

竹聲濫濫以立會會以聚眾君子聽

竽笙簫管之聲則思畜聚之臣鼓鼙之聲讙讙以立動動以進衆君子聽鼓鼙之聲則思將帥之臣君子之聽音非聽其鏗鎗而已也彼亦有所合之也賓牟賈侍坐於孔子孔子與之言及樂曰夫武之備戒之已久何也對曰疾不得其衆也咏歎之淫液之何也對曰恐不逮事也發揚蹈厲之已蚤何也對曰及時事也武坐致右憲左何也對曰非武坐也聲淫及商何也對曰非武音也子曰若非武音則何音也對曰有司失其傳也若非有司失其傳則武王之志荒矣子曰唯丘之聞諸萇弘亦若吾子之言是也賓牟賈起免席而請曰夫武之備戒之已久則既聞命矣敢問遲之遲而又久何也子曰居吾語汝夫樂者象成者也總干而山立武王之事也發揚蹈厲太公之志也武亂皆坐周召之治也且夫武始而北出再成而滅商三成而南四成而南國是疆五成而分周公左召公右六成復綴以崇天子夾振之而駟伐盛威於中

國也分夾而進事蚤濟也久立於綴以待諸侯之至也
且女獨未聞牧野之語乎武王克殷及商未及下車而
封黃帝之後於薊封帝堯之後於祝封帝舜之後於陳下
車而封夏后氏之後於杞投殷之後於宋封王子比干之
墓釋箕子之囚使之行商容而復其位庶民弛政庶士倍
禄濟河而西馬散之華山之陽而弗復乘牛散之桃林
之野而弗復服車甲釁而藏之府庫而弗復用倒載干戈
包之以虎皮名之曰建櫜將帥之士使爲諸侯然後天下
知武王之不用兵也散軍而郊射左射貍首右射騶虞
而貫革之射息也裨冕搢笏而虎賁之士脫劍也祀乎明
堂而民知孝朝覲然後諸侯知所以臣耕藉然後諸侯知
所以敬五者天下之大教也食三老五更於大學天子
袒而割牲執醬而饋執爵而酳冕而總干所以教諸侯之
弟也若此則周道四達禮樂交通則夫武之遲久不亦宜
乎君子曰禮樂不可斯須去身致樂以治心則易直子

諒之心油然生矣易直子諒之心生則樂樂則安安則久久則天天則神天則不言而信神則不怒而威致樂以治心者也致禮以治躬則莊敬莊敬則嚴威心中斯須不和不樂而鄙詐之心入之矣外貌斯須不莊不敬而易慢之心入之矣故樂也者動於內者也禮也者動於外者也樂極和禮極順內和而外順則民瞻其顏色而弗與爭也望其容貌而民不生易慢焉故德煇動於內而民莫不承聽理發諸外而民莫不承順故曰致禮樂之道舉而措之天下無難矣樂也者動於內者也禮也者動於外者也故禮主其減樂主其盈禮減而進以進為文樂盈而反以反為文禮減而不進則銷樂盈而不反則放故禮有報而樂有反禮得其報則樂樂得其反則安禮之報樂之反其義一也夫樂者樂也人情之所不能免也樂必發於聲音形於動靜人之道也聲音動靜性術之變盡於此矣故人不耐無樂樂不耐無形形而不為道不耐無亂先王恥

其亂故制雅頌之聲以道之使其聲足樂而不流使其文足論而不息使其曲直繁瘠廉肉節奏足以感動人之善心而已矣不使放心邪氣得接焉是先王立樂之方也是故樂在宗廟之中君臣上下同聽之則莫不和敬在族長鄉里之中長幼同聽之則莫不和順在閨門之內父子兄弟同聽之則莫不和親故樂者審一以定和比物以飾節節奏合以成文所以合和父子君臣附親萬民也是先王立樂之方也故聽其雅頌之聲志意得廣焉執其干戚習其俯仰詘伸容貌得莊焉行其綴兆要其節奏行列得正焉進退得齊焉故樂者天地之命中和之紀人情之所不免也夫樂者先王之所以飾喜也軍旅鈇鉞者先王之所以飾怒也故先王之喜怒皆得其儕焉喜則天下和之怒則暴亂者畏之先王之道禮樂可謂盛矣子贛見師乙而問焉曰賜聞聲歌各有宜也如賜者宜何歌也師乙曰乙賤工也何足以問所宜請誦其所聞而吾子自

執焉寬而靜柔而正者宜歌頌廣大而靜疏達而信者宜
歌大雅恭儉而好禮者宜歌小雅正直而靜廉而謙者宜
歌風肆直而慈愛者宜歌商溫良而能斷者宜歌齊夫歌
者直己而陳德也動己而天地應焉四時和焉星辰理焉
萬物育焉故商者五帝之遺聲也商人識之故謂之商
齊者三代之遺聲也齊人識之故謂之齊明乎商之音者
臨事而屢斷明乎齊之音者見利而讓臨事而屢斷勇也
見利而讓義也有勇有義非歌孰能保此故歌者上如
抗下如隊曲如折止如槀木倨中矩句中鉤累累乎端如
貫珠故歌之為言也長言之也說之故言之言之不足故
長言之長言之不足故嗟歎之嗟歎之不足故不知手之
舞之足之蹈之也

雜記

子貢觀於蜡孔子曰賜也樂乎對曰一國之人皆若狂賜
未知其樂也子曰百日之蜡一日之澤非爾所知也張

而不弛文武弗爲也弛而不張文武弗爲也一張一弛文武之道也

祭法

夫聖王之制祭祀也法施於民則祀之以死勤事則祀之以勞定國則祀之能禦大菑則祀之能捍大患則祀之是故厲山氏之有天下也其子曰農能殖百穀夏之衰也周棄繼之故祀以爲稷共工氏之霸九州也其子曰后土能平九州故祀以爲社帝嚳能序星辰以著衆堯能賞均刑法以義終舜勤衆事而野死鯀鄣鴻水而殛死禹能修鯀之功黃帝正名百物以明民共財顓頊能修之契爲司徒而民成冥勤其官而水死湯以寬治民而除其虐文王以文治武王以武功去民之菑此皆有功烈於民者也及夫日月星辰民所瞻仰也山林川谷丘陵民所取財用也非此族也不在祀典

祭義

祭不欲數數則煩煩則不敬祭不欲疏疏則怠怠則忘是故君子合諸天道春禘秋嘗霜露既降君子履之必有悽愴之心非其寒之謂也春雨露既濡君子履之必有怵惕之心如將見之樂以迎來哀以送往故禘有樂而嘗無樂是故先王之孝也色不忘乎目聲不絕乎耳心志嗜欲不忘乎心致愛則存致愨則著著存不忘乎心夫安得不敬乎君子生則敬養死則敬享思終身弗辱也唯聖人為能饗帝孝子為能饗親饗者鄉也鄉之然後能饗焉是故孝子臨尸而不怍君牽牲夫人奠盎君獻尸夫人薦豆卿大夫相君命婦相夫人齊齊乎其敬也愉愉乎其忠也勿勿諸其欲其饗之也孝子將祭慮事不可以不豫比時具物不可以不備虛中以治之孝子之祭也盡其慤而慤焉盡其信而信焉盡其敬而敬焉盡其禮而不過失焉進退必敬如親聽命則或使之也先王之所以治天

下者五貴有德貴貴貴老敬長慈幼此五者先王之所以定天下也貴有德何謂也爲其近於道也貴貴爲其近於君也貴老爲其近於親也敬長爲其近於兄也慈幼爲其近於子也是故至孝近乎王至弟近乎霸至孝近乎王雖天子必有父至弟近乎霸雖諸侯必有兄先王之教因而弗改所以領天下國家也子曰立愛自親始教民睦也立敬自長始教民順也教以慈睦而民貴有親教以敬長而民貴用命孝以事親順以聽命錯諸天下無所不行郊之祭大報天而主日配以月祭日於壇祭月於坎以別幽明以制上下祭日於東祭月於西以別外內以端其位日出於東月生於西陰陽長短終始相巡以致天下之和天下之禮致反始也致鬼神也致物用也致義也致讓也致反始以厚其本也致鬼神以尊上也致物用以立民紀也致義則上下不悖逆矣致讓以去爭也合此五者以治天下之禮也雖有奇邪而不治者則微矣宰我曰

吾聞鬼神之名不知其所謂子曰氣也者神之盛也魄者鬼之盛也合鬼與神教之至也因物之精制爲極明命鬼神以爲黔首則百衆以畏萬民以服聖人以是爲未足也二端既立報以二禮建設朝事燔燎羶薌以蕭光以報氣也此教衆反始也薦黍稷羞肝肺首心以俠甒加以鬱鬯以報魄也教民相愛上下用情禮之也曾子曰孝有三大孝尊親其次弗辱其下能養公儀問於曾子曰夫子可以爲孝乎曾子曰是何言與是何言與君子之所謂孝者先意承志諭父母於道參直養也安能爲孝乎亨熟羶薌嘗而薦之非孝也養也君之所謂孝也者國人稱願然曰幸哉有子如此所謂孝巳眾之本教曰孝其形曰養養可能也敬爲難敬可能安爲難安可能也卒爲難父母既没愼行其身不遺父母惡名可謂能終矣仁者仁此者也禮者履此者也義者宜此者也信者信此者也强者强此者也樂自順此生刑自

反此作曾子曰夫孝置之而塞乎天地溥之而橫乎四海施諸後世而無朝夕推而放諸東海而準推而放諸西海而準推而放諸南海而準推而放諸北海而準詩曰自西自東自南自北無思不服此之謂也孝有三小孝用力中孝用勞大孝不匱思慈愛忘勞可謂用力矣尊仁安義可謂用勞矣博施備物可謂不匱矣昔者有虞氏貴德而尚齒夏后氏貴爵而尚齒殷人貴富而尚齒周人貴親而尚齒虞夏殷周天下之盛王也未有遺年者年之貴乎天下久矣次乎事親也是故朝廷同爵則尚齒七十杖於朝君問則席八十不俟朝君問則就之而弟達乎朝廷矣行肩而不併不錯則隨見老者則車徒辟斑白者不以其任行乎道路而弟達乎道路矣居鄉以齒而老窮不遺強不犯弱眾不暴寡而弟達乎州巷矣古之道五十不為甸徒頒禽隆諸長者而弟達乎獀狩矣軍旅什伍同爵則尚齒而弟達乎軍旅矣孝弟發諸朝廷行乎

道路至乎州巷放乎蒐狩修乎軍旅眾以義死之而弗敢犯也祀乎明堂所以教諸侯之孝也食三老五更於大學所以教諸侯之弟也祀先賢於西學所以教諸侯之德也耕籍所以教諸侯之養也朝覲所以教諸侯之臣也五者天下之大教也

天子設四學當入學而大子齒天子有善讓德於天諸侯有善歸諸天子卿大夫有善薦於諸侯士庶人有善本諸父母存諸長老禄爵慶賞成諸宗廟所以示順也

昔者聖人建陰陽天地之情立以為易抱龜南面天子卷冕北面雖有明知之心必進斷其志焉示不敢專以尊天也善則稱人過則稱己教不伐以尊賢也

孝子將祭祀必有齊莊之心以慮事以具服物以修宮室以治百事及祭之日顏色必溫行必恐如懼不及愛然其奠之也容貌必溫身必詘如語焉而未之然宿者皆出其立卑靜以正如將弗見然及祭之後陶陶遂遂如將復入然是故慤善不遺身耳目不違心思慮不違親結

諸心形諸色而術省之孝子之志也

祭統

凡治人之道莫急於禮禮有五經莫重於祭夫祭者非物
自外至者也自中出生於心者也心怵而奉之以禮是故
唯賢者能盡祭之義賢者之祭也必受其福非世所謂
福也福者備也備者百順之名也無所不順者之謂備言
內盡於己而外順於道也忠臣以事其君孝子以事其親
其本一也上則順於鬼神外則順於君長內則以孝於親
如此之謂備唯賢者能備然後能祭是故賢者之祭
也致其誠信與其忠敬奉之以物道之以禮安之以樂參
之以時明薦之而已矣不求其爲此孝子之心也既內自
盡之於外則求助焉昏禮是也夫祭也者必夫婦親之所以備外
內之官也官備則具備凡天之所生地之所長苟可薦者
莫不咸在示盡物也外則盡物內則盡志此祭之心也
是故天子親耕於南郊以共齊盛王后蠶於北郊以共純

服諸侯耕於東郊亦以共齊盛夫人蠶於北郊以共冕服
天子諸侯非莫耕也王后夫人非莫蠶也身致其誠信
信之謂盡盡之謂敬敬盡然後可以事神明此祭之道也
及時將祭君子乃齊齊之為言齊也齊不齊以致齊者
也防其邪物訖其耆欲耳不聽樂故記曰齊者不樂言不
敢散其志也心不苟慮必依於道手足不苟動必依於禮
是故君子之齊也重致其精明之德也故散齊七日以定
之致齊三日以齊之定之之謂齊齊者精明之至也然後
可以交於神明也及入舞君執干戚就舞位君為東上
冕而總干率其羣臣以樂皇尸是故天子之祭也與天下
樂之諸侯之祭也與竟內樂之冕而總干率其羣臣以樂
皇尸此與竟內樂之之義也夫祭有三重焉獻之屬莫
重於裸聲莫重於升歌舞莫重於武夙夜此周道也凡三
道者所以假於外而以增君子之志也故與志進退志輕
則亦輕志重則亦重輕其志而求外之重也雖聖人弗能

得也是故君子之祭也必身自盡也所以明重也奉之以

禮以奉三重而薦諸皇尸此聖人之道也夫祭有餕餕

者祭之末也不可不知也是故古之人有言曰善終者如

始餕其是已是故君子曰尸亦餕鬼神之餘也惠術

也可以觀政矣凡餕之道每變以眾所以別貴賤之等

而興施惠之象也是故以四簋黍見其脩於廟中也廟

者竟内之象也祭者澤之大者也是故上有大澤則惠

故上有大澤則民夫人待於下流知之必將至也由餕

必及下顧上先下後耳非上積重而下有凍餕之民也是

見之矣故曰可以觀政矣是故祭之為物大矣其與物備矣

順以備者也其教之本與是故君子之教也外則教之以

尊其君長内則教之以孝於其親是故明君在上則諸臣

服從崇祀宗廟社稷則子孫孝順盡其道端其義而教生

馬　是故君子之事君也必身行之所不安於上則不以

使下所惡於下則不以事上非諸人行諸己非教之道也

是故君子之敎也必由其本順之至也祭其是與故曰祭者敎之本也已夫祭有十倫焉見事鬼神之道焉見君臣之義焉見父子之倫焉見貴賤之等焉見親疎之殺焉見爵賞之施焉見夫婦之別焉見政事之均焉見長幼之序焉見上下之際焉此之謂十倫古者明君爵有德而禄有功必賜爵禄於大廟示不敢專也故祭之日一獻君降立於阼階之南南鄉所命北面史由君右執策命之再拜稽首受書以歸而舍奠於其廟此爵賞之施也凡爲俎者所以明祭之必有惠也是故貴者不重賤者不虛示均也惠均則政行政行則事成事成則功立功之所以立者不可不知也俎者所以明惠之必均也善爲政者如此故曰見政事之均焉夫祭有畀煇胞翟閽者惠下之道也唯有德之君爲能行此明足以見之仁足以與之畀之爲言與也能以其餘畀其下者也是故明君在上則竟内之民無凍餒者矣此之謂上下之際　礿禘陽義也嘗烝

陰義也禘者陽之盛也嘗者陰之盛也故曰莫重於禘嘗
古者於禘也發爵賜服順陽義也於嘗也出田邑發秋政
順陰義也故記曰嘗之日發公室示賞也草艾則墨未發
秋政則民弗敢草也故曰禘嘗之義大矣治國之本也
不可不知也明其義者君也能其事者臣也不明其義君
人不全夫義者所以濟志也諸德之
發也是故其德盛者其志厚其志厚者其義章其義章者
其祭也敬祭則竟內之子孫莫敢不敬矣是故君子之
祭也必身敬涖之有故則使人可也銘者論譔其先祖
之有德善功烈勳勞慶賞聲名列於天下而酌之祭器自
成其名焉以祀其先祖者也顯揚先祖所以崇孝也身比
焉順也明示後世教也夫銘者壹稱而上下皆得焉耳
矣是故君子之觀於銘也既美其所稱又美其所為之
者明足以見之仁足以與之知足以利之可謂賢矣賢而
勿伐可謂恭矣

經解

孔子曰入其國其教可知也其爲人也溫柔敦厚詩教也

疏通知遠書教也廣博易良樂教也潔靜精微易教也恭

儉莊敬禮教也屬辭比事春秋教也故詩之失愚書之失

誣樂之失奢易之失賊禮之失煩春秋之失亂其爲人也

溫柔敦厚而不愚則深於詩者也疏通知遠而不誣則深

於書者也廣博易良而不奢則深於樂者也潔靜精微而

不賊則深於易者也恭儉莊敬而不煩則深於禮者也屬

辭比事而不亂則深於春秋者也天子者與天地參故

德配天地兼利萬物與日月並明照四海而不遺微小

其在朝廷則道仁聖禮義之序燕處則聽雅頌之音行步

則有環佩之聲升車則有和鸞之音居處有禮進退有度

百官得其宜萬事得其序詩云淑人君子其儀不忒其儀

不忒正是四國此之謂也發號出令而民說謂之和上

下相親謂之仁民不求其所欲而得之謂之信除去天地

之害謂之義與信和與仁霸王之器也有治民之意而
無其器則不成禮之於正國也猶衡之於輕重也繩墨之
於曲直也規矩之於方圓也故衡誠縣不可欺以輕重繩
墨誠陳不可欺以曲直規矩誠設不可欺以方圓君子審
禮不可誣以姦詐是故隆禮由禮謂之有方之士不隆
禮不由禮謂之無方之民敬讓之道也故以奉宗廟則敬
以入朝廷則貴賤有位以處室家則父子親兄弟和以處
鄉里則長幼有序孔子曰安上治民莫善於禮此之謂也

故觀之禮所以明君臣之義也聘問之禮所以使諸
侯相尊敬也喪祭之禮所以明臣子之恩也鄉飲酒之禮
所以明長幼之序也昏姻之禮所以明男女之別也故
禮之教化也微其止邪也於未形使人日徙善遠罪而不
自知也是以先王隆之也

哀公問於孔子曰大禮何如君子之言禮何其尊也 孔

哀公問於孔子曰

子曰丘聞之民之所由生禮爲大非禮無以節事天地之
神也非禮無以辨君臣上下長幼之位也非禮無以別男
女父子兄弟之親昏姻疏數之交也君子以此之爲尊敬
然後以其所能敎百姓不廢其會節有成事然後
治其雕鏤文章黼黻以嗣其順之然後言其喪算備其
鼎俎設其豕腊脩其宗廟歲時以敬祭祀以序宗族即安
其居節醜其衣服卑其宮室車不雕幾器不刻鏤食不貳
味以與民同利昔之君子之行禮者如此孔子侍坐於哀
公哀公曰敢問人道誰爲大孔子愀然作色而對曰君之
及此言也君子道也固臣敢無辭而對人道政爲大
公曰敢問何謂爲政孔子對曰政者正也君爲政則百姓
從政矣君之所爲百姓之所從也君所不爲百姓何從
曰敢問爲政如之何孔子對曰夫婦別父子親君臣嚴三
者正則庶物從之矣公曰寡人雖無似也願聞所以行三
言之道可得聞乎孔子對曰古之爲政愛人爲大所以

治愛人禮爲大所以治禮敬爲大敬之至矣大昏爲大大昏至矣大昏既至冕而親迎親之也親之也者親之也是故君子興敬爲親舍敬是遺親也弗愛不親弗敬不正愛與敬其政之本與公曰寡人願有言然冕而親迎不已重乎孔子愀然作色而對曰天地不合萬物不生大昏萬世之嗣也君何謂已重焉內以治宗廟之禮足以配天地之神明出以治朝廷之禮足以立上下之敬物恥足以振之國恥足以興之爲政先禮禮其政之本與孔子遂言曰昔三代明王之政必敬其妻子也有道妻也者親之主也敢不敬與子也者親之後也敢不敬與君子無不敬也敬身爲大身也者親之枝也敢不敬與不能敬其身是傷其親傷其親是傷其本傷其本枝從而亡三者百姓之象也身以及身子以及子妃以及妃君行此三者則愀乎天下矣大王之道也如此則國家順矣公曰敢問何謂敬身孔子對曰君子過言則民作辭過動則民作則君子言

不過辭動不過則百姓不命而敬恭如是則能敬其身能敬其身則能成其親矣公曰敢問何謂成親孔子對曰君子也者人之成名也百姓歸之名謂之君子之子是使其親爲君子也是爲成其親之名也巳古之爲政愛人爲大不能愛人不能有其身不能有其身不能安土不能樂天不能樂天不能成其身公曰敢問何謂成身孔子對曰不過乎物公曰敢問君子何貴乎天道也孔子對曰貴其不巳如日月東西相從而不巳也是天道也不閉其久是天道也無爲而物成是天道也巳成而明是天道也公曰寡人憃愚冥煩子志之心也孔子蹴然辟席而對曰仁人不過乎物孝子不過乎物是故仁人之事親也如事天事天如事親是故孝子成身

仲尼燕居

仲尼燕居子張子貢言游侍縱言至於禮子曰居女三人者吾語女禮使女以禮周流無不徧也師爾過而商也

不及子產猶眾人之母也能食之不能教也子貢越席而
對曰敢問將何以爲此中者也子曰禮乎禮夫禮所以制
中也子貢退言游進曰敢問禮也者領惡而全好者與
子曰然然則何如子曰郊社之義所以仁鬼神也嘗禘之禮所
禮所以仁昭穆也饋奠之禮所以仁死也射鄉之禮所
以仁鄉黨也食饗之禮所以仁賓客也
有禮故長幼辨也以之閨門之内有禮故三族和也以之
朝廷有禮故官爵序也以之田獵有禮故戎事閒也以之
軍旅有禮故武功成也以之居處
味得其時樂得其節車得其式鬼神得其饗喪紀得其哀象
辯說得其黨官得其體政事得其施加於身而錯於前凡
象之動得其宜子曰禮者何也即事之治也君子有其
事必有其治子曰慎聽之女三人者吾語女禮猶有九
焉大饗有四焉苟知此矣雖在畎畝之中事之聖人已兩
君相見揖讓而入門入門而縣興揖讓而升堂升堂而樂

關下管象武夏籥序與陳其薦俎序其禮樂備其百官如
此而後君子知仁焉行中規還中矩和鸞中采齊出以
雍徹以振羽是故君子無物而不在禮矣入門而金作示
情也升歌清廟示德也下而管象示事也是故古之君子
不必親相與言也以禮樂相示而已
樂也者節也君子無禮不動無節不作不能詩於禮繆不
能樂於禮素薄於德於禮虛子張問政子曰師乎前吾
語女乎君子明於禮樂舉而錯之而已
師爾以為必鋪几筵升降酌獻酬酢然後謂之禮乎爾以
為必行綴兆興羽籥作鐘鼓然後謂之樂乎言而履之禮
也行而樂之樂也君子力此二者以南面而立夫是以天
下太平也諸侯朝萬物服體而百官莫敢不承事矣

孔子閒居

孔子閒居子夏侍子夏曰敢問詩云凱弟君子民之父母
何如斯可謂民之父母矣孔子曰夫民之父母乎必達於

禮樂之原以致五至而行三無以橫於天下四方有敗必先知之此之謂民之父母矣子夏曰民之父母既得而聞之矣敢問何謂五至孔子曰志之所至詩亦至焉詩之所至禮亦至焉禮之所至樂亦至焉樂之所至哀亦至焉哀樂相生是故正明目而視之不可得而見也傾耳而聽之不可得而聞也志氣塞乎天地此之謂五至子夏曰五至既得而聞之矣敢問何謂三無孔子曰無聲之樂無體之禮無服之喪此之謂三無子夏曰三無既得略而聞之矣敢問何詩近之孔子曰夙夜其命宥密無聲之樂也威儀逮逮不可選也無體之禮也凡民有喪匍匐救之無服之喪也子夏曰言則大矣美矣盛矣言盡於此而已乎孔子曰何為其然也君子之服之也猶有五起焉子夏曰何如孔子曰無聲之樂志不違無體之禮威儀遲遲無服之喪內恕孔悲無聲之樂氣志既得無體之禮威儀翼翼無服之喪施及四國無聲之樂氣志既從無體之

禮上下和同無服之喪以畜萬邦無聲之樂日聞四方無
體之禮日就月將無服之喪純德孔明無聲之樂氣志既
起無體之禮施及四海無服之喪施于孫子子夏曰三
王之德參於天地敢問何如斯可謂參天地矣孔子曰奉
三無私以勞天下子夏曰敢問何謂三無私孔子曰天無
私覆地無私載日月無私照奉斯三者以勞天下此之謂
三無私其在詩曰帝命不違至於湯齊湯降不遲聖敬日
躋昭格遲遲上帝是祗帝命式于九圍是湯之德也天
有四時春秋冬夏風雨霜露無非教也地載神氣神氣風
霆風霆流形庶物露生無非教也清明在躬氣志如神
耆欲將至有開必先天降時雨山川出雲其在詩曰嵩高
維嶽峻極于天維嶽降神生甫及申維申及甫爲周之翰
四國于蕃四方于宣此文武之德也三代之王也必先
其令聞詩云明明天子令聞不已三代之德也弛其文德
協此四國大王之德也

坊記

子言之君子之道辟則坊與坊民之所不足者也大為之坊民猶踰之故君子禮以坊德刑以坊淫命以坊欲

子云小人貧斯約富斯驕約斯盜驕斯亂禮者因人之情而為之節文以為民坊者也故聖人之制富貴也使民富不足以驕貧不至於約貴不慊於上故亂益亡

子云夫禮者所以章疑別微以為民坊者也故貴賤有等衣服有別朝廷有位則民有所讓

子云君子辭貴不辭賤辭富不辭貧則亂益亡故君子與其使食浮於人也寧使人浮於食

子云君子貴人而賤己先人而後己則民作讓故稱人之君曰君自稱其君曰寡君

子云有國家者貴人而賤祿則民興讓尚技而賤車則民興藝故君子約言小人先言

子云上酌民言則下天上施上不酌民言則犯也下不天上施則亂也故君子信讓以涖百姓則民之報禮重詩云先民有言詢于芻蕘

子云善則稱人過則稱己

則民不爭善則稱人過則稱己則怨益亡詩云爾卜爾筮履無咎言子云善則稱人過則稱己則民讓善詩云考卜惟王度是鎬京惟龜正之武王成之子云善則稱君過則稱己則民作忠君陳曰爾有嘉謀嘉猷入告爾君于內女乃順之于外曰此謀此猷惟我君之德於乎是惟良顯哉子云善則稱親過則稱己則民作孝大誓曰予克紂非予武惟朕文考無罪紂克予非朕文考有罪惟予小子無良子云長民者朝廷敬老則民作孝子云孝以事君弟以事長示民不貳也故君子有一不謀仕惟卜之日稱二君子云禮之先幣帛也欲民之先事而後禄也先財而後禮則民利無辭而行情則民爭子云君子不盡利以遺民詩云彼有遺秉此有不斂穧伊寡婦之利

表記

子言之歸乎君子隱而顯不矜而莊不厲而威不言而信子曰君子不失足於人不失色於人不失口於人是故

君子貌足畏也色足憚也言足信也甫刑曰敬忌而罔有
擇言在躬子曰君子慎以辟禍篤以不掩恭以遠恥
子曰君子莊敬日強安肆日偷君子不以一日使其躬儳
焉如不終日子言之仁者天下之表也義者天下之制
也報者天下之利也子曰無欲而好仁者無畏而惡不
仁者天下一人而已矣是故君子議道自己而置法以民
子曰仁有三與仁同功而異情與仁同功其仁未可知也
也與仁同過然後其仁可知也仁者安仁知者利仁畏罪
者強仁也者右也者左也仁者人也道者義也厚於仁
者薄於義親而不尊厚於義者薄於仁尊而不親道有
至有義有考至道以王義道以霸考道以為無失子言
之仁有數義有長短小大中心憯怛愛人之仁也率法而
強之資仁者也詩云豐水有芑武王豈不仕詒厥孫謀以
燕翼子數世之仁也國風曰我躬不閱皇恤我後終身之
仁也子曰仁之為器重其為道遠舉者莫能勝也行者

莫能致也取數多者仁也夫勉於仁者不亦難乎是故君子以義度人則難為人以人望人則賢者可知已矣子曰中心安仁者天下一人而已矣大雅曰德輶如毛民鮮克舉之我儀圖之惟仲山甫舉之愛莫助之小雅曰高山仰止景行行止子曰詩之好仁如此鄉道而行中道而廢忘身之老也不知年數之不足也俛焉日有孳孳斃而後已子曰恭近禮儉近仁信近情敬讓以行此雖有過其不甚矣夫恭寡過情可信儉易容也以此失之者不亦鮮乎詩云溫溫恭人維德之基子曰仁之難成久矣唯君子能之是故君子不以其所能者病人不以人之所不能者愧人是故聖人之制行也不制以己使民有所勸勉愧恥以行其言禮以節之信以結之容貌以文之衣服以移之朋友以極之欲民之有壹也小雅曰不愧于人不畏于天是故君子服其服則文以君子之容有其容則文以君子之辭遂其辭則實以君子之德是故君子恥服其服

而無其容恥有其容而無其辭恥有其辭而無其德恥有其德而無其行是故君子衰絰則有哀色端冕則有敬色甲胄則有不可辱之色詩曰維鵜在梁不濡其翼彼其之子不稱其服子言之君子之所謂義者貴賤皆有事於天下天子親耕粢盛秬鬯以事上帝故諸侯勤以輔事於天子曰下之事上也雖有庇民之大德不敢有君民之心仁之厚也是故君子恭儉以求役仁信讓以求役禮不自尚其事不自尊其身儉於位而寡於欲讓於賢卑己而尊人小心而畏義求以事君得之自是不得自是以聽天命詩云莫莫葛藟施于條枚凱弟君子求福不回其舜禹文王周公之謂與有君民之大德有事君之小心詩云惟此文王小心翼翼昭事上帝聿懷多福厥德不回以受方國子曰先王諡以尊名節以壹惠恥名之浮於行也是故君子不自大其事不自尚其功以求處情過行弗率以求處厚彰人之善而美人之功以求下賢是故君子雖自

卑而民敬尊之子曰后稷天下之爲烈也豈一手一足哉

唯欲行之浮於名也故自謂便人子言之君子之所謂

仁者其難乎詩云凱弟君子民之父母凱以強教之弟以

說安之樂而毋荒有禮而親威莊而安孝慈而敬使民有

父之尊有母之親如此而後可以爲民父母矣非至德其

孰能如此乎子曰夏道未瀆辭不求備不大望於民民

未厭其親殷人未瀆禮而求備於民周人強民未瀆神而

賞爵刑罰窮矣子言之曰後世雖有作者虞帝弗可及

也已矣君天下生無私死不厚其子子民如父母有憯怛

之愛有忠利之教親而尊安而敬威而愛富而有禮惠而

能散其君子尊仁畏義耻費輕實忠而不犯義而順文而

靜寬而有辨甫刑曰德威惟威德明惟明非虞帝其孰能

如此乎子言之事君先資其言拜自獻其身以成其信

是故君有責於其臣臣有死於其言故其受禄不誣其受

罪益寡　子曰事君大言入則望大利小言入則望小利

故君子不以小言受大禄不以大言受小禄易曰不家食吉君子曰事君不下達不尚辭非其人弗自小雅曰靖共爾位正直是與神之聽之式穀以女子曰事君遠而諫則謟也近而不諫則尸利也子曰邇臣守和宰正百官大臣慮四方子曰事君欲諫不欲陳詩云心乎愛矣瑕不謂矣中心藏之何日忘之子曰事君慎始而謹終事君軍旅不辟難朝廷不辭賤處其位而不履其事則亂也故君使其臣得志則愼慮而從之否則孰慮而從之終事而退臣之厚也易曰不事王侯高尚其事子曰唯天子受命於天士受命於君故君命順則臣有順命君命逆則臣有逆命子曰君子不以辭盡人故天下有道則行有枝葉天下無道則辭有枝葉故君子之接如水小人之接如體君子淡以成小人甘以壞子曰君子不以口譽人則民作忠故君子問人之寒則衣之問人之飢則食之稱人之善則爵之國風曰心之憂矣於我歸說子曰

后稷之祀易富也其辭恭其欲儉其禄及子孫詩曰后稷
兆祀庶無罪悔以迄于今　子曰大人之器威敬天子無
筮諸侯有守筮

緇衣

子言之曰為上易事也為下易知也則刑不煩矣　子曰
好賢如緇衣惡惡如巷伯則爵不瀆而民作愿刑不試而
民咸服大雅曰儀刑文王萬國作孚　子曰夫民教之以
德齊之以禮則民有格心教之以政齊之以刑則民有遯
心故君子以愛之則親之信以結之則民不倍恭
以涖之則民有孫心甫刑曰苗民匪用命制以刑惟作五
虐之刑曰法是以民有惡德而遂絕其世也　子曰禹立
三年百姓以仁遂焉豈必盡仁詩云赫赫師尹民具爾瞻
甫刑曰一人有慶兆民賴之大雅曰成王之孚下土之式
子曰上好仁則下之為仁爭先人故長民者章志貞教
尊仁以子愛百姓民致行己以說其上矣詩云有梏德行

四國順之

子曰王言如絲其出如綸王言如綸其出如綍故大人不倡游言可言也不可行君子弗言也可行也不可言君子弗行也則民言不危行而行不危言矣詩云淑慎爾止不愆于儀

子曰君子道人以言而禁人以行故言必慮其所終而行必稽其所敝則民謹於言而慎於行詩云慎爾出話敬爾威儀大雅曰穆穆文王於緝熙敬止

子曰長民者衣服不貳從容有常以齊其民則民德壹詩云彼都人士狐裘黃黃其容不改出言有章行歸于周萬民所望

子曰為上可望而知也為下可述而志也則君不疑於臣而臣不惑於君矣尹吉曰惟尹躬及湯咸有一德詩云淑人君子其儀不忒

子曰有國家者章善癉惡以示民厚則民情不貳詩云靖共爾位好是正直

子曰上人疑則百姓惑下難知則君長勞故君民者章好以示民俗慎惡以御民之淫則民不惑矣臣儀行不重辭不援其所不及不煩其所不知則君不勞矣詩云上

帝板板下民卒癉小雅曰匪其止共維王之卬子曰大臣不親百姓不寧則忠敬不足而富貴已過也大臣不治而邇臣比矣故大臣不可不敬也是民之表也邇臣不可不慎也是民之道也君毋以小謀大毋以遠言近毋以內圖外則大臣不遠邇臣不疾而遠臣不蔽矣子曰民以君為心君以民為體心莊則體舒心肅則容敬心好之身必安之君好之民必欲之心以體全亦以體傷君以民存亦以民亡子曰下之事上也身不正言不信則義不壹行無類也子曰言有物而行有格也是以生則不可奪志死則不可奪名故君子多聞質而守之多志質而親之精知略而行之君陳曰出入自爾師虞庶言同詩云淑人君子其儀一也子曰唯君子能好其正小人毒其正故君子之朋友有鄉其惡有方是故邇者不惑而遠者不疑也詩云君子好仇子曰苟有車必見其軾苟有衣必見其敝人苟或言之必聞其聲苟或行之必見其成萬覃曰服

子曰言從而行之則言不可飾也行從而言之
則行不可飾也故君子寡言而行以成其信則民不得大
其美而小其惡詩云白圭之玷尚可磨也斯言之玷不可
爲也小雅曰允矣君子展也大成君奭曰在昔上帝割申
勸文王之德其集大命于厥躬

深衣

制十有二幅以應十有二月袂圜以應規曲袷如矩以應
方負繩及踝以應直下齊如權衡以應平故規者行舉
手以爲容負繩抱方者以直其政方其義也故易曰坤六
二之動直以方也下齊如權衡者以安志而平心也五法
已施故聖人服之故規矩取其無私繩取其直權衡取其
平故先王貴之故可以爲文可以爲武可以擯相可以
治軍旅完且弗費善衣之次也

儒行

魯哀公問於孔子曰夫子之服其儒服與孔子對曰丘少

居魯衣逢掖之衣長居宋冠章甫之冠丘聞之也君子之
學也博其服也鄉丘不知儒服也哀公曰敢問儒行孔子
對曰儒有席上之珍以待聘夙夜強學以待問懷忠信以
待舉力行以待取其自立有如此者儒有衣冠中動作
慎其大讓如慢小讓如偽大則如威小則如愧其難進而
易退也粥粥若無能也其容貌有如此者儒有居處齊
難其坐起恭敬言必先信行必中正道塗不爭險易之利
冬夏不爭陰陽之和愛其死以有待也養其身以有為也
其備豫有如此者儒有不寶金玉而忠信以為寶不祈
土地立義以為土地不祈多積多文以為富難得而易祿
也易祿而難畜也非時不見不亦難得乎非義不合不亦
難畜乎先勞而後祿不亦易祿乎其近人有如此者儒
有委之以貨財淹之以樂好見利不虧其義劫之以眾
沮之以兵見死不更其守鷙蟲攫搏不程勇者引重鼎不
其力往者不悔來者不豫過言不再流言不極不斷其威

不習其謀其特立有如此者儒有忠信以爲甲冑禮義以爲干櫓戴仁而行抱義而處雖有暴政不更其所其自立有如此者儒有一畝之宮環堵之室蓽門圭窬蓬戶甕牖易衣而出並日而食上答之不敢以疑上不答不敢以詔其仕有如此者儒有今人與居古人與稽今世行之後世以爲楷適弗逢世上弗援下弗推讒諂之民有比黨而危之者身可危也而志不可奪也雖危起居竟信其志猶將不忘百姓之病也其憂思有如此者儒有博學而不窮篤行而不倦幽居而不淫上通而不困禮之以和爲貴忠信之美優游之法慕賢而容衆毀方而瓦合其寬裕有如此者儒有內稱不辟親外舉不辟怨程功積事推賢而進達之不望其報君得其志苟利國家不求富貴其舉賢援能有如此者儒有聞善以相告也見善以相示也爵位相先也患難相死也久相待也遠相致也其任舉有如此者儒有澡身而浴德陳言而伏靜而正之上弗

知也粗而翹之又不急爲也不臨深而爲高不加少而爲多世治不輕世亂不沮同弗與異弗非也其特立獨行有如此者儒有上不臣天子下不事諸侯愼靜而尚寬強毅以與人博學以知服近文章砥厲廉隅雖分國如錙銖不臣不仕其規爲有如此者儒有合志同方營道同術並立而相下不厭久不相見聞流言不信其行本方立義同而進退不同而交友有如此者溫良者仁之本也敬愼者仁之地也寬裕者仁之作也孫接者仁之能也禮節者仁之貌也言談者仁之文也歌樂者仁之和也分散者仁之施也儒皆兼此而有之猶且不敢言仁也其尊讓有如此者

冠義

凡人之所以爲人者禮義也禮義之始在於正容體齊顏色順辭令容體正顏色齊辭令順而後禮義備以正君臣親父子和長幼君臣正父子親長幼和而後禮義立故冠

而後服備服備而後容體正顏色齊辭令順故曰冠者禮之始也是故古者聖王重冠古者冠禮筮日筮賓所以敬冠事敬冠事所以重禮重禮所以為國本也成人之者將責成人禮焉也責成人禮焉者將責為人子為人弟為人臣為人少者之禮行焉將責四者之行於人其禮可不重與故孝弟忠順之行立而後可以為人可以為人而後可以治人也故聖王重禮故曰冠者禮之始也嘉事之重者也是故古者重冠重冠故行之於廟行之於廟者所以尊重事尊重事而不敢擅重事不敢擅重事所以自卑而尊先祖也

昏義

昏禮者將合二姓之好上以事宗廟而下以繼後世也故君子重之敬慎重正而後親之禮之大體而所以成男女之別而立夫婦之義也男女有別而後夫婦有義夫婦有義而後父子有親父子有親而後君臣有正故曰昏

者禮之本也夫禮始於冠本於昏重於喪祭尊於朝聘和

於射鄉此禮之大體也古者天子后立六宮三夫人九

嬪二十七世婦八十一御妻以聽天下之內治以明章婦

順故天下內和而家理天子立六官三公九卿二十七大

夫八十一元士以聽天下之外治以明章天下男教故

外和而國治故曰天子聽男教后聽女順天子理陽道后

治陰德天子聽外治后聽內職教順成俗外內和順國家

理治此之謂盛德故天子之與后猶日之與月陰陽之與

陽相須而后成者也天子脩男教父道也后脩女順母道

也故曰天子之與后猶父之與母也

鄉飲酒義

鄉飲酒之義主人拜迎賓於庠門之外入三揖而后至階

三讓而后升所以致尊讓也盥洗揚觶所以致絜也拜至

拜洗拜受拜送拜既所以致敬也尊讓絜敬也者君子之

所以相接也君子尊讓則不爭絜敬則不慢不慢不爭則

遠於鬭辨矣不鬭辨則無暴亂之禍矣斯君子所以免於人禍也賓主象天地也介僎象陰陽也三賓象三光也讓之三也象月之三日而成魄也四面之坐象四時也天地嚴凝之氣始於西南而盛於西北此天地之尊嚴氣也此天地之義氣也天地溫厚之氣始於東北而盛於東南此天地之盛德氣也此天地之仁氣也主人者尊賓故坐賓於西北而坐介於西南以輔賓賓者接人以義者也故坐於西北主人者接人以德厚者也故坐於東南而坐僎於東北以輔主人也仁義接賓主有事俎豆有數曰聖聖立而將之以敬曰禮禮以體長幼曰德德也者得於身也故曰古之學術道者將以得身也是故聖人務焉鄉飲酒之禮六十者坐五十者立侍以聽政役所以明尊長也六十者三豆七十者四豆八十者五豆九十者六豆所以明養老也民知尊長養老而后乃能入孝弟民入孝弟出尊長養老而后成教成教而后國可安也君

子之所謂教者非家至而日見之也合諸鄉射教之鄉飲酒之禮而孝弟之行立矣孔子曰吾觀於鄉而知王道之易易也主人親速賓及介而眾賓自從之至於門外主人拜賓及介而眾賓自入貴賤之義別矣工入升歌三終主人獻之笙入三終主人獻之閒歌三終合樂三終工告樂備遂出一人揚觶乃立司正焉知其能和樂而不流也貴賤明隆殺辨和樂而不流弟長而無遺安燕而不亂此五行者足以正身安國矣彼國安而天下安故曰吾觀於鄉而知王道之易易也鄉飲酒之義立賓以象天立主以象地設介僎以象日月立三賓以象三光古之制禮也經之以天地紀之以日月參之以三光政教之本也賓必南鄉東方者春之為言蠢也產萬物者聖也南方者夏夏之為言假也養之長之假之仁也西方者秋秋之為言摯也摯之以時察守義者也北方者冬冬之為言中也中者藏也是以天子之立也左聖鄉仁右義皆藏也

介必東鄉介賓主人必居東方東方者春之爲
言蠹也產萬物者也主人者造之產萬物者也月者三日
則成魄三月則成時是以禮有三讓建國必立三鄉三賓
者政教之本禮之大參也

射義

古者諸侯之射也必先行燕禮卿大夫士之射也必先行
鄉飲酒之禮故燕禮者所以明君臣之義也鄉飲酒之禮
者所以明長幼之序也故射者進退周還必中禮內志
正外體直然後持弓矢審固持弓矢審固然後可以言中
此可以觀德行矣其節天子以騶虞爲節諸侯以貍首
爲節卿大夫以采蘋爲節士以采蘩爲節騶虞者樂官備
也貍首者樂會時也采蘋者樂循法也采蘩者樂不失職
也是故天子以備官爲節諸侯以時會天子爲節卿大夫
以循法爲節士以不失職爲節故明乎其節之志以不失
其事則功成而德行立德行立則無暴亂之禍矣功成則

國安故曰射者所以觀盛德也是故天子以射選諸侯卿大夫士射者男子之事也因而飾之以禮樂也故事之盡禮樂而可數為以立德行者莫如射故聖王務焉是故古者天子之制諸侯歲獻貢士於天子天子試之於射宮其容體比於禮其節比於樂而中多者得與於祭其容體不比於禮其節不比於樂而中少者不得與於祭數與於祭而君有慶數不與於祭而君有讓數有慶而益地數有讓則削地故曰射者射為諸侯也是以諸侯君臣盡志於射以習禮樂夫君臣習禮樂而以流亡者未之有也故詩曰曾孫侯氏四正具舉大夫君子凡以庶士小大莫處御于君所以燕以射則燕則譽言君臣相與盡志於射以習禮樂則安則譽也是以天子制之而諸侯務焉此天子之所以養諸侯而兵不用諸侯自為正之具也射之為言者繹也或曰舍也繹者各繹己之志也故心平體正持弓矢審固持弓矢審固則射中矣故曰為人父者以為

父鵠爲人子者以爲子鵠爲人君者以爲君鵠爲人臣者以爲臣鵠故射者各射己之鵠故天子之大射謂之射侯射侯者射爲諸侯也射中則得爲諸侯射不中則不得爲諸侯天子將祭必先習射於澤澤者所以擇士也已射於澤而後射於射宮射中者得與於祭不中者不得與於祭不得與於祭者有讓削以地得與於祭者有慶益以地進爵絀地是也故男子生桑弧蓬矢六以射天地四方天地四方者男子之所有事也故必先有志於其所有事然後敢用穀也飯食之謂也射者仁之道也求正諸己己正而後發發而不中則不怨勝己者反求諸己而已矣

燕義

古者周天子之官有庶子官職諸侯卿大夫士之庶子之卒掌其戒令與其教治別其等正其位國有大事則率國子而致於大子唯所用之若有甲兵之事則授之以車甲合其卒伍置其有司以軍法治之司馬弗正凡國

之政事國子存游卒使之脩德學道春合諸學秋合諸射
以考其藝而進退之君舉旅於賓及君所賜爵皆降再
拜稽首升成拜明臣禮也君答拜之禮無不答明君上之
禮也臣下竭力盡能以立功於國君必報之以爵祿故臣
下皆務竭力盡能以立功是以國安而君寧禮無不答言
上之不虛取於下也上必明正道以道民民道之而有功
然後取其什一故上用足而下不匱也是以上下和親而
不相怨也和寧禮之用也此君臣上下之大義也故曰燕
禮者所以明君臣之義也

聘義

故天子制諸侯比年小聘三年大聘相厲以禮使者聘而
誤主君弗親饗食也所以愧厲之也諸侯相厲以禮則外
不相侵內不相陵此天子之所以養諸侯兵不用而諸侯
自為正之具也以圭璋聘重禮也已聘而還圭璋此輕
財而重禮之義也諸侯相厲以輕財重禮則民作讓矣

聘射之禮至大禮也質明而始行事日幾中而后禮成非強有力者弗能行也故強有力者將以行禮也酒清人渴而不敢飲也肉乾人飢而不敢食也日莫人倦齊莊正齊而不敢解惰以成禮節以正君臣以親父子以和長幼此眾人之所難而君子行之故謂之有行有行之謂有義有義之謂勇敢故所貴於勇敢者貴其能以立義也所貴於立義者貴其有行也所貴於有行者貴其行禮也故所貴於勇敢者貴其敢行禮義也故勇敢強有力者天下無事則用之於禮義天下有事則用之於戰勝用之於戰勝則無敵用之於禮義則順治外無敵內順治此之謂盛德故聖王之貴勇敢強有力如此也勇敢強有力而不用之於禮義戰勝而用之於爭鬬則謂之亂人刑罰行於國所誅者亂人也如此則民順治而國安也子貢問於孔子曰敢問君子貴玉而賤碈者何也爲玉之寡而碈之多故賤碈之也玉之寡故貴之也夫昔者子曰非爲碈之多故賤碈之也玉之寡故貴之也夫昔者君

子比德於玉焉溫潤而澤仁也縝密以栗知也廉而不劌
義也垂之如隊禮也叩之其聲清越以長其終詘然樂也
瑕不掩瑜瑜不掩瑕忠也孚尹旁達信也氣如白虹天也
精神見於山川地也圭璋特達德也天下莫不貴者道也
詩云言念君子溫其如玉故君子貴之也

喪禮

凡禮之大體體天地法四時則陰陽順人情故謂之禮盤
之者是不知禮之所由生也